어느 특별한 하루

청색시대 제30집
어느 특별한 하루

•

인쇄일 · 2025. 6. 25.
발행일 · 2025. 6. 30.
지은이 · 계간현대수필작가회
편집위원 · 조재은 오차숙 노정숙 권현옥 김상미 김산옥
　　　　　장영숙 김호은 송남섭 백경희 차미란

펴낸이 | 이형식
펴낸곳 | 도서출판 문학관
등록일자 | 1988. 1. 11
등록번호 | 제10-184호
주소 | 04091 서울시 마포구 토정로 214 1층
전화 | (02)718-6810, (02)717-0840
팩스 | (02)706-2225
E-mail | mhkbook@hanmail.net

copyright ⓒ 계간현대수필작가회 2025
copyright ⓒ munhakkwan. Inc, 2025 Printed in Korea

값 · 20,000원

ISBN 978-89-7077-670-5　　03810

이 책의 저작권은 저자와 도서출판 문학관이 소유합니다.
한국 내에서 보호를 받는 저작물이므로 무단 전재와 무단 복제를 금합니다.
※ 파본은 바꿔드립니다.

어느 특별한 하루

청색시대 제30집 · 계간현대수필작가회

문학관books

| 축하의 글 |

대나무처럼 영靈적 근육이 탄탄한 작가회

오차숙 계간현대수필 발행인

수필은 우리가 살아가는 시대를 선도하는 문학이다.

심신을 갈고 닦으며 삶의 조각들을 들여다보게 하는 거울이다. 통찰과 혜안을 통해 무의식 속으로 걸어가서 정신여행을 떠나게 하는 내비게이션이다. 삶의 행간 속에 숨어있는 그림자 찾기 놀이이다.

그 과정을 통해 도도하게 발전해 온 《현대수필》은 2025년이 된 이 순간, 창간 34년을 맞이하고 있다. 등단 작가들을 통해 구성된 작가회는 두런두런 속삭이는 문예지가 되어, 근사하게 선보이고 있는 청색시대다.

청색시대는 작품마다 남과 다른 철학과 정신들이 내재되어 있어, 작가들의 사유가 고고하게 담겨져 있다. 개성적인 문체, 이성과 감성으로 수필 밭의 울타리를 확장해 가는 광장이다. 현대수필 고유의 뿌리정신이 내재되어 있어, 실험정신을 바탕으로 작가정신을 소홀히하지 않는 것이 특징이다.

그 정신들은 대나무 마디처럼 단단하다.

문학의 언어는 은유성이 강하므로, 롤랑 바르트의 '인생이란 그런 것, 일곱 번 넘어졌다가 여덟 번째 일어나는 것'의 의미를 곱씹으며 글쓰기에 도전한다. 그리고 과감하게 그 철학을 실현한다. 세상이 혼란스러워 감정이 어수선할 때도 있지만, 글을 쓰는 작가들의 영혼은 진흙을 뚫고 나온 연꽃처럼 초연해 개의치 않고 전진한다. 작가회 모두가 탄탄한 영적 근육을 지니고 있어, 작가 한 사람 한 사람이 작약꽃처럼 매혹적이다.

이 모든 활동력은 하루아침에 이루어진 산물이 아니다. 작가회 회장과 편집위원, 그리고 작가회원의 노력과 땀 흘림의 결정체다. 글 쓰는 사람으로서 작가의 조건을 인식하며 좋은 글을 쓰기 위해 노력을 아끼지 않은 결과물이다.

글쓰기는 운명 같은 것이므로 초심으로 돌아가는 자세가 중요하다. 바탕이 약할 때는 꾸준하게 글 쓰는 습관을 중요하게 생각해야 하고, 연륜이 있는 작가라 해도 날이 갈수록 진보적인 수필 세계를 보여줘야 하므로 끝이 없는 노력이 요구된다.

그런 작가들이 응집된 곳이 바로 계간 현대수필작가회다.

2025년 발간되는 제30호 청색시대 《어느 특별한 하루》도 그와 다를 바 없다. 그들은 알고 있다. 글쓰기는 누구나 할 수 있을 것 같지만 아무나 할 수 있는 것이 아님을, 작가는 되기도 어렵지만 그 길을 꾸준하게 걸어가는 것도 만만치 않은 과정임을 알고 있다. 그것으로 볼 때, 글에 대한 몰입도와 멈춤 없는 노력만이 해결책임을 알고 있다.

그런 의미에서 더욱, 계간 현대수필작가회 발전을 기원하며 《어느 특별한 하루》 발간을 진심으로 축하한다.

| 책을 내며 | 〈청색시대 제30집〉

여러분의 하루는 어떠셨나요

백경희 계간현대수필작가회 회장

레이스 커튼을 통해 들어오는 햇빛이 들고 나가기를 반복한다. 커튼의 그림자가 길게 놓인 식탁 위에 펼쳐지다가 꺾인 채 마룻바닥에 누웠다. 앞 언덕에서 말려 들어온 빛이 둥글게 원을 그린다. 하늘은 우리의 일상처럼 맑았다, 흐리다를 반복한다.

《안나 카레니나》 첫 구절에 '행복한 가정은 모두 모습이 비슷하고, 불행한 가정은 제각각의 불행을 안고 있다'는 톨스토이의 말이 떠올랐다. 15층 아파트 창가에 서서 길 가는 사람들을 바라본다. 버스를 기다리는 사람, 건널목을 건너는 사람, 카페와 상가를 오가는 사람들로 분주하다. 우리는 이 시대를 산 사람의 그만그만한 행복과 힘들고 슬펐던 기억을 안고 산다. 인생을 바꿀 만한 특별한 하루는 찾을 수 없었고 일상이 모여 지금의 내가 되었다. 결국 특별한 하루는 평범한 오늘이라는 결론에 도달했다.

여러분의 하루는 어떠셨나요.

　계간현대수필작가회 동인지 《청색시대》 제30호의 주제는 '어느 특별한 하루'다. 좋은 글을 보내주신 작가님들 한 분 한 분의 이야기가 떠오른다. 그분들이 동인지에 갖는 애정을 아는 터라 외부에서도 찾는 잡지를 내놓고 싶다. 청색시대 30호가 이어오기까지 작가회원과 편집부를 비롯한 오차숙 발행인, 그리고 윤재천 선생님께 다시금 축하와 감사의 말씀을 드리고 싶다.

| 차 례 |

축하의 글 … 4
책을 내며 … 6

특별하거나 특별하지 않거나

김봉선	산사의 하루	… 17
김산옥	들뜨지 않는 계절	… 21
김상미	안아야만 느낄 수 있는 온기	… 26
김소현	완전한 미지수	… 30
김영아	겨울 아기	… 34
배소희	새벽빛	… 39
이혜숙	나무에게 땅 사준 여자	… 43
정인호	내 안의 지족知足	… 48
정화신	그해 여름이 불러온 이야기들	… 52
조인선	가을 하늘 높고 푸르른데…	… 59
조재은	창호지가 준 선물	… 64
최재남	특별하거나 특별하지 않거나	… 67
함정아	남편의 책상	… 72

당신의 오늘 하루

강은소	오늘은 밥맛 나는 사람이 그립다 … 79
김미숙	당신의 오늘 하루 … 83
김숙희	수수께끼 상자의 경고 … 88
김정수	뒤주가 살려낸 하루 … 92
김준희	따뜻한 말 한마디 … 95
김현찬	그리움 남기고 돌아오는 길 … 99
노정숙	못난이 백서 … 103
송혜영	겨울 잔치 … 107
오정순	친구 부자 … 110
오차숙	나의 삶, 나의 문학 … 114
전효택	뜻밖의 답사 … 120
최정아	라인강변에서 … 125
현정원	어느 스노비즘? … 129

그 산의 봄

문화란	오늘	⋯ 137
박성희	브리하디스와라 사원에서	⋯ 142
박현경	선물같은 하루	⋯ 146
신재기	2025년 4월 4일	⋯ 150
오수화	나의 영웅	⋯ 151
왕옥현	어떤 일요일	⋯ 155
이미숙	그 산의 봄	⋯ 159
이성숙	영화 같은 하루	⋯ 163
임남순	나의 어머니	⋯ 168
정은숙	영자 고모네	⋯ 173
차미란	너무 늦게 전하는 마음	⋯ 176
최우석	안부	⋯ 182
한선옥	오랜 나를 발견하는 (특별한) 하루	⋯ 187

서로 다른 생각

강명숙	검은 불꽃, 사이프러스Cypress … 193
고영효	서로 다른 생각 … 199
김석규	봄이 붉다 … 204
권현옥	브라 이야기 … 208
김시윤	참외장아찌를 담그며 … 213
박찬익	고무래 … 218
선우현정	해바라기 사랑 … 223
성종환	킬로만자로Kilimanjaro 등정한 날 … 226
신영준	정동심곡 바다부채길 … 234
우명식	한여름 밤의 꿈 … 238
조후미	제사상 댄스 … 243
한경화	빈 방울의 일시적 유희 … 247

살구나무가 있는 그곳

김선아	세월탕	⋯ 251
박상용	뿌리를 찾아서	⋯ 255
박인목	전신 마취	⋯ 259
심영순	오고대 향연	⋯ 264
이수중	무릉도원이 이곳이었네	⋯ 269
이순미	살구나무가 있는 그곳	⋯ 273
이영식	낯선 가을	⋯ 277
이영희	낮술	⋯ 280
이한민	우중산행雨中山行	⋯ 283
이혜정	문맹탈출 대 감성탈출	⋯ 287
정정애	그 봄날이	⋯ 293
최선희	백발이 되어도	⋯ 297

사람 사는 풍경

김남순	또 엄마야!?	… 305
김수금	큰 별의 소박한 꿈	… 309
류만영	잃어버린 시간을 찾아서	… 312
박하영	목포는 항구다	… 316
손경란	14획의 글자	… 322
손제하	여행지에서 생긴 일	… 326
송남섭	사람 사는 풍경	… 330
이정희	나의 몸에게	… 335
임우재	남편, 간첩 리철진 되다	… 340
정정숙	멋지다 내 외손주	… 349
조규호	문학의 편향성에 관하여	… 353
조인순	식탐	… 361

하루를 살아낸 당신에게

김 란	하루를 살아낸 당신에게	⋯ 367
김문희	김숲 양은 지금 어디 있을까	⋯ 371
김미자(매강)	긴 하루	⋯ 375
김영분	아픔을 딛고 일어서는 철원	⋯ 379
김호은	구름카페	⋯ 384
남현희	피아노	⋯ 388
박란정	이메일을 정리하다가	⋯ 392
박상만	눈탱이 밤탱이	⋯ 396
백경희	아버지와 가을바람	⋯ 401
이문숙	일기에도 거짓말을 쓰는 사람	⋯ 406
이상국	라디오 게임	⋯ 410
이은영	기차에서 만난 아이	⋯ 415
한미경	상복은 여기까지	⋯ 421

특별하거나 특별하지 않거나

특별하거나

특별하지 않거나

●

김봉선
김산옥
김상미
김소현
김영아
배소희
이혜숙
정인호
정화신
조인선
조재은
최재남
함정아

산사의 하루

김봉선
sunyyayo@naver.com

　일주문 앞에 선다. 일상의 무거운 짐을 잠시 내려놓고 쉴 수 있는 곳으로 달려간다. 집의 대문 같은 일주문 앞에 서면 다른 집으로 들어가는 듯, 다른 세상으로 들어가는 기분이 든다. 속세에서 닳고 흐트러진 마음이 두 손과 두 발을 모으고 서서 정중히 허락을 구한다. 일주문을 통과하면 우거진 나무 숲길이 기다린다. 흐르는 계곡의 물소리는 세차다. 며칠 전 내린 장맛비의 영향이다. 새들도 소리 높여 이야기를 나눈다. 나를 반긴다는 착각을 하며 걷는 발걸음은 신이 난다. 숲길을 천천히 걸어 올라가면 벌써 짓누르던 등짐이 반은 줄어든 기분이다.
　디딤돌에 올라선다. 오래된 나무기둥과 나뭇결이 온전히 살아있는 마루, 색 바랜 기와는 시골집처럼 아늑하다. 마루에 발을 내려놓자 나를 기억이라도 하듯 나무가 삐그덕 소리를 낸다. 친숙한 소리에 깊어진 주름이 순간 펴지며 엷은 미소가 지어진다. 격자무늬 문살에 한지를 바른 문의 문고리를 잡자 열 살이 되어 안방 문을 열고 들어서는 것만 같다. 배낭을 내려놓고서 뒤뜰로 난 문도 활짝 열어젖힌다. 7월의 끝자락에 내뱉는 텁텁한 숨은 시원한 바람 한줄기가 통하며 물기를 머금는다. 온돌방에 등을 대고 팔베개를 하고 누웠다. 짐을 풀기도 전에 눈이 저절로 감긴다. 최근 골칫거리로 인해 잠을 제대로 못 자고 출근하는 날이 많았다. 혼곤한 낮잠에 빠져 눈을 뜨니 한 시간이 훌쩍 흘렀다. 잠깐의 단잠으로 노곤했던 몸이 한결 가벼워졌다.

산사에 어둠이 내려앉기 시작한다. 많은 사람들의 발자국을 담고 있던 절 마당의 적막함은 서늘하기까지 하다. 탑들은 서로를 이제야 온전히 마주하는 시간이다. 육중한 타종소리는 아쉬운 오늘을 잡고 긴 여운으로 산사를 떠돈다. 추녀에 매달린 풍경 속에서 소리 없이 흔들렸다 쓸쓸히 사라진다. 탁탁 목탁소리는 오늘 하루도 잘 견뎌낸 어깨 위를 두드리며 위안을 건네는 소리다. 사위가 어슬해지지만 불을 켜지 않는다. 점점 어둠으로 채워지는 방에 가만히 눕는다. 서까래 뒤로 짙은 밤하늘에 뜬 총총한 별만을 마주하며 깊은 숨을 내쉰다. 내가 산사를 찾는 이유다. 혼자 그윽한 달빛에 깃들어 침묵할 수 있기 때문이다.

산사에서의 시간은 분주한 대낮에서 빠져나와 홀로 되어 조금은 허전하지만 자유로운 밤의 시간이다. 시간과 관계의 구속에서 벗어난다. 시시때때로 울리는 전화도 잠시 꺼둔다. 도시에서의 밤은 환한 대낮 같았다. 캄캄한 밤의 침묵 속에 놓이게 되면 나를 돌아보게 된다. 바깥으로만 향했던 문제의 원인이 결국 나에게 존재하고 있다는 음성을 듣게 되는 시간이다.

밤비라도 내리는 날은 더욱 행복한 날이 된다. 비가 내려앉는 곳마다 내는 정겨운 소리가 살갗을 적시다 마음 깊은 속으로 스며들어온다. 눈을 감고 가만히 듣는 빗소리는 아름다운 곡조보다 감미롭고 편안함을 안겨 준다. 은은하게 풍겨오는 향내음은 젖은 비를 품고 더 짙어진다. 밤새 비내음을 쿵쿵거리는 동굴 속의 작은 짐승이 되고 만다.

이른 새벽의 산사는 아직도 어둠을 이고 있다. 절 마당에 고개를 내민 여명은 옅은 박하향이 나는 듯하다. 맑은 목탁소리가 잠든 밤을 서둘러 깨운다. 푸드덕푸드덕 날갯짓 소리 들린다. 만물을 일깨우는 목탁소리는 노크를 하고 있는 것일까. 법당의 마루는 차다. 무릎을 꿇고 두 손, 두 발, 이마까지 차가운 마룻바닥에 댄다. 낮추고 또 낮추면서 알게 된다. 나만 옳다고 오만하게 살고 있었음을 말이다. 산사를 찾는 또 다른 이유다. 스스럼없이 바닥으로 자신을 낮출 수 있는 곳이기 때문이다.

산사 주변의 오솔길을 천천히 걷는다. 자욱한 새벽 안갯속을 걷는 걸음은 꿈속의 길을 걷는 착각을 하게 만든다. 짙은 녹음이 내뿜는 여름 숲길은 솔잎향이 더 짙어져 상쾌하다. 먹고사는 일로 고단하고 좁아진 가슴이 저절로 펴진다. 큰 숲을 이루며 자리를 지키고 서 있는 나무가 점점 모습을 드러내며 날이 밝아온다. 계절의 순환 고리 속에서 같은 과정을 되풀이하며 살고 있는 나무들이다. 무성한 잎들은 찬바람이 불면 모두 떨어질 것이다. 이들은 누군가가 자리를 옮겨 주지 않으면 평생 그 자리에서 죽을 때까지 되풀이하며 살아간다. 나무들도 지겹겠지. 자리를 옮겨 다닐지라도 반복되는 일상의 수레바퀴에서 벗어나고 싶어 내달려 온 나는 자꾸만 묻게 된다.

느릿느릿 걷고 또 걷는다. 빠른 속도에 맞추느라 헉헉 달려가는 삶이 산사에서는 느리다. 속세의 화려한 유혹도 짙푸른 숲길을 오래 걷다 보면 부질없어진다. 한 자리에서 오랜 시간을 견딘 나무는 하늘 높이 자란다. 반복되는 일이 의미 없어 보이지만 어린 나무는 점점 단단해져 큰 나무가 된다. 나의 메마른 일상도 쌓여 어린 나무가 성장하듯 나를 조금씩 성장시킬 것이란 걸 안다. 부산하고 조바심으로 불안했던 마음은 어느새 모두 가라앉는다. 노곤했던 몸도 가벼워졌다. 배낭을 챙겨 산사를 천천히 내려간다.

들뜨지 않는 계절

김산옥
s2k2y@hanmail.net

12월 경춘선 고속도로는 유난히 고적하다.

불타오르던 꽃불, 무성했던 초록 물결, 색색이 화려하던 나무들이 이제는 자코메티의 〈걸어가는 사람〉처럼, 뼈만 남은 듯 빈 가지를 벌리고 서 있다. 들뜨지 않는 이 계절이 문득 가슴에 안긴다. 마음마저 차분하게 가라앉는다.

막내딸과 춘천에 있는 삼운사로 템플스테이를 하러 가는 중이다. 한 해가 가기 전에 집 떠나 고요히 며칠 묵고 싶었다. 그것이 올 한 해 잘 견뎌온 나에게 주는 선물이다. 무엇보다도 이번 기회에 막내딸에게 고백하고 싶은 말이 있다.

젊었을 때는 언제나 빛나는 내일이 있어서 나에게 주는 선물을 자제했다. '나는 젊으니까' 언제고 기회는 많을 것이라는 희망으로 등한시했다. 가족에게도 하고 싶은 말을 자제했다. 언제든 말할 기회는 많을 것이라고, 그 흔한 '사랑한다'는 말마저 미루며 살았다. 잘못한 것이 있어도 가족은 그래도 된다고 '미안하다'는 말을 아꼈다. 도움을 받아도 가족 간에는 당연하다고 '고맙다'는 말을 외면했다. 그것은 아주 많이 빗나가는 착각일 뿐이라는 것을 알아가는 중이다.

가난만 넉넉했던 시절이었다. 막내딸이 여섯 살 무렵에 조금이라도 살림에 보탬이 되기 위해 직장을 다녔다. 여섯 살이면 유치원생이다. 엄마의 손이 가장 많이 필요로 하는 나이다. 그때 우리 동네 병설 유치원은 통학 버스가 없었다. 혼자 유치원에서 돌아오는 길은 한적한 길이라 무서웠을 것이다. 새까만 눈동자가 겁에 질렸을 것을 생각하면 지금도 곁에 있어 주지 못한 것이 늘 가슴에 얹혀있다.

아무리 할머니 할아버지가 잘 챙겨주어도 엄마의 손길이 더 간절한 때다. 온종일 일에 지쳐 돌아오면 대가족 살림 챙기기도 버거워 딸아이에게 온전한 관심을 주지 못했다. 충분히 안아주고 귀 기울여 주어야 했다. 그러나 저만큼 미뤄놓고 바라보기만 했다. 아무 말 안 한다고 해서 괜찮은 것은 아니다. 늘 엄마바라기 했을 딸아이를 생각하면 지금도 명치끝이 뻐근해진다.

막내는 해맑게 잘 자라주었다. 눈 마주치면 빙긋이 웃어주고, 내가 지쳐 있으면 슬그머니 등 뒤에 와서 허리를 꼭 안아준다. 말 없는 그런 행동이 나에게는 큰 힘이 된다. 위로받는 쪽은 언제나 나왔다.

 언제고 막내딸에게 미안하다고 말하고 싶었다. 그럴 수밖에 없었던 엄마의 속내를 털어놓고 싶었다. 경춘선을 달리는 차 안에서 우리 모녀는 타인처럼 말이 없다. 가끔 근래에 일어났던 일로 차 안을 감도는 고요를 깨기도 했지만, 정작 하고 싶은 말은 꺼내지 못했다. 입실 시간에 맞춰 삼운사에 도착했다.

 코로나19로 인해 템플스테이 하는 사람들 발길이 뚝 끊겼다. 숙소에는 어느 중년 부부와 우리 모녀뿐이다. 관례적인 사찰 소개를 받고 저녁 공양을 마친 후, 숙소로 돌아왔다. 온돌방이 뜨끈하게 데워져 있다. 이불 밑에 발을 넣고 입소할 때 준 단주 알을 실에 꿰었다. 한 알 한 알 염주 알을 꿰면서 세상 편한 자세로 딸아이와 마주 앉았다. 그렇게 단둘이 있는데도 정작 딸아이에게 하려고 했던 말은 꺼내지 못했다. 왜 그 말이 목에 걸려 나오지 않는지 답답하기만 하다. 그렇게 사찰의 밤은 깊어져 간다.

 아침에 일어나니 소양강에서 피어오르는 안개가 온 도시를 덮는다. 세상은 우리 모녀만 남겨놓고 안갯속으로 사라진다. 안개가 걷히기 전 서둘러 삼운사에서 나왔다. 호반의 도시 춘천에는 유명 카페가 많다. 우리는 아름다운 카페를 찾아갔다. 궁전처럼 높은 산자락에 있는 PAMIR 카페는 이국적 향기가 물씬 풍긴다.

막 문을 연 카페에 들어서니 우리가 첫 손님이다. 제복을 정갈하게 갖춰 입은 종업원이 깍듯이 우리를 맞는다. 그 넓은 카페를 우리가 통째로 빌린 느낌이다. 아침 안개로 휘감은 카페에서 딸아이와 마주 앉았다. 왠지 이 순간이 지나면 영원히 말을 못 할 것만 같다.

"막내야, 실은 엄마가 할 말이 있는데…"

"뭔데요, 새삼 무슨."

딸아이는 의문의 눈빛으로 나를 쳐다본다. 어쩌면 이미 무슨 말을 하려고 하는지 알고 있을지도 모른다. 오래전부터 엄마의 그 말 한마디를 기다리고 있었을지도 모를 일이다.

"미안해."

"뭐가요?"

울컥 눈물이 치솟는다. 어릴 때 곁에 있어 주지 못해 미안하고, 지켜주지 못해 미안하다는 말이, 목울대를 치밀고 올라오는 열기와 뒤섞여 제대로 말을 잇지 못했다. 이 한마디를 하지 못해 오랜 세월 그렇게 가슴앓이했다. 섣불리 말을 하면 딸아이가 약해질까 봐, 이 험한 시대에 홀로서기를 못 할까 봐 억누르며 살았다. 진즉에 마음 어루만져 주면서 다독였으면 되는 것을 미련하게 침묵만 했다. 너무 늦었다.

딸아이는 그렁한 눈으로 손사래를 친다.

"괜찮아, 정말 괜찮아. 나는 아무렇지도 않아. 지금도 그렇고 앞으로도 괜찮아. 왜 엄마가 미안해야 해. 그건 아니야. 오히려 엄마 덕분에 잘 자랐어요."

"우리 막내 이렇게 이쁘고 반듯하게 잘 자라줘서 고맙다."

딸애와 나는 한참을 그렇게 웃으며 울었다. 우린 서로의 눈길을 피해 먼 곳을 바라본다. 들뜨지 않는 계절이라 다행이다. 화려하지도 무성하지도 않은 계절이라 참 좋다. 그 넓은 카페 공간이 우리 둘만을 위해 배려하는 듯 고요하다. 사랑한다는 말, 미안하다는 말, 고맙다는 말 아끼지 말고 살아야겠다.

아침 안개에 싸여 있는 카페에서 우리 모녀는 선물 같은 오늘을 보낸다.

안아야만 느낄 수 있는 온기

김상미
seabird59@hanmail.net

　외로움은 나에게 주어진 운명 같은 것이었다. 누군가에게 속내를 쉽게 꺼내놓지 못하고 혼자 해결하는 스타일이라 고독한 삶이었다. 젊은 날에는 그런 내 정서가 좋았다. 세상으로부터 멀어져 내 안에 갇혀 있는 듯한 느낌은 사람들과 의사소통에서도 호불호가 뚜렷했다. 같은 생각을 갖고 있는 사람과는 선을 넘는 소통도 유연했다. 그것이 상대를 부담스럽게 할 수도 있는데 주는 것으로 만족해 버렸다. 그런 정서는 상대의 감정에 상처를 입힐 수 있지만 나는 아무것도 의식하지 못하며 살았다.
　육지를 떠나 섬 생활을 하면서 나의 잘못된 생각들이 환기되었다. 옥탑방에 앉아 눈앞에 출렁이는 바다를 바라보며 보내는 시간은 철학책을 읽고 있는 느낌이었다. 지금까지 사는 동안 아무것도 확신할 수 없는 미래가 늘 답답하기만 했다. 지나온 시간 들이 환영처럼 흘러가고 헛짓거리하며 산 내가 바보처럼 느껴졌다. 손에 잡은 것이 아무것도 없는데 왜 그리 아등바등 살았을까. 순간 이성으로 포장한 내가 헐거워지고 스스로 가여워 목울대에 통증을 느낄 정도로 쏟아냈다. 누군가 함께 있었다면 나 자신에게 이렇게 진실할 수 있었을까.

사는 것은 존재가 아니라 바람이다. 섬살이 한 달이 지나면 나는 얼마나 달라질 수 있을까. 방파제 산책길에 바다 향기를 심호흡으로 들이마신다. 배가 불룩해진다. 그 포만감에 어떤 근원을 알 수 없는 그리움이 묻어났다. 그것은 바다 한가운데에서 바람이 태어나는 것처럼 자연스러웠다. 아무 일도 하지 않고 바다만 바라보며 살라 해도 살 것 같은 자유가 살아있음의 행복으로 다가온다. 그럴 수 없기에 더욱 소중한 시간인지도 모르겠다.

하루를 시작하며 부지런한 농부처럼 일과를 메모한다. 나의 뜰에 무엇을 파종해야 할까 망설일 때 앞서거니 뒤서거니 그동안 미뤄두었던 것들이 새싹처럼 돋아났다. 얼마나 많은 것을 버리지 못하고 마음에 구겨 넣고 살았던가. 정신없이 앞만 보고 달릴 때는 중독이 불안의 다른 이름이라는 것을 모르고 살았다. 나는 언젠가 허물어질 일 중독자였다.

내가 지니고 있는 에너지 그 이상을 쓰려니 친구와 전화하다가 깜박 졸기도 하고, 책을 읽으며 문장이 일그러지는 일이 잦았다. 그때마다 안경 도수를 높이며 사는 것이 답인 줄 알았다. 나중에 알았지만 그것은 난독증과 우울증의 시작이었다. 달려온 속도만큼 멈추는 것이 어려웠다.

　죄책감 없이 일하지 않고 쉬는 방법은 없을까 모색하다 떠나온 섬살이는 아무것도 의식하지 않아서 좋다. 평화로운 석양 무렵 내가 지는 해와 함께 걸어가는 타이밍이 절묘하다. 세상 모든 것엔 속도가 있다. 꽃도 나무도 계절도 각자의 속도를 품고 있다. 같은 꽃이라도 일찍 핀 꽃은 일찍 지고 늦게 핀 꽃은 늦게 진다. 나는 종종 효율성이라는 알량한 질서를 좇느라 몸의 리듬을 놓치곤 한다. 스페인 산티아고 순례길을 걷고 온 사람들이 내게 들려준 이야기가 귓가에 맴돈다. "멀리 가려면 자신만의 속도로 가야 해요"라는 귀띔을 이제야 알 것 같다.

　여행길에서 무리한 속도를 내면 여정을 돌파한 후 통증으로 고생을 하기도 한다. 함께 걷는 사람의 빠른 속도가 부러워 무리하다가 발의 물집이 생겨 며칠을 주저앉는 사람도 보았다. 인생 여정도 이와 다를 바가 없다.

　한번 사는 인생 실컷 즐기겠다는 욜로족과 남들보다 빨리 은퇴하고 쉬겠다는 파이어족은 반대 방향의 움직임처럼 보이지만 동일한 가속 페달을 밟고 있다고 생각한다. 최고의 속도를 자랑하는 자동차 제조업체가 가장 중요하게 생각하는 것은 가속 엔진이 아니라 브레이크라고 한다. 멈추고 싶을 때 멈출 수 없다면 최고의 속도는 무의미하다. 산다는 것은 나만의 속도로 즐기며 사는 것 아닐까.

삶의 긴 여정을 볼 때 50대에 최저점을 찍는 행복 곡선은 U자형이고 70대에 절정에 이른다고 한다. 70대가 되면 스트레스에 초연해지면서 과거나 미래가 아닌 현재를 살게 된다는 말이다. 언제부턴가 그 말에 동의하게 되었다. 점점 분주한 사회활동 시간이 줄어들면서 시야가 좁아진 탓이리라.

공원을 산책하다가 새끼들에게 먹이를 날라다 주는 어미 새를 보았다. 어떻게 서로 먼저 달라고 배고파 우는 새끼에게 공평하게 먹이를 나눠줄까. 궁금해서 오랫동안 나무 위를 올려보다가 우연히 알게 되었다. 어미 새는 입을 가장 크게 벌리는 새끼 입에 먹이를 넣어주는 것이었다. 턱이 무너질 듯 쩍 벌린 입을 보며 생명의 신비를 느꼈다. 어미 새가 수학자처럼 새끼의 허기진 순간을 포착하는 것일까. 그 질서는 한 치의 오차도 없는 듯 보였다.

배고픈 새끼를 대하는 어미 새의 공평한 사랑처럼 나는 왜 나에게 주어진 시간을 분배하며 살지 못했을까. 인생 초년에는 어떤 일이 나에게 중요한지 알지 못해 허둥댔다. 오랜 경험이야말로 살아있는 것들이 보여줄 수 있는 최고의 가치라는 생각을 해본다.

완전한 미지수

김소현
cardinale@hanmail.net

　영화관에 가서 '요즘영화' 한 편 봐야겠다고 생각한 건 텔레비전에서 아카데미상 시상식을 보면서였다. 방구석에서 흑백영화만 보다가 근 일 년 만이다. 평소 블록버스터는 왠지 기피하게 되고 음악도 대곡 스타일은 마음이 가지 않던 터라, 화려한 스포트라이트를 받은 영화를 제치고 음악 관련 영화를 택했다. 미국 포크 가수 밥 딜런 자전영화인 〈컴플리트 언노운〉은 아카데미상 수상작은 아니었다. 늘 그렇듯이 유명가수의 전기 영화는 큰 기대는 하지 않는다. 단지 그 노래들을 듣기 위함이다. 영화를 보고 와서 오래전에 접어둔 그의 자서전 《바람만이 아는 대답》을 펼쳤다.

　미국의 포크가수이자 싱어 송 라이터 밥 딜런은 1941년 미네소타 주 덜루스에서 태어났다. 자라는 동안 더 큰 세계를 생각하며 때를 기다리다가 1959년 집을 떠나 미니에폴리스로 간다. 노래가 끝나면 객석에 모자를 돌리는 작은 카페에서 3달러 정도를 받으며 노래를 부르며 지내다, 우연히 포크의 전설 우디 거스리 음반을 듣고 그는 '백만 톤의 폭탄이 떨어진 것 같은 충격'을 받는다. 우디의 자서전까지 읽은 딜런은 자신의 정체성과 운명의 출발점을 지적해준 그를 만나러 뉴욕에 온다. (우디는 간판장이 출신으로 '강렬한 시적 영혼을 가지고 있는, 딱딱한 외피 속에 말랑한 찰흙이 들어있는 시인'이었다고 평해진다.)

병원에 입원해 있는 우디 거스리를 찾아 자신의 존재를 알리고, 딜런은 카페에서 직접 만든 노래를 부르며 조금씩 알려지고 주목받는다. '개스라이터'라는 클럽에서 주급 60달러를 받으며 고정 연주를 하게 된 그는 지인의 집에 머물며 많은 독서를 한다. 이후 음악에의 열정과 실력을 갖춘 다양한 뮤지션들을 만나 협업하며 실력을 쌓고 스타의 길로 들어선다. 노래 외에 화가, 연극배우로도 활동했지만 그는 자신이 명성을 가졌다고 생각하지 않았다. 밥 딜런이라는 이름은 영국 시인 딜런 토마스 이름을 차용했다.

그는 단순히 기타를 치며 노래하는 가수가 아니었고 평등과 자유의 가치와 이상을 소중히 여기고 있었다. 열정적인 연주와 거칠고 메마르게 들리는 목소리, 정치적이고 시적인 가사에 사람들은 열광했다. 월남전 반대운동과 흑인 민권운동에 참여해서 저항곡들을 쓰고 불렀지만, 그의 노래는 저항이 아닌 개인의 느낌을 담은 은유로 이루어져 있다. 1960년대 냉전시대에 딜런은 자신만의 목소리로 사회적 변화를 말하며 음악으로 메시지를 전했다. 그 결과 퓰리처상도 수상하고 그래미상은 무려 11번 받았다. 그가 우드스톡에 머물 때 그의 노래를 듣고 집으로 몰려든 시위대와 히피들로부터 가족을 지키기 위해 총까지 준비했던 평범한 가장이었던 밥 딜런. 음악작업을 위해 뉴올리언스로 거주지를 옮겨 작업을 이어간다. 그러나 자신을 규정짓는 게 싫어서 1965년 뉴포트 포크 페스티벌에서 전자기타를 연주해 포크뮤지션들을 경악시킨다. 어릴 때부터 시를 쓴 그에게 노벨문학상이 과분하다고 누가 말할 수 있는가. 스웨덴 학술원 사무총장은 그를 가리켜 "그는 귀를 위한 시를 쓴다"고 말하며 수상배경을 밝혔다.

 밥 딜런을 티모시 샬라메가 연기했다고 들었을 때, 진지한 느낌의 밥과 귀여운 인상의 티모시 두 사람이 마음에서 매치되지 않았지만, 티모시가 이 역할을 위해 5년 동안 준비했다니 저력 있는 배우로 거듭난 것 같다. 그를 처음 본 건 영화 〈레이니 데이 인 뉴욕〉에서였다. 부잣집 막내아들 역할로 앳된 대학생의 모습이 남아 있는데, 향수 광고로 성숙한 남자의 향기를 풍기더니, 아이돌도 아니고 전설의 포크가수 밥 딜런으로 '빙의'까지 했다. 음악적인 동료 존 바에즈를 연기한 배우(모니카 바바로)도 훌륭했다. 오랜만에 접한 명곡 〈Blowin in the wind— 바람만이 아는 대답〉의 가사는 몸에 소름이 돋을 정도로 좋았다. 평화와 자유의 메시지를 담은 서정적인 가사와 멜로디는 많은 가수들이 커버해 불렀다.

얼마나 많은 길을 걸어봐야 진정한 인생을 깨닫게 될까/비둘기는 얼마나 많은 바다를 날아야 모래사장에서 편히 쉴 수 있을까/전쟁의 포화가 얼마나 휩쓸고 나야 영원한 평화가 찾아올까/얼마나 긴 세월이 흘러야 산이 씻겨서 바다로 내려갈까/얼마나 긴 세월이 흘러야 진정한 자유를 얻을까/언제까지 고개를 돌리고 모른 척할 수 있을까/얼마나 많이 올려다보아야 진짜 하늘을 볼 수 있을까/얼마나 많은 귀를 가져야 타인의 울음소리를 들을 수 있을까/얼마나 많은 사람이 희생되어야 무고한 많은 사람이 죽었음을 알고 있을까/친구여 그건 바람만이 알고 있어. 바람만이 그 답을 알고 있다네.

이 영화는 제목을 잘 지은 것 같다. 컴플리트 언노운—완전한 미지수…. 밥 딜런이 활동했던 1960년대나 지금이나 바람만이 대답할 수 있는 물음은 여전히 세상에 존재한다. 올해 아카데미상 시상식에는 산불진화로 고생한 LA소방대원들이 시상자로 나왔는데 기립박수로 그들을 맞이하는 영화인들이 감동이었다. 우리 영화계가 본받을 점이 아닌가 생각한다.

겨울 아기

김영아
matilda0313@hanmail.net

　채소의 진 잎과 시들은 고춧대가 널브러진 수확을 끝낸 겨울날의 밭, 그 언저리 늙은 나무에서 작은 잎이 파르르 떨며 떨어진다. 손톱 모양의 작은 이파리는 유년 시절 추운 겨울날 잠시 지나갔던 슬픔 한 자락과 내 발등에 내려앉는다.
　오래전 일이었다. 자고 나니 작은방에서 아기의 울음소리가 들렸다. 엄마가 아기를 낳으셨다. 남자아이였다. 아들을 귀히 여겼기에 오빠가 있었지만 여자가 셋이나 되니 남자의 숫자를 더 보태어야 다복함을 보여주는 집안이 되는 것이었다. 아들을 낳았다는 것은 큰 경사였다. 숯과 고추를 새끼줄에 엮은 금줄이 작은방 문지방 위에 걸렸다. 할머니는 마루에 짚을 깔고 밥과 미역국으로 제왕판을 차려 삼신할머니께 태어난 아기의 건강을 빌고 계셨다. 나의 여덟 살 겨울은 새 식구의 탄생으로 시작되었다.

아기가 태어나고 3일 뒤에야 우리는 아기를 보러 작은 방으로 갈 수 있었다. 눈동자는 포도알 같았고 머리카락은 제법 큰 아이처럼 까맣고 머리숱이 많았다. 철이 좀 든 나이라 남자 동생이 너무 좋았다. 바로 밑에 여동생이 앙칼지고 나에게 대드는 탓도 있었을 것이다. 보드랍고 솜털 같은 아기를 한 번 안아 보고 싶어 아기를 만지다가 할머니께 손 탄다며 혼이 나기도 했다. 아들을 낳은 엄마는 산후조리도 편히 할 수 있어 푸근하고 여유로워 보였다. 며칠이 지났는지 할머니는 또 제왕판을 차려 빌었다. 아마도 아기가 태어난 지 1주일이 되어 한 칠 기도를 하였던 것 같다.

며칠 뒤 할머니는 급하게 할아버지를 부르셨다. 남자 어른은 아무도 들어가지 않은 작은 방으로 두 분이 들어오셨다. 두 분은 알아들을 수 없는 대화를 하셨는데 표정이 어두웠다. 조금 있다 공의진료소 의사 선생님이 다녀갔다. 아기는 연신 딸꾹질을 하고 있었다. 아기에게 큰 문제가 생긴 것이었다. 할아버지는 아기의 얼굴을 쓰다듬고 슬픈 표정을 지으시며 할머니와 말씀을 나누셨다. 아침나절의 집안 분위기는 무서움이 드리워졌다.

그날은 장날이었다. 시골 장터는 꼬마들의 마당극장이다. 장돌뱅이로 돌아다니며 시간을 보내다가 동네 과수원집에 새색시가 시집오는 날이라기에 잔치 구경을 갔다. 새색시는 코로나라 불리는 택시에서 내렸다. 꽃으로 자수가 놓인 붉은색 치마저고리로 처음 보는 고운 한복을 입고 있었다. 색시는 차에서 내려 손에 흰 천을 두르고 머리에 얇은 보자기를 뒤집어쓰고 있었다. 불을 지핀 짚단 위를 넘고 그 집 마당으로 들어갔다. 큰아이들과 어울려 "잔치 잔치 개잔치 떡도 하나 안 주고"라는 노래를 잔칫집 앞에서 소리 내어 불렀다. 잠시 후 떡과 과일이 나와서 맛나게 얻어먹었다. 잔치 음식을 먹는 즐거움과 새색시 구경하느라 한참을 밖에서 보냈다.

  잔칫집의 즐거움을 뒤로하고 집으로 돌아오니 잔칫집과는 다른 어둠이 보였다. 오빠는 어린 나이지만 항상 의젓하여 나약한 모습을 본 적이 없었는데 눈물을 흘리고 있었다. 그런 오빠가 우는 모습은 의아했다. 오빠의 모습을 접어두고 아기를 보러 방으로 들어가니 엄마는 우시면서 하얀 천으로 바느질을 하고 계셨다. 아기 옷을 짓고 있었다. "엄마 얼라는 오데 있노?" 하고 물으니 옆에 계시던 할머니께서 밖에 나가 있으라고 하셨다. 잠시 나갔다가 방안 사정과 아기의 행방이 궁금하여 다시 방으로 들어갔다. 엄마가 만들던 옷도 없어지고 이불도 걷어져 있었고 방 한 구석에 누런색 종이에 뭔가가 싸여 있었다. 조금 있으니 털모자를 쓴 동네 할아버지 한 분이 장독을 지게에 지고 오셨다. 장독에다 종이로 싸진 것을 넣고 새끼줄로 묶은 후 독을 지고 나가셨다. 언니와 오빠는 엄마 옆에서 울고 있었다. 동생과 나는 무슨 영문인지 모르고 눈만 멀뚱거렸다. 뒤에 그 일들이 아기가 죽어서 추운 겨울날 홀로 죽은 애기를 묻어주는 애장터로 떠나보내는 것임을 알았다.

  시골 마을에 의료시설이라곤 공의진료소 뿐이었다. 아기가 태어나기 전 엄마의 뱃속에서부터 병을 가지고 태어났다고 했다. 지금은 큰 병이 아니지만 동네 공의 선생님의 의술로는 살릴 수 없었다. 아이가 태어나면 낙후된 의료시설 때문에 많이 죽던 시절이었다. 아기가 떠나던 날 아침에 심한 딸꾹질과 하얀 목화솜 같은 얼굴이 기억난다. 훗날 나는 아기들이 딸꾹질을 하면 두려움을 느꼈다. 예쁘고 눈이 동그랗고 맑았던 내 남동생 아기는 이름도 갖지 못하고 겨우 열흘을 살다가 엄마의 가슴에 붉은 피멍을 들이고 우리 곁을 떠나 별이 되었다.

  영원할 것 같은 아픔도 아물어갔고, 몇 년의 세월이 흐른 뒤 남자아이가 아닌 예쁜 여자 동생이 태어났다. 그 아이의 얼굴에서 어린 나이에 보았던 남자 아기의 얼굴이 보였다.

  의미 없는 삶이란 없다. 출생은 누구든지 짧은 시간이라도 모두 의미가 있다. 그 아이는 우리 곁에서 열흘간의 시간 동안 기쁨을 주고 이승의 벽 안에서 저승이란 건너편 벽 안으로 사라져 버리며 만남의 기쁨에서 죽음이라는 이별의 슬픔으로 오는 아픈 그리움을 남겨 주고 간 인생이었다.

  나의 가슴에 작은 별 하나를 담아 주고 떠난 예쁜 겨울 아기, 잠시 내 동생으로 와 주었던 그 아기는 어린 나에게 이별의 아픔을 크게 심어 놓았나 보다. 겨울이 되면 기억의 상자에서 그날의 슬픔이 그리움으로 나에게 다가온다.

새벽빛

배소희
hee9066@hanmail.net

   새벽 바다, 입으로 가만히 말을 하거나 듣기만 해도 가슴 설레는 말이다. 고즈넉한 설렘이다. 바다 멀리 수평선 아래 해를 품고 있어 아직은 울먹울먹한 갓난 아기의 모습인 바다이다. 가만히 다가가면 눈 비비고 잠을 깨는 듯한 어린아이의 모습으로 나를 맞이해 주었다.

   새벽빛이 나에게 말을 걸어오는 순간, 멀리서부터 반짝이는 잔물결의 반짝임, 새벽 윤슬의 그윽한 눈빛으로 나를 맞이해 준다. 바다는 나를 포근히 안아주고 부드러운 물결 소리로 귓속말을 해주며 작은 속삭임으로 말을 걸어준다. "이제야 왔니? 기다렸단다." 바다의 말인 듯 엄마의 말인 듯 잔잔한 물결 소리와 함께 들려주며 나를 안아주었다. 바다에선 내 작은 귀가 풀등처럼 봉긋 솟고 있었다. 바다의 깊은 말을 듣고 싶어서인가 보다. 내 발등 위로 올라오고 무릎 위로 물결치는 바닷물의 부드러운 감촉에 온몸으로 바다에 안기고 싶은 순간이다.

어딘가 깊은 곳에서 자신을 퍼 올리는 소리가 들려 오는 것 같다. 날개를 접고 바람을 잠재우던 새들의 발자국들이 모래밭에 선명하게 찍혀 있고, 새가 떠난 자리에 새 소리가 들리는 것 같다. 새들의 발자국 따라 나도 모래밭을 걸었다. 상형문자 같기도 하고 하트 모양 같기도 한 새 발자국 문양을 따라 걸었다.

왜 이제야 왔을까. 바다가 좋다며 해마다 바다를 찾아 왔지만 허울뿐인 바다 사랑이었을까. 바다에게 미안했다. 바다를 좋아하는 나는 매번 바다에 갈 때마다 그 바다가 내가 좋아하는 바다인 줄 생각했고 그 바다를 몇 번이나 찾아갔다. 먼발치에서 바라만 보고 넓은 유리창을 통해 다가갔던 새벽 바다, 고작해야 해마다 일출을 본다며 해를 기다리며 많은 사람들 사이에서 무언의 의식만 하고 새벽 바다를 다 안 것처럼 만족했던 지난날이었다. 이렇게 직접 사람이 없는 새벽에 넓은 모래사장을 걷고, 바다의 속살을 만지고 맨 몸으로 느껴본 것이 처음이라는 사실에 스스로 놀랬다. 비록 늦은 깨달음에 후회했지만 늦게라도 그를 느낄 수 있었고 속살을 만질 수 있음에 감사했다. 늦은 끝 사랑이기를 간절히 바란다.

먼바다 여명 속에 희뿌윰한 빛으로 깨어나고 있는 동 터오르는 바다의 물결 속에서 두 손을 모으며 새벽을 맞이하는 내 모습이 믿기지 않았다. 현실과 꿈 사이에 있는 듯 한참을 맨발로 파도의 포말을 맞이하며 서 있었다. 아기가 엄마에게 안길 때의 포근함이 이럴까. 차가운 물결이 따스함으로 느껴질 때까지 한참 동안 바다를 바라보았다. 누구나 언제나 찾아갈 수 있는 자기만의 바닷가가 있는 것이 좋다고 어느 시인은 말했다. 난 이제야 그 비닷가를 찾았다.

 진정한 나만의 바다를 찾은 건 올여름에 간 다대포였다. 여태껏 내가 갔던 바다와 따스한 포옹을 한 것은 처음이었다. 바다의 속살을 직접 만지고 감촉을 느껴본 것도, 새벽 해조음과 간밤의 새들의 숱한 발자국의 흔적 따라 걸어 본 것도 처음이었다. 여느 바다와 다르게 느낀 것은 집에 돌아와서도 바다가 그리워 앓다가 돌아오는 주말에 새벽 바다를 예약했다. 모든 약속을 뒤로한 채. 제대로 바다에 빠진 것이다. 제대로 바다 앓이를 하는 것이다.

 바다를 만난 것은 진정한 나를 만나는 기쁨이었다. 낯선 곳에서 낯익음을 만났고 어슴프레한 어둠과 밝음 사이에서 밝아오는 새벽빛과 바닷물이 스치는 모래밭의 부드러운 감촉의 진정함을 이제야 만났다. 발바닥을 통해서 올라오는 물결의 부드러움은 태아적 엄마품에서 느꼈던 포근함의 오래된 기억이었다. 보드라운 모래 감촉은 부드러운 꽃잎을 스치듯 발바닥의 잎맥 하나하나의 감각을 깨워주는 듯 짜릿했다. 얼마나 오랜 시간 파도의 쓸림으로 이토록 모래가 부드러워졌을까. 어릴 적 해변가에서 아버지가 해준 모래찜질 속의 발바닥을 간지럼 태우던 기억이 어렴풋하게 났다. 그곳에는 어린 시절 엄마가 있었고 아버지가 있었고 까르르 웃는 가족의 웃음이 있었다. 그리고 지금 내 곁에 있는 가족의 미소와 함께 어우러짐의 조화였다. 이보다 더한 것을 바란다면 욕심이리라. 바다에서는 모든 것이 내려 놓아졌고 그는 모든 것을 받아주는 것 같다.

 그래서 늘 바다가 그리웠구나. 그냥 막연한 그리움으로 응석받이로 바라만 보았던 바다와 다르게 지금의 나는 온몸으로 바다를 받아들이고 만지며 조금씩 바다에 빠져들었다. 새벽 바다에 서서야 비로소 나의 새벽을 보았다. 그리고 바다의 물결을 온몸으로 느끼고서야 깨달았다. 나뿐만 아니라 사람들마다 품고 있을 작은 해를 조금씩 밀어 올려 저마다 아름다운 새벽이 되었으면 좋겠다는 바람도 가져본다. 곧 떠오를 해가 있어 은밀한 기쁨을 누릴 수 있어 좋지만 빛나지 않아도 여운으로 남을 새벽도 좋은 것 같다. 살짝 비껴 앉은 여유로움에서 본연의 나를 마주하고 있는 새벽이 좋다.

 다대포의 새벽 5시, 희미한 빛으로 새벽이 깨어나고 있다. 동이 트나 보다.

나무에게 땅 사준 여자

이혜숙
purelhs@daum.net

 마당을 제 집 삼아 사는 길고양이가 여덟 마리나 된다. 현관 앞에서 밥 줄 때만 기다리거나, 잔디밭을 축구장 삼아 뛰어 노는 것밖엔 할 줄 아는 게 없는 녀석들이다. 가끔 늘어져 있는 모습이 눈에 거슬리면 한마디 한다. 신체 건강한 놈들이 놀고먹기만 하냐는 잔소리가 그것이다.
 녀석들이 알아듣기라도 한 듯 하루 종일 안 보일 때가 있다. 녀석들이 무위도식하는 걸 보이지 않으려고 공사다망한 척한다고 생각했는데, 웬걸 기껏 멀리 갔다는 게 주차장 위란다. 그곳은 남편이 목공 작업을 하는 장소인데, 지붕이 있어서 비 맞을 일이 없으니 고양이들이 잔소리와 비아냥을 피해서 몇 걸음 옮긴 것에 불과했다.
 남편에게 그 말을 들었을 때 바로 마음의 소리가 튀어나왔다.

"얼씨구. 지난봄에 데크 깔더니 고양이 좋은 일 했구려."

길에서 훤히 보이는 곳이라 작업장밖엔 쓸 일이 없는 공간에 돈을 들인 게 못마땅해서 나온 소리였다. 남편은 오월 황금연휴 동안 방부목을 사들인다, 오일 페인트를 칠한다 하면서 혼자 공사를 마쳤다. 공사를 밀어붙인 이유가 나중에 집 팔 때를 대비한 속셈임을 알기 때문에, 그가 일하는 내내 부루퉁했다. 나로선 집을 팔 생각이 조금도 없기 때문이다. 처음으로 우리 손으로 지은 집에 대한 애착이 어느 정도인지 남편은 알지 못한다.

20년 전, 오랜 전세 생활을 접고 아파트를 사려고 마음먹었을 때였다. 친구가 그 금액이면 땅을 사서 집을 짓는 게 어떠냐고 했다. 집 짓는다는 건 생각해 본 적도 없었으면서도 친구 말에 솔깃해서 주말에 시내에서 조금 떨어진 시골로 나섰다.

때는 봄, 연두색 붓질이 지나간 어디라도 아름답지 않은 곳이 없었다. 백화점에서 아이 쇼핑하는 티를 안 내려고 살 것도 아니면서 걸쳐보는 진상 손님처럼 몇 군데 전원주택 단지를 돌아보며 땅값을 알아보고 돌아오는 길이었다. 우연히 들른 동네에서 가지가 보이지 않을 정도로 꽃구름을 이고 있는 벚나무가 몇 그루 있는 땅을 보곤 그만 눈이 멀고 말았다.

'이곳에 집을 지으면 주목도 옮겨 심겠네.'

그 순간 아파트 16층 베란다에서 노랗게 말라가고 있는 주목이 생각났다. 지난가을 엉겁결에 주워 온 나무였다.

남편의 직장을 따라서 용인으로 이사를 할 때 전세로 구한 집은 마당이 넓은 시골집이었다. 아름드리 은행나무가 열 그루도 넘었고, 단풍나무, 감나무, 주목도 있었다. 텃밭과 앞마당이 넓어서 그때도 한눈에 반해 이사를 했다. 서까래에 6·25 전쟁 때 총 맞은 자리가 남아 있는 구옥이었지만, 유치원생 딸과 돌 지난 아들이 흙을 밟을 수 있는 것만으로도 조건은 완벽했다. 그 집에서 산 것은 일 년 남짓. 몇 년 동안 지방 발령으로 이사를 했다가 다시 그 동네로 돌아와서 가까운 아파트에 살게 되었다.

　어느 날 지나다 보니 그 집 대문이 활짝 열려 있고, 여기저기 나무들이 뽑혀 있는 것이 보였다. 땅을 분할해서 경매했다더니 마당을 정리하는가 싶었다. 그때 한구석에 주목이 쓰러져 있는 것이 눈에 띄었다. 버리는 나무라는 생각에 앞뒤 잴 것도 없이 남편을 부추겨 차에 실었다. 가져와 보니 작은 나무가 아니었다. 큰 화분에 구겨 넣다시피 심고 거실 창문 앞에 두었다.

　뒤늦게 값비싼 주목이라 따로 옮길 생각으로 파놓은 게 아니었을까 싶었다. 길 가다 끈 하나 떨어져 주워 왔는데 황소가 따라 들어왔다고 변명할 수도 없었다. 황소를 통째 집어 온 셈이니. 큰일을 저질렀다는 생각에 두려웠다. 그 후로는 문이 닫혀 있어서 제자리에 갖다 놓을 수도 없었다.

　그러나 후회는 오래 가지 않았다. 후회 대신 세뇌를 택했다.

　'버린 나무였을 거야…. 다른 나무도 포클레인으로 찍어서 던

져놓았던데…. 그냥 두었으면 묻어 버렸을지도 몰라. 우리가 죽음 직전에 구해 준 거라고.'

　나무는 옆으로 잘 퍼져서 그늘이 넓었다. 우리는 저녁이면 나무 밑에 술상을 차렸다. 나무 아래 앉으면 커다란 우산 아래 든 것처럼 아늑했다. 몇 년 만에 나무와 재회한 것을 자축하며 잔을 부딪쳤다. 어쩌다 때맞춰 그곳을 지나갔는지, 이 나무가 한눈에 들어왔는지 생각할수록 인연이라고, 우리끼리 기뻐하고 나무에도 말을 건넸다.

　봄이 되어 주목을 베란다로 옮겼는데, 바람과 햇볕이 잘 들어오고 물을 잘 주어도 점점 생기를 잃어갔다. 좁은 화분에서 뿌리를 뻗지 못하니 잎이 마르기 시작했다. 베란다에서는 이슬도 비도 눈도 맞지 못하고 바람도 가지 한 번 쓰다듬지 못하는 것에 미안한 마음이 들었다. 더구나 이사 가려는 아파트는 평수가 작아서 나무를 가져가기 어려울 것 같았다. 그렇다면 더욱이 나무에 못할 짓을 한 게 아닐까.

　결국 이틀 후에 하기로 한 계약을 깨고, 생각지도 않은 땅을 사게 된 것이다. 생애 최고의 절도가 나무하고의 끊을 수 없는 인연에서 빚어졌던 것일까.

　지금 마당에 뿌리 내린 나무는 잘 자라고 있다. 벚나무 곁에서 꽃비를 맞으며 가지를 뻗고 잎을 피운다. 천년 주목의 발치라 그런지 할미꽃도 더 허리를 굽힌다. 새가 촘촘해진 잎 사이로 들어가 가지에 둥지를 틀기도 한다.

"나, 너에게 땅 사준 여자야!"

나무에 큰소리를 쳐본다. 그런다고 나를 향해 가지 한 번 흔들어주는 법이 없다. 새끼 고양이에게는 부챗살처럼 잘 뻗은 가지를 캣 타워로 내주면서.

"고양이가 놀 수 있는 데크도 만들어 주고, 어때? 나 통 크지?"

호스로 물을 뿌려주면서 한 번 더 생색을 내본다. 그러자 주목이 잎을 반짝인다. 반짝이는 잎들이 자음, 모음을 만들더니 이렇게 대꾸한다.

"잘 생각해 봐라. 누가 누구에게 땅을 준 건지."

그렇구나. 주목 때문에 땅을 산 게 아니라 덕분에 산 것이었구나.

내게 이슬과 비, 눈, 바람, 햇살을 더 가깝게 끌어다 준 나무, 잔디를 밟게 해주고 새 소리를 듣게 해주고 더 넓은 하늘을 보게 해준 나무. 주목이 신령스러운 나무임에 틀림없다. 오래전에 한집에 살면서 아침저녁 눈 마주쳤던 것을 기억하여 내 앞에 나타난 것을 보면. 주목 덕분에 다른 삶을 살 수 있게 되었으니.

아무렴, 백 년 살기도 어려운 사람이 천 년을 사는 나무의 뜻을 헤아릴 수 있을까. 내가 없는 세상에서도 남아 있을 주목은 곁에 있는 나무에게 이런 말을 할지도 모르겠다.

"옛날에 재미있는 여자가 있었지. 인연을 말하는데 말이야…"

내 안의 지족知足

정인호
tae803@korea.com

한 해를 맞이하는 음력 정월 초닷새다. 해 뜨기 전 집을 나서 합천 해인사로 향한다. 청정한 하늘에서 쏟아내는 에너지가 통째로 굴러들어올 것 같은 이런 좋은 날 특별한 새해를 맞이하고 싶은 생각이 왜 없겠는가. 불심이 깊지 못한 나로서는 정초부터 부처님을 찾아간다는 것은 웬만큼 작심하지 않고서는 어림없는 일이다.

해인사로 가는 길은 탄탄대로로 이어진다. 소원을 빌거나 삼배를 드리러 간다기보다 아내의 운전기사를 자처해서 따라나선 것뿐이다. 우리 집 실세에게 고분고분하면 불국정토요, 삐딱하면 삼시세끼를 해결하는데 지장이 있을 것 같아 작심하고 달려온 길이다. 해인사 주차장은 깊은 산골치고는 의외로 붐빈다. 화엄대찰을 찾아 삼사순례를 나선 꽃 보살들이 단체 참배를 온 모양이다.

 그날 승용차를 운전해 고속도로를 달려올 때다. 뒤따라오던 차가 내 꽁무니에 바짝 붙어서 두 눈을 부릅뜨고 밀어붙이는 형국이라 내심 불안했다. 부처님을 찾아가는 길에 쏜살같이 내달려야 할 이유가 있던가. 추월해 가라는 신호를 보냈더니 두 눈을 깜빡이며 휙! 하고 지나간다. 그러자 마음속엔 어느덧 초조감이 사라지고 편안해진다. 자신을 관조하고 그 본분을 지켜야 한다는 뜻의 '지족知足'이란 단어가 퍼뜩 떠오른다.

 해인사 일주문은 청정도량 가람답게 저 아래 시끄러운 세상을 걱정하는 표정이다. 내가 잿밥에 관심을 두고 오르내릴 때는 현판 글자가 눈에 들어오지 않았다. 하지만 이날은 모든 진리가 하나임을 나타낸다는 뜻을 어렴풋이 알게 되었다. 고개를 젖혀 자세히 읽어보았다. '사인해산야가寺印海山倻伽'라고 굵은 글자로 써져 거꾸로 한 배열이다. 높은 문을 지난다는 것은 머리 숙임이란 뜻도 있겠지만 소소한 잡념을 여기서부터 내려놓으라는 뜻이리라.

 해인사가 어떤 절인가. 법당을 향해 오르면서 자세를 낮추다보니 인생사 번뇌가 죄다 내 마음속에서부터 시작된다는 생각이 든다. 모름지기 불교 경전을 들먹이지 않더라도 자기 분수를 알면 어리석음이 사라지는데 그게 바로 지족이라고 했다지 않는가. 무작정 가던 길도 멈춰 서서 숨을 고른 후에 한 발짝 한 발짝 내

디딘다면 매사에 신중해질 수 있다고 가르치는 것만 같았다.

이런 것이 바로 분수를 지킨다는 지족이구나 싶었다. 아내가 부처님 앞에서 염주를 돌리고 있는 시간에 나는 법당 뒤에 서 있기만 했다. 그런데도 세상일을 잊어버리고 편안한 마음이 인다. 더없이 충만하게 경내를 돌아볼 때 억겁의 세월을 머금은 해인사 뒷산 가야산이 아름답게 다가온다.

간밤에 내린 싸락눈을 인 솔과 대나무, 이끼 낀 바위까지 고즈넉함을 넘어 엄숙하다. 절간의 툇마루에 앉아 있기만 했는데도 내 오감을 사로잡고 만다. 댕그랑! 댕그랑!, 팔만대장경을 품은 법보전法宝殿 처마 끝에 달린 풍경 소리는 자세를 더 낮추라고 질타하는 것이 분명하다.

인간이 아둔함에서 벗어나지 못하는 이유는 무엇일까. 남보다 앞서야 하고 좀 더 많이 움켜잡아야 하는 욕심과 집착 때문이라고 했다. 그 허욕을 칼로 베어내듯이 없앨 수는 없을까. 그것이 멸滅이며 해탈의 길이라고 팔만대장경에도 새겨져 있다고 하지 않는가. 청정도량을 찾아오기만 해도 속세의 때가 씻겨나가는 느낌이다. 지금 이 순간의 알량한 깨침이 영원히 내 마음속에 팔만대장경 경판의 각자처럼 새겨지기를 빌어본다.

신년 벽두의 짧은 해가 설핏 기울기 시작한다. 내 어정거리는 그림자를 대빗으로 곱게 쓴 법당 마당에 드리우고 있다. 나도 모르게 합장하면서 어리석은 중생의 소원이 이뤄지기를 빈다. 이래서 절에 오면 저절로 불심이 인다고 했나 보다. 내 안에서 일어나는 지족이란 말을 새기며 허리를 굽혀 두 손을 모은다. 나무관세음보살 마하살!

그해 여름이 불러온 이야기들

정화신
hsc47204@naver.com

 그해 여름으로 나를 데려간 것은 며칠을 사이하고 신문마다 일제히 실린 두 건의 기사였다. 〈헤이그 특사 '이위종 지사 손녀', 류드밀라 예피모바 별세〉 〈송창주 이준열사기념관장, 유관순상 수상〉.

 1997년 여름이었다. 암스테르담의 사흘 중 하루를 내어 간 곳이 헤이그였다. 유럽 기차여행에 네덜란드를 넣을 때부터 우리 부부가 마음에 둔 곳이었다. 고흐와 렘브란트, 안네 프랑크와 운하만 찾아다녀도 모자랄 암스테르담을 두고 하루를 통째로 헤이그에 내어준 이유는 하나였다. 이준열사 기념관을 지키는 부부-이기항 이창주-를 알고 있다는 것. 잘 아는 사이도 아니었다. 부인이 손위 동서의 친구 같은 고모였고, 한국에 나올 때마다 주일에는 교회를 찾았는데 그 인연으로 얼굴을 익히고 점심을 몇 번 함께한 정도였다. 무역업을 하는 네덜란드 교포라고만 알고 있던 분들이 생업을 포기하고 매달린 일을 알고는 놀랐다. 재개발로 사라질 위기에 처한 드 용 호텔의 철거를 막기 위해 국내외 기관에 호소하고, 사재를 털어 건물을 매입하고, 사료와 유품을 모아 기념관을 세웠다는 것이…. 표지석이나 작은 팻말 하나로 남을 뻔한 역사의 현장을 살려낸 일도 존경스러웠지만, 나를 가만히 놀라게 한 일이 또 있다. 88 올림픽 때 통역 자원봉사를 했다는 자녀들이 구사하는 우리말을 들으면서였다. 두세 살에 네덜란드에 갔다는 남매가 혀를 굴리지도 않고 자연스러운 모국어를 쓰고 있었다.

암스테르담 중앙역에서 기차로 40여 분 거리에 있는 헤이그, 그날의 사건은 2~3층 방 안내를 맡은 송 여사가 자료 하나하나를 짚어가며 설명하는 동안에 일어났다. 국사 교과서에 몇 줄로 남은 역사가 깨어나 꿈틀거리는 것 같았다. 화란 문서보관소에서 찾아낸 문서 사본 중에 압권은 '만국평화회의보'였다. 한글판 신문이 있어 읽는 동안 가슴이 뜨거워졌다. 고종의 친서를 가지고 을사늑약의 부당함을 호소하려고 "법의 신, 정의의 신, 평화의 신"을 찾아 장도에 오른 그들이었다. 하지만 일본의 원천적인 봉쇄와 열강의 외면으로 회의장에 들어갈 수 없었던 그들은 각국 대표에게 호소문을 돌리고 회의장 문 앞에서 기자 회견을 했다.

그들을 외면하지 않고 귀를 기울여준 것은 언론, 신문뿐이었다. '평화 회의장의 예수 그리스도'라는 제목의 삽화에는 "평화의 상징인 예수는 초청을 받지 못했으므로 입장이 거부되다"라는 글과 함께 문전박대를 당하여 돌아서고 있는 지팡이 든 예수의 모습이 담겼다. 이위종의 인터뷰 기사는 전문을 다 실었다. 언론은 살아있었다. 기사를 읽는 동안 활자가 일어서고 움직이면서 눈앞으로 그를 불러왔다. 말의 힘이었다. 유창한 불어로 거침없이 당당하게 말하는 청년의 모습은 경이로웠고, 약소국의 비애와 정의가 된 힘에 통분해 하는 그의 말은 힘 있고 아름답고 장렬했다. 기사 전문을 가져오고 싶지만, 그럴 수는 없는 일, 몇 대목만 옮겨와 본다.

"그렇다면 이 세상에 정의란 없는 것이군요. 여기 헤-그에서조차도. 가증스럽게 당한 치욕은 회복할 길이 없고, 정당한 조약이 불법으로 무시되어도 약소국은 이에 항의할 수도 없다는 말이지요. ---당신들이 말하는 법의 신이란 유령일 뿐이며 정의를 존중한다는 것은 겉치레에 지나지 않고, 당신들이 신앙하는 기독교란 한낱 위선에 불과합니다. 왜 대한제국이 희생되어야 합니까. ----내가 여기 문 앞에 앉아 있다는 사실은, 자신의 칼을 신뢰하는 대신에 법과 정의와 평화의 신을 신뢰하고 있는 모든 나라들이 장차 당할 운명의 표상에 지나지 않는 것입니다."

여행에서 돌아와서도 이위종이 머리와 마음을 떠나지 않았다. 송 관장이 준 신문 복사본을 읽고 또 읽었다. 그럴 때마다 등줄기는 서늘하고 가슴은 뜨거워졌다. 인물 사전도 찾아보았다. 기자가 왕자라고 부르던 그는 세종대왕의 다섯째 아들인 광평대군의 19대손이었다. 그의 부친은 고종의 아관파천을 주도한 친러계의 거두이자 주미 공사, 주불 공사, 주러 공사를 지낸 이범진. 그가 영어, 러시아어에 능하고 불어로 유창하게 인터뷰할 수 있었던 이유를 알았다. 이위종의 이야기를 내 안에만 담아두면 안 될 것 같았다. 궐석재판으로 종신형을 받은 이후의 삶도 궁금했다. 알고 싶은 것이 생길 때면 묻는 친구에게 도움을 청했다. 대학도서관 사서인 친구는 그 대학 출신의 수원대 사학과 박환 교수로부터 몇 개의 자료를 구해주었다. 모스크바 대학의 박종효 교수와 특파원 송광호 기자가 쓴 기사로 러시아 외무부 대외관계 문서국 사료를 중심으로 쓴 글이었다.

이위종은 로맨틱한 청년이었다. 러시아의 영락한 귀족의 딸 엘리자베타를 만나 사랑하게 되는데, 러시아정교회가 결혼을 허락하지 않자 개종해 가며 결혼한다. 개명한 이름은 블라디미르 세르게이비치 리. 헤이그로 떠난 것은 그로부터 3년 후다. 순국한 이준을 이국의 땅에 묻고 이상설과 함께 루스벨트 대통령에게 호소하기 위해 도미하지만 뜻을 이루지 못하고 러시아로 돌아온다. 그를 맞이한 것은 국권피탈로 절망한 부친의 자결과 극심한 생활고였다. 일본대사관에서 회유책으로 그를 도우려고 하나 그는 차라리 선친을 따라 죽는 게 낫다며 단호히 거절한다. 가족 부양과 생계를 위해 세관의 화물관리인 자리를 얻어 잠시 일하던 그는 귀족 부인과 세 딸과도 멀어진다. 1차 대전이 일어나자, 사관학교에 들어간 그는 소위로 임관해 1917년까지 유럽 여러 전선에 배치되어 참전한다. 그의 생존 기록은 여기서 멈춘다.

나는 그렇게 사라진 한 남자의 생애를 종종 떠올리며 애도했다. 그리고 1999년, 숙제라도 하듯 '축제 때의 뼈다귀'란 제목으로 글을 썼다. 이위종 인터뷰 기사의 제목이기도 했다. 그 글이 나간 후 "이런 사실史實은 많은 사람이 알아야 한다"는 글 친구의 주선으로 이 글은 '국회도서관보'에 실렸다.

한 사람의 관심은 또 다른 사람의 관심을 불러오는 법, 사서 친구는 〈한국민족운동사 연구〉를 보내주었다. 2003년이었다. 보재 이상설의 생애 마지막 해인 1917년, 그가 남긴 비장한 유언이 실려 있었다. 여기에 옮겨와 본다. "동지들은 합세하여 조국의 광복을 기필코 이룩하라. 나는 조국 광복을 이룩하지 못하고 세상을 떠나니 어찌 고혼인들 고국에 갈 수 있으랴. 내 몸과 유품 원고는 모두 불태우고 그 재마저 바다에 날린 후에 제사도 지내지 마라." 이 잡지가 아니었다면 그는 너무 훌륭해서 오히려 지나쳐 버리는 애국지사로 남았을지 모른다. 그의 유언대로 유해는 수이푼강에 뿌려졌다. 그리고 2001년에 수이푼강 강가에 그의 유허비가 세워졌다.

신문을 읽다가 반가운 이름을 발견했다. 2015년이었다. 이위종, 그의 외손녀 류드밀라 예피모바 씨가 독립유공자 후손에 대한 특별 귀화 형식으로 딸과 함께 한국 국적을 부여받았다는 내용이었다. 화학 엔지니어로 항공산업 연구소에서 일하는 그녀는 러시아에서 독립유공자 후손 단체를 주도적으로 만들어 활동하고 있었다. 그는 사라졌지만, 그로부터 시작한 삶의 이야기가 계속되고 있다는 것이 기뻤다. 이위종의 생에 대해서도 더 알게 되었다. 1917년에 멈췄다고 한 그의 시간은 이어지다가 1924년에 다시 멈췄다. 러시아 군인이 되어 1차대전에 참전했던 그는 러시아 내전 때는 레닌이 이끄는 볼셰비키 군에 가담해 싸웠다. 그 후 소련 공산당 간부로 활동하면서 자신의 행적이 담긴 보고서를 소련 공산당에 제출했다는 기록이 남았다. 그가 선택한 길이 그에게는 일제에 항거하는 일, 고국을 위한 길이었는지 모른다.

2025년 봄, 신문마다 실은 두 건의 기사로 출발한 여행도 끝나간다. 이준열사기념관 지킴이 송창주 관장이 아니었다면 이위종을 가슴 뜨겁게 만나지는 못했을 것이다. 유관순상으로나마 30년 그의 수고를 알아준 것 같아 고맙다. 그리고 오늘, 어느 지방 신문에서 뤼순 감옥에 수감 중이던 안중근 의사가 한 말을 읽는다. "내가 가장 존경하는 분은 이상설이다." 수이푼강이 떠오르며 울컥해진다. 그의 생을 찾아 또 나서야 할 것 같다. 이위종에 관한 자료를 기꺼이 보내준 젊은 사학자도 궁금해진다. 인터넷에 검색하니 금세 쭈르륵 나온다. 2023년에 정년 퇴임한 그는 이제 명예교수다. "역사 속 잊힌 존재들을 탐구하는 학자"라는 그는 2024년에 우암학술상을 탔다. 우암상은 그해 별세한 '학전'의 김민기 씨가 탔다니 두 사람을 한 곳에서 만난 것 같이 반갑다.

  세월을 껑충껑충 건너면서 가지 치는 이야기, 열매처럼 툭 떨어지는 이야기들로 오늘이 감사하다. 이런 분들이 있어서 세상은 전진하고 그래도 살만한 세상이 되는지 모른다. 세상의 연결이 참 오묘하다.

가을 하늘 높고 푸르른데…

조인선
komponistincho@gmail.com

1981년 가을 어느 금요일. 독일 쾰른에서 본으로 향하는 기차에 올랐다. 본과 쾰른 근교에 위치한 라인바흐 음악학교에서 피아노 강사 아르바이트 하러 가는 길이었다. 그곳에 가려면 본에서 환승해야 했다.

마주 보는 좌석으로 된 기차 칸에 자리를 잡았다. 완행 열차여서 작은 역에서도 사람들이 타고 내렸다. 주로 독일 사람들이었다. 중간에 앞자리의 사람들이 내리고 남자 둘이 앉았다. 책을 읽고 있는데, 맞은편의 남자가 갑자기 말문을 열었다.

"어디에서 왔나요?" "한국에서 왔습니다." "학생인가요?" "네"

"1988년에 서울에서 올림픽 개최한다고 얼마 전에 뉴스에 나오던데 아시나요?"

목소리가 크고 거칠었다. 그동안 만났던 사람들과는 목소리의 결이 많이 달랐다.

"네…" 대답이 끝나기도 전에 기차에 있는 모든 사람들이 듣기를 바라듯이 큰소리로 저돌적이며 의기양양하게 말했다.

"한국같이 가난한 나라에서 올림픽을 개최할 수 있겠어요? 당신은 우리나라에서 공부해서 똑똑해졌으니 빨리 들어가서 말려야 하는 것 아닌가요?" 내가 주눅 들어 우물쭈물하면 승리자가 되어서 주위에 무용담이라도 들려주고 싶었던 것일까. 그 사람의 무례함에 평정심을 잃지 않고 침착하고 담대하게 대답했다.

"단어 선택을 잘 못하신 것 같네요. 공부를 많이 하면 똑똑해지는 것이 아니라 지식이 많아지는 것 아닌가요? 당신나라에서 공부해서 똑똑해진 것이 아니라 저는 어려서부터 그랬어요. 우리나라 사람들은 모두 저 정도는 됩니다."

나는 더 이상 개인이 아니었다. 대한민국이었다. 겸손이 미덕이 되는 상황이 아니었다. 평생에 내가 나를 똑똑하다고 말하기는 처음이었지만 한국을 가난하고 무지몽매한 나라로 생각하며 무시하고 함부로 말하는 사람에게는 강하게 대응해야 할 것 같았다.

그 남자가 당혹스러운 표정으로 담배를 꺼내서 피우려고 했다. 그 열차는 금연칸이었다.

"미안하지만 이 칸은 금연칸인데요. 혹시 저 안내문구 못 보셨나요?" 기차 칸에 붙어있는 금연표지판을 가리켰다. 그 사람이 얼굴이 빨개지면서 담배를 집어넣었다. 개선장군같이 큰소리치던 남자가 꿀 먹은 벙어리가 되었다. 어찌할 바를 모르는 눈치였다.

대화가 오가는 동안에 기차 안은 숨소리도 멈춘 것 같이 조용했다. 열차 안 공기가 뼛속 깊이 느껴졌다. 독일 남자의 무례하고 거친 말에 당당하게 대응한 것이 울림이 되었는지 다른 말소리는 들리지 않았다. 나도 나 자신에게 놀랬다. 그런 상황에서 분노하지 않고 차분하고 담대하게 말했으니까. 그것도 독일어로.

독일어를 말할 때 관사 하나라도 틀리면 안 된다고 꼼꼼하게 가르쳐주시던 선생님이 생각났다. 독일 사람이 틀리게 말하면 무식하다고 무시하면 되지만, 학생들은 유학와서 공부를 하는데 그런 대우를 받으면 안 된다고 말씀하시던 선생님께 고마운 마음이 들었다.

차창 밖의 경치가 기차 안의 공기와 대조를 이루며 스쳐 지나갔다. 하늘이 높고 푸르른 가을날씨였지만 마음까지 들어오지 못했다. 그러는 사이에 기차가 서서히 본 역에 다다르고 있었다.

"저는 이번 역에서 내립니다. 1988년 꼭 한국에 오셔서 서울 올림픽을 보시기 바랍니다. 비행기 값이 비싸니까 지금부터 저축하셔야겠네요. 안녕히 가세요" 조용하게 말하며 자리에서 일어났다. 그 사람은 아무 말도 못했다. 기차 안의 사람들이 고개를 내밀면서 나를 쳐다보았다. 어떤 한국 여자인가 궁금했었는지.

기차에서 내리기 위해 걸어가는 길이 너무 길게 느껴졌다. 침착하고 당당하게 걸어가야 한다고 자신에게 말했다. 독일 기차 안에서 대한민국이 걸어가고 있으니까. 마치 금메달리스트라도 된 것 같이 걸었지만 마음에는 눈물이 비가 되어 흘러내렸다.

나는 분명히 대한민국이었다.-무시당할 나라가 아니라 어떤 상황도 이겨낼 수 있는 나라. 가난하지만 자존감이 높은 나라.

1981년 9월 30일 독일 바덴바덴에서 열린 제 84차 국제 올림픽 위원회에서 서울이 88 올림픽 개최지로 선정되었다. 일본 나고야와 우리나라 서울이 경쟁했는데 나고야를 제치고 52표 대 27표로 서울이 올림픽 개최지로 결정되었으니 놀라는 사람들이 많았을 것이다. 1981년 우리나라는 브라질 멕시코 아르헨티나와 더불어 세계 4대 채무국이었으니까.

40여 년의 세월이 흘렀다. 그동안 우리나라 사람들은 세계 곳곳에서 대한민국이 되어서 뛰어다녔다. 잘 사는 나라를 만들기 위해서 밤 낮 없이 일했으며 우리나라는 놀라운 속도로 경제성장을 했다. 한강의 기적을 이루며 2025년 GDP 세계 12위의 나라가 되었다.

요즈음 독일의 전자제품 매장에 가면 삼성과 LG 가전제품이 매장 중심에 디스플레이 되어 있다. 80년대 초에는 일본 제품들이 좋은 자리에 진열되고 우리나라 제품은 구석에 있었다. 그때는 일본이 부러웠는데 이제는, 우리나라 제품이 일본을 제치고 그 자리에 놓여있다.

  그 세월 속 우리나라는 가난한 나라에서 경제대국으로 성장했고 나는 파아란 하늘 위를 떠다니는 뭉게구름을 따라 시간 속을 걷고 있다. 경제적 풍요와 정신적인 풍요가 조화를 이루며 나가고 있는지 자문하며.

창호지가 준 선물

조재은
cj7752@hanmail.net

일 년 동안 바람 막고 햇빛 가리느라 눈(雪)빛 같던 창호지가 누렇게 변했다.

볕 좋은 가을, 그날은 가족이 총동원되어 집안의 모든 방문과 창문의 창호지를 바꾸는 일을 한다. 평소 집안일에 거의 참여하지 않는 아버지도 막내인 나도 작은 몫을 한다.

방마다 문을 뗀 집은 갑자기 넓어진다. 새롭게 넓은 홀이 된 집안을 뛰어다녀도 거칠 게 없다. 문이 없는 이날은 마루와 안방이, 건넛방과 부엌방이 통하고 잘 열리지 않는 사랑방까지 활짝 열려, 방 안의 물건들은 햇빛에 부끄러움을 드러낸다.

마당에는 짝 맞춰 떼어 놓은 문짝이 빙 둘러 세워진다. 문살에 붙은 창호지를 떼어 내기 전 묵은 창호지는 캔버스도 되고 칠판이 되기도 하면서 내 몫의 놀이터다. 문창호지에 구멍을 내서 야단맞던 분풀이라도 하듯 창호지를 뻥뻥 뚫고 북북 찢기도 하며 퍼포먼스라도 하는 것 같이 신나게 마당을 돌아다닌다. 이런 자유가 허용되다니.

창호지를 떼고 여기저기 기대 놓은 문짝은 새로운 미로를 만든다. 문틀 위에 사금파리를 숨겨 놓았다 찾는 놀이를 하다 수 없는 직선 속에서 길을 잃기도 하며. 문짝을 물걸레로 닦기 전까지 놀이를 끝내지 못한다.

엄마와 아버지가 풀칠한 창호지를 잡고 정성껏 네 귀를 맞춘다. 집안의 어떤 일에도 두 분은 몇 차례 의견 조정을 하는데, 창호지를 붙잡고는 그럴 시간이 없다. 두 분이 서로 눈을 보며 마음을 합하니 집안에 화합과 평화가 넘친다. 붙인 창호지를 방비로 쓱쓱 문지를 때는 먼 가을바람 소리가 들린다.

아이들이 마술사의 입에서 나오는 불 쇼를 신기해하는 것처럼 이날 엄마, 아버지가 만들어 내는 비를 넋 놓고 본다. 아버지가 큰 안방 문에 대고 푸푸 물을 뿜으면, 시원한 가랑비가 아버지 입에서 나와 창호지를 적신다. 엄마는 입을 다물 듯이 가늘게 만들고 푸우~ 뿜으면 안개비가 창호지에 닿아 한지는 생기를 더 한다. 내가 해보겠다고 떼를 써 물을 가득 물고 입을 동그랗게 벌려 있는 힘을 다해 물총 같이 뿜어 하마터면 창호지가 뚫어질 뻔했다.

문을 짝 맞춰 달고 나서도 엄마의 일은 끝나지 않는다. 단풍잎 은행잎 수레국화를 눌러놓은 책 한 권을 받쳐들고 가을에만 나오는 작품을 제작한다. 안방 문손잡이 옆에 낙엽을 붙이고 내 방에는 작은 국화로 색을 맞추신다. 엄마의 표정은 평상시 집 일 하던 표정이 아니다. 무언가 아주 소중한 것에 묻혀 지금, 여기에 있는 엄마가 아니다. 〈인터스텔라〉의 딸과 아버지 만큼 시간의 차이와 공간의 차이가 나는 듯하다.

표정이 깊고 고요하다.

지금도 창호지문을 보면 마음이 부드러워지고 평안하다. 한지가 만들어지는 험하고 힘든 과정이 한지에 배어들어 그럴까. 닥나무를 삶아 껍질을 벗기고 두드리고 티를 고르고 엉킨 섬유를 풀어주고 도침질의 매운 과정을 겪은 한지는 성품이 넓다. 외부에서 충격이 오면 유리창처럼 전체가 깨지지 않고, 찢어진 곳을 붙이면 다소곳하게 모양을 유지한다. 한지는 빛을 품을 줄 안다. 유리창처럼 빛을 그대로 통과시켜 사람의 허물을 낱낱이 고하지 않고 어느 정도 가려준다.

문창호지를 바꾸던 그날 자연은 예술을 보여주었다.

마당 감나무 그림자가 창호지에 비쳐 그린 수묵화 한 점은, 크고 작은 이야기가 곁에 머물다 흘러갔어도 빛바래지 않고 남아있는 스틸컷 한 장이다.

(2015. 7.18 세계한글작가대회 기념문집 발표)

특별하거나 특별하지 않거나

최재남
nomad248@hanmail.net

 아침에 눈을 떠 커튼을 열자 안개가 자욱하다. 한 치 앞도 보이지 않는 뿌연 시야가 마치 머릿속에 들러붙어 떠나지 않는 글쓰기의 제목처럼 달라붙는다. 특별했던 하루라. 칠십이란 숫자를 앞세우고 나니 과연 그런 날이 있었을까 싶을 만큼 지나온 시간이 아득하다. 특별하다는 단어는 자꾸 겉돌아 이질감을 형성한다. 반항처럼 힘들었던 시간만 떠오른다. 어쩌면 하루하루가 다 그랬다. 어쩌면 하루하루가 다 경이로웠다. 그래서 그 하루하루가 모두 다 특별한 날이었는지도….
 앞이 보이지 않는 안갯속으로 걸어볼까 하는 순간, 틀어놓은 라디오에서 안개가 아니라 황사라 일깨운다. 확 깨는 기분이다. 아른아른 추억에 빠지고 싶은데 안개가 아니라 못된 방해꾼 황사라니, 얄미워라. 어떤 것에도 현혹되지 않고 어떤 것에도 치우치지 않으며 어떤 것에도 쉽게 일지 않는 감정을 가지고 살아가고 있는 요즘, 그것이 중용인지 해탈인지 아니면 삶에 대한 수긍인지 답을 찾을 수 없다.

오랫동안 잠을 잘 이루지 못했다. 늘 초조하고 무언가에 쫓기고 미치지 못한다는 생각으로 잠을 설쳤다. 한밤중 불 꺼진 창을 바라보며 불쑥 뛰어내리고 싶던 날도 있었고, 아무도 모르게 사라지고 싶던 날도 있었다. 그게 내가 가지고 있는 강박 때문이었다는 걸 이만큼 살고 나서야 깨달았다.

나이를 먹으니 느긋해져서 마음 하나 바꾸면 모든 게 해결되었다. 돌이켜 보면 그날이 그날이었고 속상하고 애타는 날도 지나고 나면 아무것도 아니었다. 하루가 무너질 것 같은 절망의 날도 한순간이었다. 특별하거나 특별하지 않거나 하루하루 잘 견뎌 여기까지 왔다.

즐거웠던 날보다 견디기 어렵고 힘들었던 날이 먼저 떠오르는 건 삶에 대한 연민이 있어서일 게다. 젊음이 그랬다. 기쁨보다 힘듦이, 즐거움보다 고난이 먼저였다. 끝이 보이지 않는 안갯속을 걷는 것 같았다. 도덕이 그랬고 인륜이 그랬고 내가 처한 환경이 그랬다.

그것을 견딘 힘은 무엇이었을까. 다행인 건 타고난 천성으로 어떤 경우에도 비관적이지 않았다. '그래, 곧 다 좋아질 거야' 그러면 언제 그랬냐는 듯 아무렇지 않았다. 잠시 어둠이었다가 마음먹으면 금세 밝아지곤 했다. 그것이 힘듦을 견디고 내 안의 어둠을 걷어냈다. 그렇듯 모든 날이 특별하고 모든 시간이 다 위대했다.

한 인간을 세우는 데 가장 필요한 건 시간이다. 그것이 쌓여 세월이 되고 역사가 되고 길이 되었다. 매번 행복하지 않았어도 최선을 다하려 애썼던 순간순간이 내게는 다 특별했다. 끝일 것만 같던 시간도 지나고 나니 아름다웠다. 투정 부릴 줄 모르고 그 짐을 누구 탓하지 않고 잘 짊어지고 걸어온 자신을 칭찬한다.

잘했어, 다 잘 견뎌냈어. 그래서 이런 아침을 맞는 거야. 이만큼 살고 나니 그런 시간이, 모두 특별하고도 남다른 시간이었다고. 유독 어느 하루를 지칭하지 않아도 어렵고 힘들었을 그 시간을 견뎌 온 세월이 기특하고 장하다고. 앞이 보이지 않아 어둠 속에 잠겼다고 좌절했을 때도 그건 그저 그 많은 시간 속 하루였음을, 매일매일 눈을 뜨면 그게 축복이고 특별한 날의 시작이었음을.

그렇다면 시간은 누구에게나 공평한 걸까. 주어진 시간의 분배가 과연 옳기만 한 걸까. 석 달이 넘게 식물인간으로 누워있는 언니를 떠올린다. 뇌출혈로 쓰러져 수술받았으나 골든 타임을 놓친 언니는 아기의 시간으로 돌아갔다. '사전연명의향서'를 작성해놓고 자신의 미래에 이런 일은 절대(Never) 아닐 거라고 믿었던 언니는 이런 상태를 어떻게 견디고 있는 건가. 매일 이십 분 제한된

면회시간에만 볼 수 있는 언니는 눈을 감은 채 불러도 대답이 없다.

점점 야위어가는 언니의 얼굴과 다리를 만져본다. 수술할 때 자른 머리는 밤톨처럼 자라 하얗게 삐죽 올라와 있다. 혈전을 70%밖에 제거하지 못하고 봉합했다는 왼쪽 뇌는 움푹 들어가 있다. 콧줄을 꿴 아래로 틀니를 뺀 입은 앙다물고 있다. 서로의 알몸을 본 것이 언제이던가, 함께 목욕했던 적이 언제였더라, 기저귀를 차고 누워있는 언니의 모습이 낯설다.

이럴 언니가 아니야, 형부 암 투병으로 힘든 시간을 보내고 혼자 되었을 때, 누구보다 씩씩했던 언니였다. 평생 까다로운 남편 뒷바라지와 간섭에서 벗어나 이제 진정한 자유를 찾아 지금이 언니의 화양연화라고 우리가 놀렸잖아. 울컥 올라오는 뜨거운 무엇. 이건 아니지 언니.

언니의 몫으로 남겨진 시간이 얼마일지는 모르지만, 아직 언니를 사랑할 기회가 주어진 것에 감사해야 하나, 헤어질 준비가 안 된 우리에게 언니를 볼 수 있는 기회가 남아서 감지덕지해야 하나, 기계와 상관없이 자가 호흡을 하고 무의식인 상태로라도 우리 곁에 남아 준 언니에게 고마움을 표해야 하나 아님, 언니의 입장이 되어 이렇게 만들어 놓은 현실을 탓해야 하나, 갈 때마다 갈등의 칼에 휘둘린다.

죽은 것도 산 것도 아닌, 어느 경계에서 헤매고 있는 언니를 부르다 목이 멘다. 더듬어 나갈 방향을 찾지 못해 영영 어둠에 갇힐까 두렵다. 살면서 이런 일은 겪지 않을 줄 알았다. 딱히 이런 특별함은 없을 줄 알았다. 적어도 양심에 어긋나지 않게 살아서 이 정도 면죄부는 있을 줄 알았다. 아무튼 교만했다.

　삶이 마냥 삶인 걸 잊었다. 잘 왔다고 토닥토닥하려는 데 이런 황망한 일이 벌어질 줄이야. 그래서 인생은 끝까지 가 봐야 한다는 건가. 그 근본 원리를 끝내 터득하려고 이 수난을 겪는 건가. 그렇다고 무슨 대책을 세울 수 있는 것도 아니니 그저 살아왔던 방식대로 살다 주어진 대로 가는 수밖에….

　창밖의 안개가 걷히면 또 다른 햇살이 쏟아질 테지. 나만을 위한 특별한 햇살이 아닌 우리 모두의 햇살이.

남편의 책상

함정아
jessica1218@naver.com

 남편의 책상이 사라졌다. 정년 1년을 남기고 회사에서는 퇴직 준비 기간을 주었다. 전문 위원이라는 직함만 가진 무보직이었다. 직원에서부터 승진하며, 울고 웃었던 삼십여 년간의 시간을 내려놓을 순간이 왔다.
 몸도 마음도 차가운 지난 십이월, 마지막 물건들을 정리하고 떠난 자리를 직원은 사진으로 담아 보내 주었다. 직함이 적혀 있는 명패만이 남편의 책상이었다는 것을 알 수 있게 했다. 텅 비어 버린 책상만큼, 그의 마음도 헛헛했을 것이다. 지나간 시간이 마치 마지막 한 장의 책처럼 덮어지고 있다는 사실에 아쉬워했다. 그는 애써 감추려 했지만 아픈 마음은 숨기지 못했다. 오랫동안 이 시간이 올 것이라고 이야기하며 마음의 준비를 했었다. 그렇다 하여 아프지 않은 것은 아니었을 것이다. 한 남자의 세월을 함께 했던 책상과 육십 인생이 깃든 명패 속에 시간은 빠르게 사라져 갔다. 갑자기 바뀐 시간의 흐름에 힘들어하는 남편을 바라보는 내 마음도 안타까웠다. 그저 그의 곁에 서성거리기를 반복할 뿐 할 수 있는 것이 없었다.

 내가 시집왔을 때, 낡은 책상 하나와 의자 하나가 귀한 유물처럼 시대의 작은방 한쪽 벽면을 지키고 있었다. 책상은 나무의 색이 바랜 지 오래되어 낡은 상태였지만 서 있는 모습은 위엄이 느껴졌다. 한동안은 손때가 묻을수록 반짝이는 고택의 마루처럼, 손길이 닿을수록 더 반짝였을 것이다. 초등학교 입학하는 아들을 위해 많은 날을 각목들과 씨름하며 시아버지가 만들었다는 책상은 아들을 향한 부성애를 느끼기에 충분했다. 한 번도 책상을 가지지 못했던 나는 유독 남편의 책상에 눈길이 갔다.

 시아버지는 농사를 지으며 간간이 목수 일을 배워 아들을 위한 책상도 만들었고 동네 약방에서 나오는 링거병으로 호롱불을 만들어주었다. 고무로 된 링거병 뚜껑에 우산대를 잘라 꽂고 무명실로 심지를 만들어 넣으면 '링거 호롱불'이 되었다. 남포등은 유리로 둘러싸여 불이 밝고 바람에 꺼지지 않아 좋았으나 그을음이 많아 나중에 보면 코가 까매졌다고 했다. 아버지가 만들어 준 '링거 호롱불'이 더 좋았다며 자랑하는 남편의 목소리에 힘이 실렸다.

 시아버지는 아들이 섬에서 살기보다는 육지에 나가 대학도 다니고 직장도 다니며 살기를 원했다. 환경도 교육 시설도 낙후된 작은 섬에서 벗어날 길은 열심히 공부하는 것뿐이라고 여겼다. 유독 남편과 그의 친구들은 학업에 욕심이 많았다. 서로 더 잘하기 위해 갖은 노력을 했다. 하지만 전기도 없는 집에서 늦은 밤까지 공부하기란 힘이 들었다. 시아버지는 남편에게 몇몇 친구들을 집으로 불러 함께 공부하게 했다. 어둠이 내려앉은 방에 불을 밝히고, 손수 풀빵도 만들어 건네며, 작은 공간이지만 기꺼이 내어 주었다. 그 안에서 그들은 조용히 꿈을 키워갔다. 막냇동생까지 육지로 나가고 제 역할을 다했던 책상은 언제인지 모르게 사라졌고 그 자리에는 다른 가구가 대신했다.

얼마 전, 아들이 외지로 나가며 빈방이 생겼다. 문득 버지니아 울프의 '자기만의 방'이 떠올랐다. 나도 나의 방을 갖고 싶었지만 퇴직하는 남편을 위해 작은 서재를 만들었다. 어린 시절, 시아버지가 남편을 위해 책상을 만들어 준 것처럼, 나도 남편을 위해 책상을 준비해 주고 싶었다. 비록 아들이 쓰던 책상이지만, 붙어 있던 책꽂이를 떼어내어 다른 한편에 두고, 책상 위를 말끔히 정리했다. 햇살을 가려 줄 커튼은 손뜨개로 떠서 분위기를 바꾸었고, 호롱불을 닮은 조명 하나를 조심스럽게 책상 위에 올려 두었다. 시아버지가 만든 '링거 호롱불'과 책상과는 같지 않지만, 내가 만든 작은 서재로 그의 추억도 함께 소환해 주고 싶었다. 공간의 변화는 마음의 변화도 이끌어주는 것 같다. 힘들고 지칠 때,

그에게 쉼이 되는 공간이 되기를 바랐다.

텅 빈 뒤란 같은 하루, 남편은 조용히 책상 앞에 앉았다. 익숙했던 자리에 낯선 고요가 스며 있었다. 유독 책을 좋아한 그는 제일 먼저 책장의 책들을 정리했다. 마음껏 읽고 싶다며 인터넷에서 부족한 책을 주문했고, 대부분 책을 읽으며 시간을 보냈다. 늦은 밤까지 책 읽는 날이 많았다. 긴 직장 생활의 무게를 내려놓고 편안한 시간을 가지려는 듯 가벼운 책들을 선택해 읽으며 휴식을 취하기도 했다. 책상 서랍 안의 먼지를 닦으며 물건들을 하나씩 정리하는 남편의 모습을 보았다. 그는 많은 것을 버리기도 했지만, 예전 여행지에서 샀던 기념품, 오래된 편지, 낡은 수첩 등 미련을 버리지 못한 물건들은 서랍 맨 안쪽에 다시 넣어두었다. 그리고 무엇인가를 가만히 응시할 뿐 아무런 움직임이 없었다. 그를 둘러싼 시간의 흐름이 더 아련하게 보였다.

'하나의 문이 닫히면 또 다른 문이 열린다.' 지금은 힘들고 아픈 시간이지만 끝이 아닌 또 다른 시작임을 그도 알고 있을 것이다. 그는 아버지가 만들어주신 책상에서 공부하며 미래를 꿈꾸었고 노동의 책상이었지만 자신이 원하는 직함도 가져보았다. 열정을 쏟아 보았던 지난 인생이었다. "나에게 책상은 단순한 가구가 아니라, 삶의 여정을 함께한 동반자이자, 인생의 항로였어" 책상의 의미가 무엇이냐는 나의 질문에 남편은 나직하게 말했다. 인생의 중요한 순간마다 함께했던 책상처럼, 삶을 지탱해주는 의미 있는 공간은 우리를 다시 앞으로 나아가게 만든다.

  책상은 주인을 닮아 간다. 시간의 기억이 눌러앉은 그 자리에 다시 남편을 닮은 것들로 채워지기를 염원해 본다.

당신의 오늘 하루

당신의

오늘 하루

강은소
김미숙
김숙희
김정수
김준희
김현찬
노정숙
송혜영
오정순
오차숙
전효택
최정아
현정원

오늘은 밥맛 나는 사람이 그립다

강은소
eunsoo38@hanmail.net

최고의 밥맛은 어릴 때의 추억 속에 깃들어 있다.

호롱불 아래 외할머니와 마주 앉아 먹던 가마솥 밥. 윤기가 자르르 흐르는 흰 쌀밥의 달곰하고 고소한 맛. 장작과 깔비*로 불을 지펴 가마솥에서 갓 지은 밥맛을 어찌 잊을 수 있을까. 아궁이 잉걸불에 끓여낸 된장찌개와 가마솥 밥의 어울림은 담백한 밥맛의 진수를 느끼게 한다. 아무리 최신형 전기 압력 밥솥이라 해도 할머니가 지은 밥에서 느껴지던 그 밥맛을 따라가지는 못할 것 같다. 기억하는 한 최고의 밥맛을 떠올리는 건 다시 돌아가지 못할 어린 시절, 철모르던 한때를 그리워하는 일이다.

어릴 적 외갓집에서 보낸 시간이 많다.

읍내 장에 나오신 할머니와 흙먼지 날리는 만원 버스를 뒤로하고 산길을 올라가던 기억이 아련히 남아 있다. 옹기종기 앉은 마을을 지나 제일 깊은 동네에 들어설 때면 때맞추어 피어나던 저녁 연기를 기억한다. 바람에 흩날리는 연기는 집집이 밥 짓는 내음 솔솔 묻혀와 입맛을 다시게 하는 한편 먼 여행길을 돌다 마침내 고향 집으로 돌아왔을 때처럼 사람의 마음을 따스하게 어루만졌다. 장날이면 늦은 저녁으로 먹던 외갓집 가마솥 밥. 할머니 손길로 고슬고슬 지어 낸 밥맛을 이제 어디에서 만날 수 있을까.

요즈음 노모는 밥맛이 없다고 한다. 그녀의 '밥맛이 없다'는 밥뿐만 아니라 아무 음식도 먹고 싶은 마음이 없다는 의미다. 사구체신염을 앓고 있는 그녀는 몇 년 전 대장암 제거 시술까지 받았다. 젊은 사람에 비해 좋지 못한 예후로 힘든 회복 과정을 거치면서 놓쳐버린 자존감 때문인지 그녀는 삶의 의욕마저 놓아버린 듯하다.

입맛을 잃은 그녀가 음식에 대한 마음이 없는 것은 어찌할 도리가 없다. 맛으로 이름나 사람이 몰리는 식당의 음식 앞에서도 목에 걸려 넘어가지 않는다고, 모두가 즐겁게 하는 식사 자리도 혼자만 맛없다고 먼저 숟가락을 놓는다. 그래도 한 숟가락만 더 먹어 보라며, 먹어야 산다고, 애써 부추겨 보지만 소용이 없다.

밥맛은 일을 해야 얻을 수 있는 즐거움이다. 밥맛이 없다는 노모의 말은 해야 할 일이 없다는 에두른 표현이다. 그동안 즐겁게 해왔던 일, 정기적인 운동 모임을 하면서 관상용 화초를 가꾸고 친구를 만나거나 시장을 다녀와 김치나 반찬을 만들어 나눠 주기도 하며 손주의 등하교와 끼니를 챙기는 등 일거리가 있었다. 이제는 그녀의 허약해진 육체로 더 이상 감당할 수 없는 일들이다. 그 때문에 사는 즐거움이 모두 사라지고 밥맛도 없어졌다.

밥을 먹는 일이 즐거워지려면 밥을 먹고 나서 할 일이 있거나 할 수 있는 일이 있어야 하겠다. 그녀의 밥맛을 위해 최선이 무엇인지 신중히 고민해 본다.

인간관계에서 '밥맛이 없다'는 말을 할 때가 있다. 관계 중심에서 '밥맛이 없다'는 입맛이 없는 것이 아니라 사람 됨됨이가 눈에 거슬리고 정이 떨어져 상대하기가 싫다는 말이다. 식사 자리에서 보고 싶지 않은 사람, 불편한 사람과 함께하는 것이 싫고 힘들어 밥맛이 떨어지는, 그런 상대할 마음이 없는 사람을 흔히 '밥맛'이라 비유한다.

최악의 밥맛은 빤빤한 얼굴로 거짓말과 속임수를 일삼는 사람, 방자하고 교만해 자신의 편리를 도모하려 타인을 밟고 지나가는 안하무인이다. 아무도 밥상머리에 마주하고 싶지 않을 밥맛이다. 하지만 세상일은 마음대로 풀리지 않고 외나무다리는 여기저기 널려 있다.

사람은 밥맛이 없어도 끼니때마다 먹어야 살아갈 수 있는 기본 에너지를 얻는다. 식상하지만 매일 먹는 밥. 밥을 먹는 것처럼 되풀이되는 일상에 지치고 싫증이 나도 피할 수 없는 것이 우리 삶이며 가끔 일탈의 여행을 떠났어도 다시 일상으로 돌아와야만 하고 돌아와 밥상에 앉아야 하는 것이 우리의 현실이다.

밥상은 서로의 삶을 공유하고 감정을 나누는 자리다. 밥을 먹는다는 것은 단지 한 끼 식사를 해결하는 것 이상으로 관계의 형성에 중요한 역할을 한다. 먹는 즐거움도 사람이 느끼는 하나의 행복이다. 밝고 즐거운 밥상을 마주한 서로는 긍정적인 정서를 주고받으며 관계가 깊어지고 서로에게 행복을 주는 사람이 된다. 서로 마주 보며 밥을 먹는 것은 인간관계를 돈독하게 형성하는 계기가 되고 식사 자리의 정서적 교감과 유대감은 삶의 만족도를 높이는 지름길이다.

밥상머리에 앉아 지난날 최고의 밥맛을 떠올린다.

그것은 누구도 때 묻지 않아 순수했던 어린 시절이 못내 그리운 이유다. 씹을수록 달고 구수해지는 가마솥 밥처럼 만날수록 반갑고 편안해지는 사람을 보면 주저 없이 그와 마주 앉고 싶다. 밥맛 나는 사람이 기다려지는 오늘, 마음속 거울에 스스로를 비춰본다.

당신은 그 누군가에게 밥맛 나는 사람인가.

* 깔비: 솔가리의 방언, 말라서 땅에 떨어진 솔잎을 땔감으로 긁어모아 둔 것.

당신의 오늘 하루

김미숙
dear-msk@hanmail.net

파울로 코엘료가 쓴 《브리다》의 여주인공 브리다는 마법을 배우겠다고 했다. 작가는 그녀를 등장시켜 마법사를 통해 사랑의 환희를 배울 때 비로소 마법의 상태를 느끼게 된다고 표현했다. 전적인 동의는 아니지만, 특별히 마술을 배우지 않더라도 일반 사람이 마법사처럼 될 수 있다는 것에는 동의한다.

아버지와 아들이 데면데면하게 일상적으로 툭툭거리며 살아간다. 평생 가난만 물려준 아버지에 대한 애정이라고는 눈곱만큼도 없다. 아들은 스턴트맨이다. 그러다 아들은 갑자기 시한부 암을 선고받고 그때부터 음악가인 애인을 위해 순한 인생을 살아 보려고 마음먹는다. 맨 먼저 클라리넷을 마련하고 악보를 구해서 그녀에게 들려줄 라흐마니노프의 34번 '보칼리제'를 독학으로 연습하게 된다.

 어느 날 아버지가 암과 사투하는 아들에게 생일 밥을 차려주고 "'맛있게 좀 먹어라"라고 다그치자 "맛없어"라며 퉁명스럽게 대꾸한다. 시한부의 아들에게 애끓는 마음을 갖지만 표현을 못하는 아버지다. 평생 아들에게 고생만 시킨 아버지로서 할 수 있는 것은 거의 없었다. 입맛을 돋게 해준다며 아들의 클라리넷으로 아들 몰래 악보를 훔쳐보고 연습해 온 보칼리제를 연주한다. "비싼 식당에 가면 악사들이 돌아다니면서 연주하잖아. 오늘만큼은 재벌 아들처럼 음악을 들으면서 귀족처럼 밥을 먹는 거야" 한다. 서툰 아버지의 연주를 들은 아들은 마침내 마음을 연다. 아들은 몇 소절 만에 끝내는 아버지에게 계속하라고 다그친다. "그거밖에 연습하지 못했어. 다음에 더해줄게." 아들이 클라리넷을 받아서 다시 처음부터 끝까지 보칼리제 완곡을 연주한다.

 슬픔이 밀려오는 장면이지만 절제미를 통하여 더 가슴 아린 장면을 연출한다. 도저히 대화가 안 될 것 같은 관계에도 음악이란 매개체가 서로의 닫힌 마음을 열어 주는 마법을 부린 장면이다. '네 멋대로 살아라'라는 드라마 장면이다.

 애견 센터에 들렀더니 2시간이나 밀렸다고 한다. 예상치 못한 두 시간이 생겨버렸다. '에라, 오늘은 일탈해 보는 거야.' 그렇게 생각해서일까 주차장에 가까운 자리가 운 좋게 생겨 모처럼 쉽게 주차했다.

시장 카트를 꺼내서 장보기를 한다. 열량 생각하며 맑은 혈액 유지를 위해 참아왔던 달콤한 생크림 빵과 마늘 빵, 커피까지 달고 진한 카페라테를 구매한다. 오늘만큼은 맛 위주로 먹기로 하고 건강 관련한 것은 생각하지 않기로 한다. 홍보 아르바이트 여자들이 줄줄이 제품을 시식해 보라고 붙잡는다. 그래, 오늘은 다 먹어주고 모두 사주기로 하자.

주차장에 카트를 갖다 놓으려 하니 단발머리 중년 부인이 카트에 넣을 동전이 없어 애태우고 있다. 옳지, 마침 잘됐다. "이것 쓰세요." 부인이 해맑게 웃으며 좋아한다. 정말 고맙단다. 백 원의 가치가 이렇게 큰 효과를 낸단 말인가.

차를 빼내려고 걸어가는 도중 주차할 곳이 없어 헤매는 차를 본다. '나 곧 나갈 거니까 내 자리에 대라'고 엄지손가락을 펴서 수신호를 보낸다. 고맙다고 환히 웃으며 그도 엄지를 척 꺼내 보인다. 저렇게까지 고마워할 일인가. 내 땅도 아니건만.

빵과 커피를 마시기 위해 나무 그늘진 벤치 쪽으로 걸어간다. 멀리 벤치에 앉은 사람들과 반대쪽으로 홀로 돌아앉은 수줍은 등이 보인다. 혼자 어깨를 숙이고 있는 그 곁에 똑같이 앉아 보니 떡을 먹고 있다. 점심 대용이다. 수더분한 얼굴에 형편이 그다지 넉넉해 보이진 않는다. 말을 붙이며 본다.

양산에서 왔단다. 병원 예약 시간까지 기다리며 요기를 대충 때울 양으로 쑥떡을 먹고 있단다. 속이 거북할 것 같아 입가심으로 마늘 빵을 권했다. "나는 혼자 다 먹어 버렸는데"라며 겸연쩍게 말한다. "혼자 먹기가 어색했는데 옆에 있어 줘서 참 고맙다"라고 한다. 자신의 병력을 죄다 펼친다. 과거사도 줄줄 쉴 틈 없이 나온다. 굳은 얼굴이 미소 지은 표정으로 변한다. 마법이 통했다.

잠시 얘기하다 헤어질 사람은 이래서 좋다. 모르는 사람을 만나면 가볍게 비밀 이야기, 수줍은 이야기, 모두 털어놓을 수 있어 좋다. 이름도 모르고 성도 모르는 반짝 만나는 일회성 관계. 그 가벼운 관계 속에도 연민, 고마움, 친절과 배려가 존재한다.

강아지가 사랑받는 이유는 얘기를 들어주기 때문이다. 함부로 판단 않고 이래라저래라 섣부른 충고하지 않으며 잘잘못을 따져 주지도 않는다. 그에게 속 얘기를 하면 비밀이 새어 나갈 염려가 없다. 가장 친한 암컷이나 수컷에게조차도 들은 비밀을 소문내지 않아 안전하다. 봉제 인형에게 이야기하며 놀았던 어린 시절 그 습관은 나이가 들어서도 외로움이 사무칠 때 어딘가에 털어놓고 강아지에게 애정을 주려고 한다. 살아간다는 자체가 상처투성이이므로 어딘가에서 보상받으려 한다.

노래 봉사를 20년 가까이 하고 있다. 종교 행사에서 노래를 부를 때마다 보람을 느낀다. 마치 마법에 걸렸다 나오는 느낌이다.

굳었던 근심, 걱정 가득한 표정들이 묵상 글을 읽고 노래를 듣는 동안 눈물을 펑펑 흘린다. 눈물은 굳게 닫힌 마음을 열게 하는 최상의 마법이다. 마음속에 변화가 일고 있다는 표징이다. 행사를 마치면 사람들은 내게 와 "고맙다, 속이 시원해졌다, 상처가 치유된 듯하다"라며 황송하게도 감사의 인사를 내게 건넨다. 그럼으로써 내 상처가 치유되었다는 사실이다. 파울로 코엘로가 쓴 마법이 몇 시간 정도 느끼는 것이라면 적어도 하루 정도 이상은 지속할 수 있는 마법도 있을 것이다.

마법이란 어렵지 않다. 특별히 배워야 하는 기술이 아니다. 마음만 먹으면 언제든 할 수 있다. 화나는 사람을 기분 좋게 만드는 것이면 마법이다. 느닷없이 만든 작은 행운으로 들뜨게 하는 것, 친절한 한마디 말로도 웃게 만드는 것, 손대지 않고도 찡그린 표정을 밝게 펴주는 것, 어렵게 꺼낸 얘기를 가만히 들어주는 것. 밥 볶을 때 '맛있어져라, 맛있어져라'라는 애교 섞인 미소가 한 숟가락의 마법 가루가 된다.

벤치에 홀로 뒤돌아 앉은 여인을 뒤로 남겨두고 돌아오는 느린 걸음 속에 마술사는 혼잣말로 마무리한다. 천천히 정성을 다해 주문을 외운다.

'당신의 소중한 오늘 하루가 행복하고 아름답기를.'

수수께끼 상자의 경고

김숙희
gmyis@hanmail.net

'수수께끼 상자', 언제부턴가 내가 붙인 지구의 별명이다. 미루어 짐작만 할 뿐, 막상 지구 상자 안에서 무엇이 튀어나올지는 정확히 모른다, 아무도.

우리나라에서 삼한사온이 사라진 건 꽤 오래된 일이다. 불과 몇 년 전, 꽃이 활짝 핀 4월에 꽃잎 위에 함박눈이 펄펄 내려 쌓여 애처로운 장관(?)을 이루는가 하면 눈을 만져본 적이 없는 열대 지방에도 눈이 쏟아져 모든 국민들이 추위에 허둥지둥 당황하기도 했다. 지구 곳곳에서 예년에 볼 수 없는 기온 상승과 강하가 매년 기록을 갱신하는 중이다. 또 몇 달째 비가 내리지 않아 호수마저 거북등처럼 갈라지는가 하면 때 아닌 홍수로 시가지가 잠기기도 한다.

언젠가 아름다운 배를 타고 유람하던 이탈리아의 베네치아의 물길, 이젠 물 없는 바닥에 배들이 맥 놓고 앉아 있는 것을 몇 년 전, TV에서 보았다. 그때만 해도 점점 수온이 오르고 수면이 높아짐에 따라 베네치아가 언젠가는 잠길 수도 있다고 가이드는 말했었다. 잠기기는커녕 모든 배들이 물이 없어 실직하게 되고 만 상황이다. 참으로 예측불허의 혼란스러운 지구촌 시대를 우리는 지금 살아내고 있는 것이다.

물론 예비 종소리는 반세기 전부터 울리기 시작했다. 1901년부터 1971년까지 70년간 해수면 상승률은 연간 1.3mm였다. 2006년까지 35년간 1.9mm로 상승한 해수면은 불과 2년 사이인 2008년엔 무려 3.7mm로 매우 가파른 상승률을 보였다. TV 화면으로 '북극곰의 눈물'이 방영되고, 북극곰 배지가 나오는가 하면, 급기야 2월 27일을 '북극곰의 날'로 제정, 전문 학자와 동물보호 단체들이 발 벗고 나섰다. 늦었지만 온 세계가 기후 협약을 체결하는 등 기후 변화 대처에 나선 것은 그나마 다행한 일이다.

문제는 실천이다. 기후 협약 실천에 얼마나 많은 나라가 적극 동참해서 북극의 위기를 극복할 수 있는가. 어떻게 하면 2050년, 북극곰의 멸종을 예고한 학자들의 말을 빗나가게 할 수 있는가. 이 절체절명의 과제는 너의 일이 아니고, 나의 일만도 아니며, 우리 모두가 함께 숨 막히는 결의로 결단하고 실천해야 할 과제다. 절대로 'To Be or Not To Be'가 아닌, 'We Must Be'인 것이다.

며칠 전(2023년 2월 17일) 알래스카 베링해협의 웨일즈 마을에 북극곰 한 마리가 나타났다. 성인 여성 1명과 소년 1명을 공격해서 사망했고, 곰은 사살되었다.

빙하가 녹으면서 쉴 곳이 없어진 북극곰은 육지 마을을 찾았고 굶주림으로 포악해진 곰은 사람을 공격하기에 이르렀다고 외신은 전했다. 이는 33년 만에 일어난 인명피해라고 한다. 사흘 굶어 도둑질 안 할 사람 없다는 말을 북극곰이 보여준 셈이다.

우리 국토의 60배에 달하는 남극 대륙은 지구 얼음의 90%를 갖고 있다. 가장 두꺼운 얼음 두께는 4.8km지만 평균 두께는 2.6km라고 한다. 이 얼음이 녹기 시작한 것도 오래 전 일이다.

2004년, 미국 롤랜드 에머리히(Roland Emmerich) 감독의 '투모로우'(원작: The Day After Tomorrow) 영화 장면이 떠오른다. 빙하가 녹고 해류가 바뀌면서 급격한 기후 변화가 오고, 그곳에 살던 많은 사람들이 남쪽으로 피해 달아난다는 게 줄거리다. 영화에서 본 먼 미래에 일어날 수도 있는 가상의 일들이 이제 절박한 현실이 될는지도 모른다. 아니, 이미 시작되었다.

얼마 전, 아프가니스탄에서 영하 30도 강추위로 70여 명이 사망했고, 러시아 야쿠츠크는 영하 62도까지 내려갔다. 미국 버펄로 시에는 1m가 넘는 폭설이 내렸고, 1.3m 높이의 눈에 갇혀 귀가하던 사람이 시신으로 발견되기도 했다.

인간이 만들어낸 온실가스와 탄소 배출로 인한 기후 변화, 그로 인한 해수면의 상승으로 섬나라인 몰디브와 투발루 공화국이

제일 먼저 사라지게 된다는 게 학자들의 공통된 의견이다.

해수면이 1.3m 올라가면 베네치아와 뉴올리언스가 잠기고, 3m 올라가면 마이애미와 샌프란시스코, 암스테르담이 차례로 사라질 예정이라고 하니 참으로 가공할 일이요, 두려운 일이다.

이것은 결코 먼 나라, 먼 미래의 이야기가 아니다. 1968년부터 2023년까지 54년간 한국 해역의 표층 수온이 1.35도 상승했다. 2100년까지 무려 4도로 상승할 예정이라고 한다. 이미 우리 바다의 어종이 많이 바뀌어 가고 있다. 앞으로는 더욱 그렇게 될 것이다.

우선 우리나라 대표 수출 수산품, 김 생산의 차질이 불가피하게 되었다. 다행인 것은 아열대성 어종 양식 기술 개발에 이미 들어갔다고 한다. 현명하고 손발 빠른 정부 대처에 기대하는 바도 크다.

온 세계의 학자들은 한 목소리로 말하고 있다. 앞으로의 기후 변화는 매우 역사적이고, 전례가 없는, 극적인 상황에 맞닥뜨리게 될 것이라고.

다 함께 살아갈 것이냐, 공멸할 것이냐를 앞에 둔 우리에게 지금 선택의 여지는 없다. '북극곰의 눈물'로 끝나는 것이 아니다. 곧 '우리 모두의 눈물'이 될 수 있음을 상기해야 할 것이다.

뒤주가 살려낸 하루

김정수
bluebara2@hanmail.net

　무료함에 떠밀려 나온 산책길에서 어제와 다른 그림 찾듯 어색한 물건이 내 발길을 멈춰 세웠다. 상가 앞 좁은 인도에 나와 있는 오래된 큰 뒤주였다. 행인들 중 더러는 슬쩍 피해가고 더러는 흘깃 돌아보며 지나가는 뒤주를 나는 중지 끝으로 스윽 쓸어보았다. 켜켜이 쌓인 먼지 밑에서 전해지는 왠지 모를 따스함이 기억 속 한 챕터를 펼쳐놓았다.

　끼이익, 뒤주의 묵직한 뚜껑이 열리고
　벅벅 촤르르, 바가지로 쌀을 퍼내는 소리가 엄마의 하루의 시작을 알렸다.
　사삭사삭, 엄마의 옷자락 스치는 소리가 조심스레 부엌으로 멀어지면

큼큼큼, 안방에서 할아버지의 기침소리가 들려오고
치지직치지직, 할머니가 켠 라디오가 주파수를 맞추고
부시럭부시럭, 내 옆에서 아버지가 일어나 어둠 속에서 옷을 챙겨 입고
드—드—륵, 조용히 문을 열고 여전히 깜깜한 밖으로 나가셨다.
그리곤 잠시 후
삐거걱 끼익, 대문 열리고
싸악사악, 할머니가 싸리비로 앞마당을 쓸고
쓰으윽싸아악, 할아버지는 대비로 바깥마당을 쓸고
휘잉휘잉, 부엌의 풍구가 돌아가면
타닥타닥, 아궁이에서 불이 타오르고
떨그덕딸그락, 이 나간 그릇들이 부딪치며 쌩쌩함을 알리고
타박타박타박, 아버지는 집안 구석구석을 바쁘게 돌아치시고
꼬끼오 푸드드득 멍멍 냐아옹, 가축들 밥 달라는 소리까지 방안으로 쳐들어왔다.

그러면 우리 7남매는 이불을 머리끝까지 끌어올려 달아나는 잠 자락을 잡아채 웅크린 품에 꼬옥 끌어안았다. 작은 이불 한 귀퉁이씩 움켜쥐고 어젯밤까지 미워죽겠다던 엉덩이에, 누군가는 꼬질꼬질한 발바닥에 달라붙으며 새우잠에라도 빠져들려 했다. 하지만 세렝게티의 누떼들처럼 이불 위를 내달리는 요란한 소리들을 우리 7남매 중 그 누구도 이겨낼 수는 없었다.

기억의 한 챕터를 다 읽고 나서야 안개비에 가려진 듯 희뿌옇던 풍경이 선명하게 깨어났다. 터벅터벅 목적을 잃었던 발걸음도 경쾌한 리듬을 되찾았고, 해가 중천에 뜨도록 깨어나지 않던 나의 아침이 엄마의 뒤주가 깨워주었던 어린 시절의 정겨운 그 날처럼 깨어났다. 무의미하게 죽어가던 나의 하루가 버려진 뒤주에 의해 가슴을 따뜻하게 데우는 기억의 다이아몬드를 캐어낸 특별한 하루가 되었다.

따뜻한 말 한마디

김준희
jamin01@hanmail.net

　오늘은 내게 특별휴가를 준 날이다. 왜 뜬금없이 이곳이 오고 싶었을까. 초행길이라 길을 찾는데 신경 쓰다 보니 아무것도 사지 못한 채 자그마한 절에 도착했다. 친구가 주지로 있는 작은 절이다. 어릴 적 두 사람은 약속을 했었다. 한 사람은 수녀가 되고 한 사람은 스님이 되어 만나기로 했다. 친구는 스님이 되었지만 또 한 친구는 수녀가 되지 못했다.
　출가한 친구는 도반에서도 늘 우등생이었다. 훌륭한 스승님을 만나서 도량을 쌓고 스승님의 절을 이어받아 수행하고 있다. 절은 자그마한 규모에 비해 제법 풍성해 보였다. 사람들이 쉴 새 없이 드나들고 전화벨도 계속 울린다. 곳간은 먹을 것으로 꽉 차있어 누가 오든 대접할 준비가 되어 있었다. 직접 만든 된장과 야채로 끓인 보글보글 된장찌개와 막 지은 밥 한 공기에 왈칵 눈물이

났다. 한 끼의 식사도 나에게 제대로 대접해보지 못한 채 살아왔던 시간들….

예상했던 이별이었지만 막상 닥치고 보니 황망했다. 나의 시간을 멈추고 올인 했던 세월들이 허망한 것인지 허전한 것인지 모르겠다. 해야 할 일들이 갑자기 없어졌다. 마치 중요한 것을 놓쳐버린 것 같은 상실감은 잠을 빼앗아갔다.
  퇴근 후 맞이해주시던 따뜻한 말 한마디는 매일 힘든 시간을 견디고도 남았다.
  "우리 예쁜이 왔네!"
  이제는 들을 수가 없다. 방 한가운데 덩그러니 남은, 주인 없는 휠체어만 만지작거린다.

  스님이 위탁 운영을 하고 있는 요양원에서 퇴근하고 돌아왔다.
"아이고 보살님! 잘 오셨어요!" 친구는 내가 불자가 아닌 것을 알면서도 항상 보살님이라고 부른다.
  친구와 함께 산길을 걸었다. 나무 이름을 알려주며 나무에 얽힌 전설까지 재미있게 얘기해주었다. 친구는 같은 이야기도 실감 나고 구수하게 전달하는 재주가 있다.
  산 속을 걸으면서 나무 냄새를 맡으니 배시시 웃음이 나온다. 나무는 인생 별거 아니라고 말하는 듯 변함없이 그 자리를 꿋꿋하게 지키고 있다.

친구가 나의 하소연을 되받아 이야기하기 시작했다. 세상을 밝게 비추는데 한몫을 하고 싶어서 출가를 했고 공부하는 과정이 어려웠지만 보람 있었고 열심히 수행해서 이 자리까지 왔다고. 스님 되어 자기 절을 하나 가지고 있으니 이만하면 큰 스님은 되지 못했어도 성공한 거라고 했다. 그런데 그게 다가 아니라는 거다. 속세의 가족들이 하나 둘씩 마치 둥지 튼 어미 새를 찾듯이 찾아왔다는 것이다. 잠시 다녀가는 불자가 아니라 말뚝 박듯이 자신에게 의지를 했고 그것을 떨쳐버리지 못하고 매여 산다고 했다. 가정에 중심이 되어주는 어른이 없었던 탓이다.

"삶은 다 자기 몫이 있나 봐. 속세를 떠나 출가를 했는데 나를 중심으로 가족이 모여. 이것을 어떻게 해석해야 되는 거야."

웃어야 할지 울어야 할지, 친구에게 그런 사연이 있었다니 놀라웠다. 가족 앞에 차마 어쩌지 못하는 마음들을 나누니 가슴을 누르고 있던 돌덩이가 잘게 부스러지는 것 같다.

누구에게나 그 사람만의 몫이 있다는 말이 위로가 되었다. 친구지만 한참 어른 같은 스님의 이야기를 듣고 길을 나선다.

핸드폰이 울린다. 익숙한 번호다.

"다 네 덕분이다."

어색해하는 목소리지만 진심이 담긴 한 마디 말에 얼굴이 춤을 춘다. 엷게 흩어진 구름이 호박 넣고 끓인 우리 엄마표수제비를 떠올리게 했다. 이번 주 가족모임 메뉴는 엄마표수제비로 정했다. 특별한 날이 별게 있나. 따뜻한 말 한마디에 마음의 온도가 한껏 올라간 오늘이 내게 특별한 하루다.

그리움 남기고 돌아오는 길

김현찬
sagacite@hanmail.net

땡~땡~땡~ 유일한 태엽감는 시계가 시간을 알린다. 일부러 자질구레한 시계 중 대장격인 골동품 같은 시계를 걸어두니 깜빡 잊고 있던 시간을 알려주어 다행이다. 퇴직 후 새삼 지난날이 주마등처럼 지나가고 똑같진 않지만 그날이 그날이니 시간이라도 알려주면 나을 것 같았다. 일정한 퇴근 시간이 되진 못해도 다람쥐 쳇바퀴 돌듯하던 출퇴근 시절이 그리워진다. 꼬박꼬박 기다리던 월급날은 물론이다.

그땐 그날이 특별한 하루가 되기도 했는데 이젠 식구들 생일이나 기념일 챙겨주는 일이 특별한 날일까? 요즘 그렇게 해도 예전 우리처럼 그렇게 즐거워하지 않는 것 같다. 마음에 흡족한 사람이(좋아하는) 축하해 주어야만 환한 웃음을 짓기도 한다. 식구가 챙기면 그냥 연례행사로 여길 뿐이다. 조금 생각이 있는 사람은 핸드폰으로 선물을 보내기도 하는데 나이 드니 조금 관심 가져 주는 그것도 감격케 한다.

　내게 특별한 하루는 무엇이었을까?
　어린 시절과 학창 시절엔 시험에 쫓기며 살아도 입학식 졸업식이 의미 있는 날들이 되나? 성년에는 결혼식, 아이들이 생기면 돌잔치 축하가 나름 즐거운 날이다. 그 아이들이 자라면 결혼 축하 해주고 어느새 친구들의 부모님 장례식 지나고 나면 가는 길은 순서가 없어도 형제들 차례가 된다.
　처음 장례식에 가게 되었을 때 여자도 장례식에 가도 되는 건가? 새삼 의문이 생겼고 어머니에게 가서 어떻게 인사를 하느냐고 물었더니 "무어라 드릴 말씀이 없습니다"라고 한다고 해서 '그럼 아무 말도 안 하면 되겠네' 했던 생각이 난다.

　교회라는 종교단체에 있고 보니 다른 행사도 많지만 조금 어른 행세를 하느라 경사스러운 곳은 예의만 차리고 조사의 자리는 위로가 안 되어도 참석하려고 했다.
　장례회사가 없던 옛날엔 목사님들은 직접 염을 하시고 어려운 일에 손수 앞장을 서셨다. 먼 기억에서 어머니와 어른들이 손수 수의를 만드시고 몇 년 전만 해도 교회어르신들이 모여서 꽃을 단 관보를 만드셨던 기억이 있다.

장례식장에서 찬양하는 일을 하면서 처음엔 이게 꼭 필요할까 했지만 종교가 없는 이들도 막상 그 순간에는 우리의 전례대로 차례상이라도 챙겨놓으려고 하는 걸 보면 아무 의식도 없는 곳은 상여가라도 하며 서로 위로를 받은 것 같다.
　내가 큰 일을 당했을때 지인이 자신의 몸이 불편하여도 나를 위로하러 달려와 준 걸 생각하며 문상객이 없어 보이는 상가는 말없이 포옹이라도 하려고 간다.

　평소 가깝게 지내던 곱고 단아하신 어르신이 특별히 아프다는 소리를 안 하셨는데 갑자기 보이지 않았다. 바깥분과 큰아들은 먼저 하늘나라로 보내고 슬하에 출가한 남매 가족을 두고 항상 작은며느리가 옆에서 모시고 다녔다. 대소사를 열심히 참석하셨는데 조용히 가실 준비를 하고 계셨다. 우연히 드린 전화에서 "내가 많이 아파, 건강히 잘 지내요" 내게 준 한마디 인사였다. 목사님께는 "이제 내가 목사님 기도를 계속 못 해드릴 것 같아요. 하늘나라에 있는 남편과 아들이 보고 싶네요"라고 인사를 하셨단다. 모두 합심해서 기도했지만 암이 퍼져있고 기적은 일어나지 않았다.

　장례식장 조문석에 미소 띤- 요즘 설치된 AI의 눈 깜빡이는 영상의 사진은 마음을 더 아프게 한다. 영상에는 어떤 오지의 목사님을 인도하셔서 감사 인사를 하고 계셨다. 평소 부유해 보이지도 않았는데 베푸신 사랑이 많아 조문객이 많았다.

그동안 보람있게 잘 지내셨구나, 단아한 미소에 어르신은 어려울 때도 있었을텐데 유족들과 함께 아쉬워하는 이들이 많아 다시 한번 고개가 숙여졌다.

집으로 오는 길 4월의 변덕스런 날씨에 잠깐 피었다 흩날리는 벚꽃잎을 맞으며 새삼 느끼는 거지만 그곳에 갈 때는 아무것도 가져가지 않는데….

땡땡땡~ ~ ~ 방 안에 있는 살림들이 부질없어 보인다. 꼭 필요한 것만 남기고 조금씩 정리하고 많이 베푸는 생활로 편한 마음을 가져야 할 것 같다.

못난이 백서

노정숙
elisa8099@hanmail.net

    싹둑, 머리를 커트했다. 내 20대 스타일이다. 그 푸르던 시절에도 긴 머리 찰랑이며 여성미를 뽐내보지 못했다. 선머슴처럼 짧아진 머리를 보며 남편은 그게 뭐냐고 퉁을 준다. 얼굴이 함지박만 해 보인단다. 이 남자에게 립서비스를 기대하지는 않지만, 자기는 정직하다고 한다. 집에서 헤어밴드로 머리를 올릴 때 때마다 그런 스타일은 잘생긴 사람이 하는 거라나. 호시탐탐 기회를 잡아서 상기시킨다. 이렇게 말본새 없는 사람과 삼십 년 넘게 살다 보니 나도 많이 여물어졌다. 웬만한 말 폭탄에는 끄떡도 하지 않는다.

    사실은 못생겼다는 데 대해서 면역이 있다. 어릴 때 오빠들한테 늘 듣던 말이기도 해서다. '우리 못난이' '빈대코'가 내 별명이었다. 아들 셋에 10년 만에 태어난 고명딸이다. 바닥에 내려놓기도 아까웠다지만 귀한 것이 예쁜 것에 묻어갈 수는 없는 모양이다.

오래전에 고전소설 《박씨전》을 읽으며 눈이 번쩍 뜨였다. 너무 못생겨서 남편에게 외면당한 박씨 부인은 지혜롭고 용감하여 남편이 어려움에 처했을 때 해결사가 되어줄 뿐 아니라, 외적이 쳐들어왔을 때도 슬기로 몰아낸다. 졸렬한 행동을 한 남편을 그냥 용서하지 않고 사과를 받아낸 후에 받아들인다. 못남으로 인한 온갖 박대를 의연히 이겨낸 후 얼굴의 허물이 벗겨져 미인이 되는, 반전이 통쾌한 이야기다. 뛰어난 학식과 재주가 많은 당당한 이 여인을 나의 마음 속 사부師父로 삼았다.

시간의 풍화를 견디고 살아남은 고전들, 그것들의 깊은 숨결을 가까이하면 언제나 숙연해진다. 이런 숙연함이 나를 키우고 또 절망에 빠지게도 하지만, 나들이 가는 엄마의 치맛자락을 놓지 않듯이 검질기게 잡고 늘어진다.

딸이 대학생이 되었을 때다. 친구들에게 "넌 크면서 엄마랑 똑같아지네" 하는 소리를 들을 때마다 "차라리 날 때려라"로 받아치더니 급기야 쌍꺼풀 수술을 해서 작은 눈을 확 키우고서 만족해한다. 순한 눈매가 사나워졌는데 그게 좋단다.

행여나 내가 성형을 한다면 존재감 없는 코다. 콧대를 확실하게 높이면 왠지 지적인 욕구가 충족될 것 같은 생각이 들 때가 있다. 다행히 그 욕망이 크지 않아 아직 큰돈을 축내지는 않았다. 요즘은 주사 몇 대로도 오똑한 코가 만들어진다니 속으로 씨익 웃는다. 못났다는 말을 견딜 수 없는 때가 오면 손을 보리라.

겉모양의 열등감을 극복하는 방법이 있어서 다행이다. 마음이나 굳은 의지로 해결되지 않을 때 성형도 필요하다. 아직은 청춘이 나이에 있지 않고 마음가짐에 있다는 말을 떠올리면 저절로 그윽해진다. 그러나 늙음에 대해서 자신감이 없어지면 삶의 연륜인 주름을 없애고 처진 피부를 올려붙이는 것도 좋다.

남이 말하는 못남과 내가 느끼는 못남의 차이를 생각한다. 스스로 기특하게 생각하는 마음이 없으면 늘 못난 사람이 된다. 자신을 뻑, 가게 칭찬하는 자뻑이 필요하다. 아직 살아내야 할 시간이 만만찮으니 자기 자신을 괜찮은 사람으로 세뇌시켜야 한다. 수필은 사람, 그 자체가 자본이다. '천성스러운 유머와 보석 같은 위트'니 '탁마된 세련'을 주문하면 주눅이 든다. 완벽한 사람이 되려고 하지 말고, 솔직한 사람이 되면 그만이라고 다독인다.

잘난 글에 대한 욕망이 들끓을 때면 시도 때도 없이 글 성형에 매달린다. 글 성형은 전문가의 손을 빌릴 수 없는 데에 문제가 있다. 못난이라는 말은 이겨낼 수 있어도 내 글이 못난 것에는 날을 세운다. 세상의 잣대는 튀어야 한다고, 확실하게 돋보여야 한다고 몰아붙여도 늘 한 박자 늦게, 내 깜냥대로 나간다.

칠렐레팔렐레 떠도는 마음의 굴곡이나 울뚝불뚝 치솟는 대책 없는 감상마저도 소중히 여긴다. 태생적 덜렁기가 나를 지탱하는 힘이 되기도 한다. 일이든 사람 관계든 마음을 다하고 나서 잊어버린다. 결과는 내 몫이 아니라며 의연한 척 호기를 부린다. 같은 행동에도 세월이 지나면 주위의 평가가 달라지기도 한다. 미숙했던 일도 함께 한 세월이 진심을 전하기 때문이다. 그때그때 인정 받으려고 하면 상처가 될 수 있다. 나의 평가를 남에게 의지하지 않고, 자신을 믿는 것도 좋은 방책이다. 쉽게 고쳐지지 않는 것이 타고난 성정이다. 지어먹은 마음으로 가능할지 의문이 생긴다. 결국 제 울림통만큼 소리를 낼 것이다.

  속 시끄러운 어느 날 또 머리를 쌍둥, 자를 것이고, 솔직하다는 남편에게 '더 못나 보인다'는 지청구를 들을 것이고, 그래도 나는 씩씩하게 나아갈 것이다. 언젠가 나도 쌈박한 글줄로 못난이의 허물을 벗을지도 모른다. 박씨 부인의 해피엔딩이 나의 시작이다.

겨울 잔치

송혜영
daebk7@naver.com

아침에 현관문을 나서니 웬 짐승이 문 앞에 똥을 싸놓았다. 그늘에서 잘 말린 고령토 같이 고운 빛깔의 배설물. 모양과 색깔, 처리 방식이 고양이 것은 아니다. 양으로 보아 겨울잠을 자지 않는 작은 짐승이리라. 발끝으로 톡 차니 깡깡 언 똥이 돌처럼 떼구르르 구른다.

모진 추위를 피해 그나마 훈김이 있는 처마 밑으로 내려왔을까. 아니면 배가 고파 요기할만한 게 없나 기웃거렸을까. 짐승들은 방금 눈 똥도 얼어버리는 혹독한 계절을 어찌 날까. 눈 쌓인 뜰에 찍힌 작은 새나 정체불명의 짐승 발자국을 볼 때면 더욱 그런 궁금증이 인다.

사실 야생 동물의 겨울나기를 자세히 들여다보면 그들의 지혜에 혀를 내두르게 된다. 자기 몸을 급속 냉동시켰다가 서서히 해

동시키는 개구리부터 체온을 높여 겨우내 굴 속에 가만히 누워 있는 곰, 얼음 밑 얼지 않은 말랑말랑한 진흙 속에 몸을 파묻고 휴면에 들어가는 지렁이까지. 에너지 보존을 위한 다양한 방편에 놀라움을 금치 못한다. 그들에 비해 인간이 얼마나 비효율적으로 삶을 꾸려가는지, 어떻게 비경제적으로 생을 견뎌내는지 훤해진다.

겨울잠을 잘 수도, 훈훈한 설하대에서 봄을 기다릴 수도 없고, 담비처럼 털도 넉넉하지 못하고, 털보모충 애벌레처럼 고치를 틀고 들어앉아 있을 수도 없는 인간. 하루라도 불기를 거르면 목숨을 부지할 수 없는, 항상 적정 체온을 유지해야 하는 인간의 겨울나기가 오히려 안쓰럽다.

하지만 그들이 인간과 견주어 아무리 생존 지능이 탁월하다 해도 한 데서 겨울을 나는 짐승들은 다 애처롭다. 얼어 죽지 않을까 곯아죽지 않을까 두 다리 뻗고 자기가 쉽지 않다.

마당에 모닥불을 피워 어치나 참새, 멧토끼와 고라니, 청설모들 언 몸이라도 녹이라 하고 싶은데. 그저 우리 마당을 찾은 짐승을 빈 입으로는 보내지 않는 것 밖에 할 일이 없다.

사료 한 대접, 쌀 한 줌, 과일껍데기 등속만 내놓기가 궁색했는데 마침 돼지고기 한 덩어리가 생겼다. 껍데기에 검은 털이 듬성듬성 박혀 있는 갓 멱을 딴 돼지의 엉덩이살이었다. 전혀 식욕을 자극하지 않는 모양새였다. 돼지의 입장에서 보면 자기 살을 그리

탐하지 않는 특정한 인간에게 먹히기보다 먹이가 절실한 뭇짐승에게 두루 보시하는 게 가치 있는 희생일 것이다.

우리 집에 기대어 사는 어떤 짐승도 한 입에 물고 가거나 끌고 갈 수 없는 크기와 두께를 가진 고기 덩어리를 통째로 돌무더기 제단에 올려놓았다. 아침에 떼까치가 떼로 몰려왔다. 소문을 들은 박새와 직박구리도 날아왔다. 저녁 무렵에는 고양이가 뜯어 먹고 밤에 쥐도 몰래 한 입 베어 물고 갔겠지. 며칠에 걸쳐 풍성한 고기 잔치가 벌어졌다.

제 엉덩이 살을 풀어 여러 겨울 짐승의 허기를 꺼준 돼지.
남정네 신발창 같은 가죽만 남기고 장렬히 산화한 돼지 덕분에 단잠을 잘 수 있었다.

친구 부자

오정순
as5441@hanmail.net

최근 나에게는 친구 개념이 달라졌다. 언제 어디서든 만나는 사람이 그 시간 그곳에서의 친구라고 생각한다. 그러자 하니 자연스럽게 친절한 매너와 밝은 인사가 기본이고 진정성을 가지고 대하다 보면 시간의 가치가 높아진다.

사진도 찍고 산책도 할 겸 봉은사로 갔다. 산책로를 따라 걷다가 보면 간간이 의자가 배치되어 있어 쉬어갈 수도 있다. 발 아래로 내려다 보이는 도심이 마치 속세 같은 느낌이 든다면 해질녘의 이곳의 정밀한 풍경은 선경에 든 것처럼 고요하다.

이때 지팡이를 짚으며 맨 발로 걷는 분이 오신다. 허리도 아프고 다리도 아프시다고 잠시 돌 의자에 앉으신다. 나는 그 길이 맨발 걷기에 적합한 길이 아님을 안다. 흙에 석회를 섞어 조성한 길은 빗물에 흙이 쓸려 나가지는 않지만 땅속 기운과 조우하지 못한다. 어싱도 일어나지 않는다.

80은 족히 넘어 보여서 잘 안내를 해드리는 게 좋을 것 같아 이야기를 해드렸다. 그런 이야기가 오고가는 사이 젊은 분이 내 곁으로 앉더니 귀를 기울인다.

우리 셋은 오래된 친구처럼 이런저런 대화를 잔잔하게 나누다가 종교 이야기를 하게 되었다.

그분은 자신의 신앙에 대해 이야기를 꺼냈다. 오래 외국계 직장에 다니느라고 종교 활동을 하지 못하다가 퇴직하고 종교에 입문했는데 잘 모르겠서 《싯달타》란 책을 꺼내 다시 읽고 있는 중이라 했다. 그래도 여전히 공감되지 않는다고 했다.

젊은이는 그 연배에 오래된 책을 찾아 다시 읽을 수 있는 여유에 감동하고 나는 그분의 분위기에 경도되어 몸을 그분께로 향했다. 어느새 땅거미가 내려앉는 듯하니 언제 다시 만나서 밥도 같이 먹고 이야기도 하고 싶다는 말을 내려놓았지만, 자리를 털고 일어서는 그분이 서두르는 바람에 인사만 하고 헤어졌다.

젊은이와 나는 남은 구간을 걸으면서 산책길 끝에 이르자 자기 어머니가 무를 많이 보내주어서 나누어 먹고 싶다고 자기 집에 가자고 한다. 바로 길 건너라고.

또 거절을 어떻게 할 수조차 없이 그러자는 답이 먼저 나왔다. 해외여행 길에 현지인 집에 가는 것 같은 느낌이 들어서 그녀와 나는 영화 속을 걷는 것 같았다.

잠시 후 골목길로 들어서자 동네 공원이 나왔고 거기 장의자에 앉아 가로등을 바라보면서 그녀를 기다렸다. 무 네 개를 봉지에 넣어 가져왔다. 어떻게 들고 가나 걱정이 컸는데 그 정도라서 다행이었다. 바로 골목길을 빠져나오면 버스정류장이라고 했다.

세상에 이렇게 훈훈한 일도 다 있구나 싶어서 감동하는 사이 김치찜 하는 식당이 눈에 들어왔다.

"우리 저녁 같이 먹고 헤어질래요?"

그리하여 우리는 밥을 같이 먹고 그녀가 버스정류장에 데려다 주어서 손님이 적은 버스에 타고 집에 왔다.

그 시간에 충실한 나는 행복했다.

그날 이후 봉은사에 가면 혼자 걷는 게 아니라 셋이서 걷는 느낌이다. 그런 날은 섭리된 시간이라는 생각으로 축복을 빌어주고 싶어진다.

오늘도 나에게 다섯 살 남자아이 친구가 생겼다. 요가를 하러 공원을 가로질러 가다가 나무에서 빨간 등딱지를 한 곤충을 만났다. 사진을 찍고 관찰을 하고 난 다음 옆을 보니 남자아이가 궁금증을 가지고 다가든다. 보여주고 싶었다. 그 옆에는 까만 애벌레들이 우굴거리며 잎을 갉아먹고 있었다. 그것도 설명을 하면서 보여 주었더니 아이가 계속 나를 졸졸 따라다닌다. 그 아이 엄마는 친구와 수다삼매경이다. 어느새 아이와 나 사이에 라포가 형성되어 무슨 말이든 들어줄 기색이다.
 요가를 가야 하는데 가면 자기는 어떻게 하느냐고 울먹울먹한다. 주변의 세 친구를 불러 기념 사진을 찍어주고 분위기를 전환하여 얼렁뚱땅 하는 사이 안녕하고 돌아섰다.

 잠들기 전에 그 어린 친구들을 위해 기도를 한다.
 좋은 친구들이 내 안에 자꾸 늘어서 나는 친구 부자다.

나의 삶, 나의 문학
회색지대

오차숙
sokook21@naver.com

나의 삶, 나의 문학 〈1〉
회색지대

눈을 감고 지그시 '**삶**'을 응시 해보고 싶소.

세상에 선연한 흔적이 남지 않더라도, 앉았던 자리에 엉겅퀴 한 포기 키우고 싶소. 이 땅은 영혼을 풀어 넣을 가치가 있기 때문이오. 무한한 시간 속에 깊숙이 침잠되어 양귀비 한 송이 피우고 싶기 때문이오. 사막을 걸어가는 낙타가 되더라도, 주변의 모든 것이 아이의 웃음이 아니더라도, 번개 번쩍이는 우박 속을 헤집으며 시이소 놀이를 하고 싶기 때문이오.

春도 회색지색.
秋도 회색지색.

굿마당으로 흥(興)을 부르는 혼(魂)바람이기 때문이오.

귀를 막고 조용히 '글'을 응시 해보고 싶소.

문학의 소용돌이가 엑스트라가 될지라도, 얼어있는 강물에 칼바람이 불더라도, 자유 정신으로 골방의 해방을 기다리고 싶기 때문이오. 태클을 거는 신령들이 이곳저곳 기웃거리더라도, 이 길이 필연코 던져야 할 비풍.초라면, 혁명의 의미가 정녕 없지 않다면, 도달점이 없어 방황을 계속 하더라도, 양손에 기꺼이 곡괭이를 들어 끙끙끙끙 판돈놀이 하고 싶기 때문이오.

夏도 회색지대.
冬도 회색지대.

도박판을 날아다니는 혼(魂)바람이기 때문이오.

눈을 감고 지그시 **글**을 응시해보고 싶소.

귀를 막고 조용히 **삶**을 응시해보고 싶소.

연극 같은 인생 오버액션 하는 삶이 무슨 흠이 되더니까. 이름 모를 주사위라도 붉은 테이블 푸른 테이블 위에 놓여있지 않더이까. 영원의 길 불멸의 길은 이와 다르지 않기에, 도박의 진미는 필연보다는 우연이외다. 삶을 요리하는 것은 도박의 한 페이지, 문학이라고 하는 것도 끊임없는 무의식의 멜로디, 손길 가는 모든 것들이 미완성으로 끝난다 하더라도, 원(元) 형(亨) 리(利) 정(貞) – 카오스 → 창조 → 절정→ 소멸의 시기는 완전한 세계가 아니라오. 때때로 불명의 음표들이 괴성을 지르더라도 우발성을 요리해 보려는 연주자가 되어, 음표 음표를 달래가며 비탈길처럼 편곡해 보리이다.

元. 亨도 회색지대.
利. 貞도 회색지대.

곡주가 아닌 맹물(水)에도 취할 수 있기 때문이오.
사태에 놀란 강물을 안기 위해 창파(滄波)가 되기 때문이오.

나의 삶, 나의 문학 〈2〉
회색지대

찜통에 시래기를 넣고 푹푹 삶아본다.
베란다 구석에서 응시하던 건조한 시래기지만, 가스불의 열정으로 인해 식탁에 오를 준비가 되어간다.

하지만, 삶다운 삶을 음미하는 오감五感을 잃어버린 지 오래 되었다.

나의 코는 무척 진지하고 예민했지만, 추구하던 이상理想의 세계가 너무 멀어 후각 자체도 마비되어 버렸다. 그러나 오감을 접어두고 길을 털털 걸어가니 생각 없는 삶 하나로도 배고픔 당하는 일은 있지 않았다.

하늘은 언제나 맑기만 했고 산들도 언제나 푸르기만 했다. 바다 역시 푸른 빛깔로 진하게 색칠해 에메랄드빛과 다를 바 없었다. 분명 그것은 인위적인 물감의 집합체 – 광인의 춤사위가 아닐 수 없었다.

하늘의 드맑음 뒤엔 먹구름과 천둥이, 산들의 늘 푸름 뒤엔 쓸쓸한 산 그림자가, 바다의 유유자적함 속엔 태풍과 해저海底의 밀어密語가 없을 리 만무하였다.

삶은 언제나 빛과 그림자가 공존하는 것, 고요함과 소란스러움이 한 쌍을 이루고 길을 걸어가듯, 나의 삶은 빛인 것 같았으나 그림자의 화신이었고, 그 그림자가 소리 없는 아우성으로 창공을 향해 소용돌이를 쳤으므로, 고요한 분출구를 찾아야만 했다.

대해大海를 항해하는 어선 한 척이 침몰되지 않으려고 안간힘을 쓰며, 글쓰기라는 등대를 찾아 길을 떠날 수밖에 없었다.

그것은 목마름과 갈증 속에서 불처럼 일어나는 소란스러움의 잔해 – 그 유치스러움 속에서도 하나의 분출구를 찾으려고 버둥대며 권태로 가득 찬 삶을 해부할 수밖에 없었다. 부위마다 부검을 해보니 이곳저곳 상처투성이 아닌 곳은 없었지만 그대로 봉합하기엔 조금은 잔인해, 신중하고 조심스런 마음으로 내 삶과 나의 문학을 노래하게 되었다.

'내 삶과 나의 문학'은 나에겐 하나의 예술과 자유, 사랑과 철학으로 상처 부위를 치료해가는 종합병원 역할을 해주기에 감사한 마음으로 살아간다. 그곳엔 무언가 토해내고 싶은 정체불명의 마그마가 남아 있으므로, 존재감을 새김질해보는 성찰의 장터로 남겨놓고 있다.

내 삶과 문학이 새벽이면 맥없이 사라지고 마는 달月의 형상이 될지 모르지만, 태양을 출산하지 못하는 거세된 여자로 불임자로 존재할지 모르지만, 내 의식은 아직도 파도의 열정처럼 순간의 삶을 살아가고 싶은 아이러니가 있으니, 문학 또한 그 창백한 땀 흘림으로 인해 상처 입을지 모르겠다.

어느 죄수 작가의 작품처럼 '그 이미지를 사랑하다가 그 이미지에 기만당하므로 결국은 그 이미지를 처절하게 살해해 버리는 패배자'가 될지 모르지만, 지금 이 순간 나의 문학으로 인해 분명히 존재 이유를 느끼고 있다.

그러나 삶의 뒤안길에 회색지대와 청색시대가 공존하고, 그 어떤 고요함 뒤엔 소란스러움이 진을 치며, 그 화려함과 더불어 중력의 무게들이 머리를 쿡쿡 누르고 있다.

진정한 삶의 실체는 무엇일까.

내 삶과 나의 문학은 나의 것이 아닌 것. 내가 속해 있는 자들에게 처절하게 담보되어 있는 괴물, 아무렴, 슬픔은 슬픔대로 으르렁 대다가 죽어갈 수밖에. 세상을 누린 자는 누린 만큼 결박당한 채 살아갈 수밖에.

하지만, 성실히 살아가는 자들에겐 황홀한 노여움도 존재해선 안 되리니 그 여자, 그대들 앞에서 축제의 주인공이 되지 않을 수 있겠는가.

찜통에 시래기를 넣고 푹푹 삶아본다.

뜻밖의 답사

전효택
chon@snu.ac.kr

작년 9월경이었다. 매우 오랜만에 L 교수의 전화를 받았다. 그는 나와 가까운 중학교 동기이다. 국내 유명 사립대학의 부총장까지 지낸 경제학자이다. 서로 안부를 묻고는 '조만간 중학교 모교에서 전화가 갈 것이니 전화를 받게'라는 짤막한 언급이었다. 나는 최근 들어 모르는 전화번호는 아예 받지도 않는다.

얼마 후 모교 교감 선생님이 내가 전화를 받지 않자 문자로 연락을 해왔다. 오는 10월 23일이 모교 개교 77주년이며, 이 기념행사에서 자랑스러운 동문으로 선정되었으니 대표로 답사를 맡아 달라는 요청이었다. 그야말로 뜬금없는 연락이었다. 나는 졸업한 지 이미 60년이 넘고 졸업생 중 모교에 공헌한 인물이 많을 터인데 하며 사양했다. 이번 기념식에서는 사회에서 활동하는 부문별로 다섯 동문을 선정하고, 20년과 30년 근속 교사의 근속상이 있으며 내게 수상자 대표로 답사 요청을 다시 정중하게 했다.

기념식 날 모교를 방문하여 교장 선생님을 만나서야 중학교가 20여 년 전 남녀 공학이 되었음을 알았다. 지역이 신설동-안암동 일대여서 남학생만의 모집에 어려움이 있었을 것이다. 교장 선생님은 이미 나에 대해 인터넷 검색으로 충분히 만나 구면인듯하다고 친절한 말씀을 주셨다. 내가 수필가로 등단했음도 알고 있었다. 나는 감사함의 보답으로 기념식을 마친 후에 나의 최근 산문집 《내 인생의 푸른 시절》(2022)과 《살아 있다는 의미》(2024)를 보내드렸다.

다음은 기념식 날 강당에 모인 내외빈과 학생들을 대상으로 한 답사이다.

개교 77주년 기념 예식에서 자랑스러운 동문 수상자를 대표하여 답사 드리게 되어 영광이며 또한 감사합니다. 제가 모교를 졸업한 지 어언 60년이 넘습니다. 특히 1960년 4월에는 체육 시간 운동장에서 고려대생들이 무리 지어 정문 앞 도로를 지나 시내로 진출하던 모습도 기억이 납니다(4·19 혁명). 그동안 신설동과 안암동, 보문동을 지날 때마다 모교를 바라보곤 했습니다.

중학교 시절을 돌이켜 보면 신앙심이 깊으시고 인자하시던 여러 선생님이 기억납니다. 매 학기 성경 과목이 있어 신구약 전체를 대충은 배웠지요. 이때는 무슨 까닭인지 지도를 보지 않아서 신약 성경에 나오는 지역 이름들은 대부분 이스라엘 근처에 있다고 당연히 생각했습니다. 지나고 보니 사도 바울이나 제자들의 활동 무대가 지금의 튀르키예(터키), 그리스, 이태리, 스페인 등 지중해 연안 국가들임을 훨씬 뒤에야 알게 되었습니다. 세계지리 과목을 가르치신 선생님과 과목 내용을 잊지 못합니다. 우선 각 나라 이름과 수도를 반드시 외우게 하여 세계화 지식의 발판이 되었습니다. 이때 이미 북유럽을 알게 되어 노르웨이 수도가 오슬로이고, 나중에 이곳에 오슬로대학이라는 명문대학이 있음을 알게 되었지요.

수업도 열심이었지만 제 기억에 매일 간단한 예배로 수업을 시작하였고, 일주일에 한 번은 강당에서 전체 예배, 또는 일년에 한두 번은 영락교회에서 예배를 드렸으며 예배 때마다 성가대원으로 활동하던 기억이 납니다. 성가대 지휘를 맡으신 음악 선생님 별명이 메뚜기였지요. 성가대에서 활동하던 일 – 이때 남성 듀엣 트윈폴리오의 유명한 가수인 윤형주 동기도 같은 성가대원이었지요. 전 과목 평균이 90점이 넘으면 특대생이 되어 등록금을 면제받았는데, 윤형주를 포함하여 현재 부이사장인 L 교수와 함께 특대생이었지요. 제 기억에는 L 교수가 제 동기생 중 전체 톱이어서 제가 한 번도 따라잡지 못한 기억이 납니다.

저는 서울대학교 공과대학 자원공학과에 입학한 이후 현재까지 군 복무와 해외 유학 생활을 제외하면 서울대에서 학생과 연구생으로 또한 교수로 50년 이상을 생활한 서울대인입니다. 학생들과 지인에게는 다음 3가지 저의 좌우명을 알리며 교수 생활을 해왔습니다.

What is new today ?
What should I do next ?
What can I do for you ?

즉, '오늘 새로운 것이 무엇이지? 다음은 내가 무엇을 하여야 하지? 마지막으로 나는 남을 위해 무엇을 할 수 있지?'라는 물음과 실천인데, 쉬워 보이면서도 어려운 일입니다.

오늘 이렇게 뜻깊은 개교 77주년을 맞으면서 자랑스러운 동문상을 받게 되어 기쁘고 영광이며, 또한 무한한 감사를 드립니다. 앞으로도 모교의 무궁한 발전과 도약을 기원하며 인사말씀에 대신합니다. (2024년 10월 23일).

기념행사가 모두 끝난 후에 교장 선생님은 내게 축사 원고를 줄 수 없느냐고 했다. 교사와 학생들에게 나누어 주고 싶다 해서

드렸다. 작년 가을은 전혀 예상치도 못한 수상과 답사로 행복했다. 더욱이 시상식장에서 수십 년 만에 만난 동기 동창들과의 식사와 차 환담은 더욱 기쁘게 했다. 지난 2009년 연말 고등학교 모교에서 자랑스러운 동문상을 받았는데, 내 인생에 이런 행운과 기쁨이 두 번이나 있었음에 감사하고 있다.

라인강변에서

최정아
cjss5246@hanmail.net

내 나이 사십을 막 지날 무렵 가을이었다.

독일 쾰른에서 포토박람회가 있어 남편이 코닥 본사에서 초청을 받아 가는 길에 동행하게 되었다. 쾰른은 독일에서 네 번째로 큰 도시이며 라인강을 끼고 있다. 세계에서 많은 사람들과 바이어들이 몰려오는 유명한 박람회였다. 한국에서는 본사 임원진 몇 명이 함께 갔고 여자는 나 혼자였다. 우리 부부는 박람회 참석은 형식적이었고 독일 여행이 목적이었다.

독일에서의 첫째 날 박람회 오픈 시간보다 일찍 도착해 남편과 가을 햇살이 쏟아지는 라인강변을 산책했다. 노릇하게 익어가는 나뭇잎 사이로 불어오는 이국의 바람이 다정한 여인의 손길 같았다. 강에서 멀리 보이는 오래된 성들이 눈에 들어왔다. 영화롭던 역사의 시간은 흘러갔지만 성들은 그대로 남아있었다.

세계 제 1, 2차 대전의 전범국 독일은 폐허에서 경제대국으로 발돋움한 나라가 아닌가. 라인강은 독일인에게 기적을 안겨 주었지만 역사의 아픔을 안고 도도히 흘러가고 있었다.

아름다운 풍경에 빠져 있는데 한 남자가 어딘가를 향해 카메라 셔터를 누르고 있었다. 시선을 돌려 카메라가 가리키는 방향을 보니 독일인으로 보이는 젊은 아가씨가 잔디밭에 앉아있었다. 때 이른 롱부츠를 신고 가죽 자켓에 검정 레깅스를 입고 있었다. 여자인 내가 봐도 눈에 넣을 만큼 멋있어 보였다. 잠시 후 여자가 일어서더니 남자를 향해 게르만족 특유의 걸음으로 걸어갔다. 걸음걸이에서 상당한 카리스마가 풍겼다.

나는 속으로 서로 아는 사이라서 아침 인사를 하려나 생각했다. 그런데 여자는 느닷없이 남자의 뺨을 양쪽으로 후려쳤다. 너무 낯선 상황에 놀라서 물끄러미 지켜보았다. 남자에게 뭐라고 하자 남자는 고개를 숙였고 미안하다는 액션을 취했다. 여자는 다시 원래의 위치로 돌아가 벌러덩 눕더니 일광욕을 즐겼다. 남자는 우리 부부를 향해 손바닥을 뒤집어 어깨를 위로 치켜 올리며 어이없다는 액션을 취했다. 우리 부부는 뭔가 리액션을 해줘야 할 것 같은데 영문을 몰라 동의할 수가 없었다. 웃을 수도 없어 손을 흔들어주며 그곳을 떠났다.

게르만족의 강인함은 알고 있었지만 초상권 침해라는 이유로 남자의 뺨을 후려치는 일은 나에겐 상상도 못할 정서였다. 사람은 누구나 자신의 방식대로 삶을 살아가고 싶어 한다. 동양에서 그런 이유로 남자가 뺨을 맞았다면 어땠을까.

 라인강 건너편으로 쾰른 성당 첨탑이 유구한 역사의 산증인처럼 우뚝 서 있었다. 1, 2차 세계대전으로 도시의 90%가 파괴되었지만 성당 건물은 그대로 남아있었다. 그들은 세상의 규정을 바꾸기도 한다. 중요한 건축물이라서 폭격 업무를 맡은 군인들이 상부의 대성당 폭파명령을 거부했기 때문이다. 동방박사 삼 인의 유골을 안치하기 위해 1248년에 건축을 시작했다. 300년 동안 공사가 중지되었다가 600년 만인 1880년에 완공되었다. 동방박사 유골은 1165년 프리드리히 1세가 원정을 가서 밀라노에서 가져왔다. 순례객이 많아지자 유물에 걸맞은 성당을 짓기로 하였다.

 성당에는 33인의 대주교들이 잠들어 있다. 독일의 유명 예술가 게르하르트 리히티가 디자인했다.

 햇살을 받아 색깔을 바꾸어가는 라인강변의 풍경을 뒤로 하고 우리는 서둘러 박람회장으로 향했다. 많은 사람들이 사진 재료의 신제품을 찾기 위해 숨 가쁘게 움직이고 있었다. 나는 독일은 카메라 렌즈가 유명하다는 것 외엔 별 관심이 없었다. 피곤했지만 구체화된 현실 세계의 독일에 대한 첫 인상은 강하게 남아있다.

 외부에서 바라보면 요즘 한국에도 센 여자들이 있다. 몇 년 전 종묘공원을 지나고 있는데 술에 취한 중년쯤으로 보이는 남녀가 잔디밭에 앉아 말다툼을 하고 있었다. 잠시 후 여자가 남자의 뺨을 독일 여자처럼 이번엔 왕복이 아니라 계속 때리고 있었다. 남자는 피할 생각도 없이 고개를 숙이고 매를 맞고 있었다. 남편은 남자 망신을 다 시킨다며 흥분했다. 여성 상위 시대라고 하지만 우리 세대에서는 어림도 없는 일이다.

몇 년 후 다시 독일 관광을 다녀왔다. 베를린 장벽이 무너진 뒤였다. 장벽은 동독인들의 탈출을 막기 위한 목적이었고 45년 만에 무너졌다.

세계가 경제위기를 겪을 때 독일은 끄떡없었다. 반인륜적 범죄를 저질렀지만 정치인들은 여야 관계없이 반성의 말을 아끼지 않았다. 노사관계도 대화와 양보로 위기를 넘겼다. 일본과 너무 비교가 된다. 일본인의 얄팍한 속내가 물 위에 떠가는 나뭇잎 같다면 독일 사람들은 거대한 바위 같다.

유럽에서 독일 여자는 인기가 없다고 한다. 무뚝뚝하고 무드없기로 유명하다. 그러나 독일 여자의 당당함이 기억에 남아있다. 사회적으로 부당한 대우를 받을 때면 생각을 떠올리게 한다.

인생도 내벽과 외벽의 싸움이 아닐까. 내벽이 강한 사람은 어떠한 경우라도 무너지지 않는다. 독일 여자가 남자의 뺨을 후려치는 게 부러운 게 아니라 여자로서 당당함이 매력이다. 내 마음에도 이기적인 욕망들이 버젓이 활보하고 있는 것이 아닐까.

어느 스노비즘?

현정원
khyunjw44@hanmail.net

한글창을 열어 '어느 특별한 하루'라 친다. 지금부터 써야 할 글의 주제이자 제목이다. 그런데 이즈음의 내게 '특별한 하루'라 할만한 하루, 있으려나? 키보드 위에서 괜스레 손가락을 토닥이고 고개를 위로 옆으로 갸웃거려 보지만, 딱히 생각나는 날이 없다. 숫제 특별한 하루를 기획해 만드는 게 그날을 찾아내는 것보다 빠를 듯도 싶다. 그런데 어떻게…?

그럴듯한 생각이 머리를 스친다. 온전히 '나'를 느끼는 하루를 살아보는 거다. 규칙은 이렇다. 가령 물을 마신다 치면, 내가 내게 묻는 거다. '나, 지금 뭐 하고 있지?' 그리곤 즉시 대답하는 거다. '나, 지금 물 마시고 있지.' 물론 마음속으로다. 남편과 대화를 나누고 있었다면, '나, 지금 뭐 하고 있지?'라 묻고는 '말다툼 중이잖아. 그래 알아. 이쯤 끝내는 게 좋다는 거'라 대답하는 식.

내가 이런 자문과 자답을 기획이라고 하는 건 자기 안에서 자기로서의 머무름, 일명 '알아차림'에 대해 오래전부터 알고는 있었지만, 그 실행 아니 유지가 쉽지 않아서다.

당장 내가 내게 물어본다. '나, 지금 뭐 하고 있지?' 내가 내게 대답한다. '나? 글쓰기용 알아차림을 실행 중이지…' 느릿느릿한 장면이 떠오른다. 나름 특별했던 하루가 생각난 거다, 영화를 연달아 세 편이나 봤던. 하늘은 스스로 돕는 자를 돕는다더니 정말….

4박 5일 일정으로 서울에 갔을 때였다. 해야 할 일과 만나야 할 사람을 떠올리다 모레, 일정 없이 하루 온전히 빔을 알았다. 남편은 남편대로 그날 자기 볼 일이 있는 터라 그야말로 맘껏 자유. 이때다, 싶어 시네큐브를 검색했다. 11시 40분에 〈이처럼 사소한 것들〉을, 13시 50분에는 〈메모리〉를, 15시 45분에는 〈룸 넥스트 도어〉를 상영한다고…. 잘하면 세 편을 이어서 볼 수 있다는 얘기였다.

드디어 디데이, 알람이 울리자마자 게슴츠레 그러나 순순히 침대를 빠져나왔다. 간단한 체조와 샤워만 하곤 집을 나선 건 당근. 서대문역에서 내려 완만한 언덕을 걸어 오르는데 슬슬 손이 시려왔다. 기온이 제주보다 낮아도 체감은 서울이 따뜻하곤 했는데 그날은 제주 못지않은 바람 때문인지 사뭇 추웠다. 다행히 얼마 지나지 않아 적당한 카페가 보였다. 헝클어진 머리칼과 얼얼한 귀를 매만지며 카페로 들어갔다. 나중을 생각해 뭐라도 조금 먹어둘 필요가 있어서였다. 베이글과 따뜻한 아메리카노를 시켰다. 빵이 좀 더 바싹 데워졌으면 좋았겠다 싶었지만, 커피는 입에 맞았다. 따뜻하고 두둑한 배를 앞세우며 영화관에 들어섰다. 평일인데도 사람이 많았다. 줄을 서 5회 영화 관람 카드를 산 뒤 계획대로 영화표를 세 매 예매했다. 직원이 빙긋이 웃었다. 나도 싱긋 마주 웃었다.

'웃었다고?' '그래, 그때 웃었었지.' '왜 웃었는데?' '엥? 그냥 상대가 웃으니까 웃어줬겠지?' '아닐걸, 뭐라도 된 양 우쭐댄 걸걸.' '에이, 설마, 그깟 일이 뭐라고….'

영화는 세 편 다 좋았다. 클리어 키건의 동명 소설을 원작으로 팀 밀란츠가 감독한 〈이처럼 사소한 것들〉은 책으로 읽을 때와는 다른 의문을 일으켰다. 소설로 읽을 때는 '하인보다 주인집 남자의 사생아가 되게 하는 게 아들에게 좋은 일일까'를 반신반의하며 '자신이 아버지임을 끝까지 밝히지 않는 마음은 어떤 걸까'를 가슴 아파했다면, 영화를 보면서는 '막달레나 수도원도 그 시작은 선과 사랑과 베풂이었을 텐데 언제 무엇이 어떻게 개입해 그렇게나 사악하게 변질된 걸까' 의아하고 아쉬웠다. 어쩌면 그 답은 수도원의 메리 수녀원장이 주인공 펄롱에게 한 말, '별일 아니잖아. 그렇지?'에 있는지도 몰랐다. 가랑비에 옷이 젖듯 조금씩 조금씩 침입해 들어오는 별일 아닌 듯한 별 악惡 들에 조금씩 조금씩 마취되고 마비되어 간 건지도….

두 번째로 본 미셸 프랑코 감독의 영화 〈메모리〉는 기억과 사랑에 관한, 어쩌면 상처에 관한 영화였다. 마침 그때 토니 모리슨의 《가장 파란 눈》을 막 읽은 터라, 나는 가족 간 주고받는 상처의 치명적 깊이에 다시 놀라며 이런 일이 생각보다 많은 것 같아 새삼 마음이 뒤숭숭했었다. 아버지로부터 지속적 성적 학대를 받고 자란 〈메모리〉의 실비아와 아버지에게 성폭행당해 임신까지 하는 《가장 파란 눈》의 페콜라를 생각하면 기가 막히고, 가족 누구로부터 도움받지 못하는 그들의 외로움과 절망감을 떠올리면 가슴이 답답했다. 그나마 자신을 완전무장 시켜 타인을 원천 봉쇄하던 실비아의 상처는 동창이자 알츠하이머 환자 사울과의 사랑을 통해 치유되지만, 부모로부터 혐오감만 잔뜩 물려받은 어린 페콜라는 자신이 결코 갖지 못할 파란 눈眼만 선망하다 미쳐버리지 않던가. 소설이 끝난 후에라도 페콜라에게 위안 있기를 내 얼마나 바랐던지….

세 번째 〈룸 넥스트 도어〉는 시그리드 누네즈의 소설 《어떻게 지내요》를 원작으로, 페드로 알모도바르가 각본을 쓰고 감독한 존엄사와 우정을 다룬 영화였다. 줄리엔 무어와 틸다 스윈튼이 주연했는데 나는 주제보다도 세련된 영상에, 강렬한 색채에 더욱 매료됐었다. 장면 장면이 어찌나 아름다운지 영화가 끝나기도 전 내 최애 영화 리스트에 올리기로 마음먹을 정도였다. 햇볕 내리는 벤치에 누워 잠드는 마사의 마지막 모습에서는 절로 내 미래가 그림처럼 떠올랐지만…. 마사처럼 불치의 병에 걸렸다면 헛된 희망으로 치료만 받다 고통 속에 죽기보다는 조용히 삶을 돌아보고 주변을 정리하며 우아하고 아름답게 퇴장하는 편을 택하지 않을까. 생각했었다. 정확히 옮길 자신은 없지만, '왜 사람들은 병을 적으로만, 쳐부숴야 할 무엇으로만, 생각하는 걸까요'란 마사의 대사는 지금도 생각난다.

'그래도 나, 평균은 되는 거 아닐까? 건강 아니, 몸매 아니, 피부…?'

화들짝 내가 내 손으로 내 입을 틀어막는다. 머릿속 내 모습은 이미 사라지고 없다. 들여다보던 거울도 어느새 퍼뜩 밀쳐놓았다. 고개 저으며 노트북을 가까이 끌어온다. 하릴없이 마우스를 움직이고 여기저기 괜한 시선을 돌려보다 길고 느린 숨을 내뿜는다. 머뭇머뭇 내가 내게 묻는다. '다시 이어가야지? 고상하고 기품 있게?' 내가 내게 답한다. '그래야지. 원 참, 잘나간다 싶더니 그놈의 속물 근성이….' '김이라도 빠진 거야? 그럴 거 없어. 사람들 다 거기서 거기더라.' '하기는 무어와 스윈튼 두 사람의 실제 나이가 자신이랑 똑같다는 말을 들으면….' '내 말이…. 어쨌거나

이쯤에서 글, 마무리해야 하지 않을까?' '아냐 아냐, 지금 상태론 어느 특별한 하루가 아니라 어느 스노비즘이야.' '그런가? 그럼, 시간도 없는데 제목을 바꿔버리는 건 어때?' '어느 스노비즘으로? 에이, 그래도 그건 아니지…'

그 산의 봄

그 산의

봄

●
문화란
박성희
박현경
신재기
오수화
왕옥현
이미숙
이성숙
임남순
정은숙
차미란
최우석
한선옥

오늘

문화란
jjm6156@hanmail.net

옅은 여명이 창문에 어린다. 오늘이 설렘과 함께 다가온다. 나는 풀지 않은 선물상자와 같은 오늘이 참 좋다. 신체로 말한다 해도 오늘은 가장 젊고 팔팔한 날이다.

러시아의 작가 톨스토이는 말했다.
"당신에게 가장 중요한 때는 지금 현재이며, 당신에게 가장 중요한 일은 지금 하고 있는 일이며, 당신에게 가장 중요한 사람은 지금 만나고 있는 사람이다."
'현재'를 강조하는 그의 말에 공감한다. 그런데 목표점을 향해 질주하는 듯한 우리네 삶이 '현재'의 소중함을 잊고 살게 만든다. 문득 누군가가 삶에서 특별한 날이 언제였는지를 묻는다면, 순간 우리는 기억의 창고로 공간 이동을 하게 될 것이다. 그리고 흘러간 시공 속을 헤집어 특별했던 날을 찾으려 애쓸 것이다. 그건 분명 오늘이 아닌 그 어떤 날에 행복이 있었다고 믿기 때문이다. 그러나 특별하다는 건 반드시 좋은 일만을 의미하는 건 아니다. 그것은 좋거나 나쁘거나, 기쁘거나 슬프거나, 심상하거나 기막히거나 등 많은 변수를 내포한 것으로서, 단지 뇌리에 박힌 그 어느 날이라 말할 수 있을 뿐이다.

여름날 아침 눈을 뜨면 습관적으로 베란다에 나가 벽을 타고 오르는 나팔꽃 덩굴을 살핀다. 무성한 잎들 사이로 오늘은 어떤 색깔과 모습으로 몇 송이가 피었을지 궁금해서다. 크고 짙은 보라색으로 활짝 웃는 꽃송이를 보면 사랑스러운 맘이 절로 인다. 그런데 한나절이 되도록 돌돌 말린 꽃봉오리에는 안타까운 눈길이 머문다. 이 꽃은 오늘을 놓치고 말았기 때문이다. 봉오리는 맺힐 때 맺히고 피어날 땐 피어나야 한다. 생명체는 일정 시간만을 부여받은 존재이기에, 시간에 맞춰 제 일을 해야만 한다. 바로 오늘이 의미심장해지는 이유이다. 존재의 그 불문율을 이행하기 위해 우리는 한결같이 허위허위 달려왔다. 나 역시 해가 떠서 질 때까지 진자振子의 왕복운동을 수행하였다.

오늘이란 날은 누구에게나 공평한 기회를 제공하지만 형태가 없는 그 모호함으로 인하여 가치를 자각하지 못한 채 흘려보내기 일쑤이다. 동쪽에서 떠오른 태양이 한낮을 지나 아무 일 없는 듯 서쪽 하늘을 붉게 물들이는 황혼 녘이 되어서야 비로소 그 존재감을 깨닫는다.

오늘은 나의 실존을 자각하며 꿈을 찾는 길의 이정표이다. 실존이란 한 개체가 자기 존재를 자각적으로 물으면서 존재하는 주체적 상태라 한다. 오늘이 소중한 까닭은, 나의 존재를 자각하고 질문하며 주체적 존재로서의 실존을 가능케 하기 때문이다. 오늘은 나의 주체성이 발휘된 찬란한 순간은 물론, 무거운 짐에 헐떡이는 지친 순간을 함께하였다. 오늘은 온화한 관용과 범접할 수 없는 위엄으로 내가 펼친 모든 무대를 지켜보았다. 신뢰 속에서 나는 작은 벽돌로 성을 쌓기 시작하였고, 보잘것없는 벽돌들이 켜켜이 쌓이고 몸집을 불린 어느 날 비로소 나의 작은 성이 그 모습을 드러냈다.

인생에 다가온 여러 부침浮沈은 오늘이란 시공 안에서 일렁인 파문들이다. 나는 그 물결 위에 잔잔하고 평화로운, 또는 격정적이고 광휘로운, 때로 슬픔과 자조로 얼룩진 무늬들을 그려 넣었다. 나의 오늘은 그렇게 각각의 색깔과 향기로 아롱져 지나갔다. 때로 나의 무늬가 보잘것없는 날이어도 오늘은 어김없이 내 생명의 무늬만은 견고하게 직조해 주었다.

오늘이란 그 무엇도 가능한 실존의 여백이다. 오늘은 내게 그 시공간의 여백에서 공연을 펼칠 특권을 허락하였다. 오늘의 공연을 성공적으로 마친 후 내일이 옴을 믿으며 깊은 잠에 빠져드는 건 얼마나 감미로운 일인가. 때로 슬픔이 머물다간 오늘이어도 산들바람은 한쪽으로만 불지 않는다는 믿음으로 마음을 다독인다. 혹 어젯밤 뺨 위로 흐른 눈물을 닦지 못한 채 지쳐 잠들었어도 분명 내일의 오늘이 다가온다는 믿음이 있다. 새로운 태양이 다정한 얼굴을 내밀 때쯤 어제의 슬픔은 간곳없고, 눈부신 희망의 오늘이 거기에 서 있음을 알게 된다. '그래, 맞아.' 존재하는 것만으로 행운이 아니냐고 마음을 가눈다. 호흡하고, 환한 빛을 보고, 웃으며 말을 하고, 음식의 냄새와 맛을 느끼고, 걷고 움직이고, 감정의 다채로움과 인식의 명징함으로 살아있음을 느끼는 것이 바로 오늘이 내게 부여한 귀한 선물일 터이다.

행복을 그리는 화가 오귀스트 르누아르는 40대부터 류마티스 관절염을 앓았다. 병이 점점 악화되어 급기야 손가락 사이에 붓을 끼워 그림을 그려야 했지만 그는 결코 화필을 꺾지 않았다. "고통은 지나가지만 아름다움은 남는다"고 했던 그의 그림은 결국, 행복을 가득 담은 채 영원한 감동을 전한다.

문득 생의 근원으로 거슬러가 지나간 수많은 오늘들을 마주한다. 그리고 가치 없는 오늘이란 없었다는 걸 확인한다. 세상에 영원하고 완전한 건 없다. 다만 서로 품는 일과 그 효용이 있을 뿐이다. 양달은 응달을 품고 응달은 양달을 품었다. 기쁨은 슬픔을 품고 슬픔은 기쁨을 품었다. 어느 오늘은 기쁨이고 어느 오늘은 슬픔이며, 어느 오늘은 범상하고 어느 오늘은 비범하다. 희로애락이 맞물려 순환하는 인생의 궤도를 나는 다만 꼿꼿이 걸어갈 뿐이다. 어떤 오늘이 다가와도 초연한 시선에 평정심을 담아 마침내 한 생을 잘 살면 되리라.

황제협주곡으로 '오늘'을 맞는다. 서주부터 악장이 바뀌어 가며 장엄한 자유와 환희, 깊은 사색과 우아한 서정의 선율이 오늘 위로 출렁인다. 과거는 손 흔들어 지나갔고, 미래는 아직 얼굴을 내밀지 않았다. 가버린 아쉬움도, 미지에의 불안도 아닌, 그러기에 오늘이란 날의 의미가 더 오롯하지 않은가.

브리하디스와라 사원에서

박성희
feelhee9@hanmail.net

어디선가 그의 향기가 났다.

나는 신발을 벗고 헐떡이는 숨을 고르며 발걸음을 옮겼다. 가슴이 두근거렸다. 나도 모르게 두리번대며 그의 자취를 찾았다.

저녁이었다. 탄자부르에 있는 브리하디스와라 사원에 도달한 시간은. 평온했다. 한 걸음 한 걸음 발을 내디딜 때마다 숭고한 아름다움에 젖었다. 좋았다. 너무 좋아서 어찌할 바를 몰랐다. 푸자(신에게 공양) 하는 사람들의 주문 소리조차 감미로웠다.

"당신 같은 여자에게 동정을 주고 싶었어"라고 말하고 미국 유학을 떠난 순결한 사람. 그가 꼭 가봐야 할 곳이라고 알려준 사원. 그의 부드럽고 로맨틱한 감성처럼 닮았다.

나는 아름답게 조각된 2개의 육중한 고푸람(문)을 지나 시바신이 타고 다니는 인도에서 가장 큰 난디(소)상을 보고 천천히 사원

내부를 돌았다. 내 눈길, 내 발길이 닿는 곳마다 모든 것들이 신기했고 감탄하지 않을 수 없었다. 인간과 신의 합작품인지 천 년이 넘는 세월이 흘렀음에도 새로 지은 것처럼 완벽하고도 깨끗했다.

그는 시내 병원에서 '캬'라고 불리는 젊은 의사였다. 인도인 같지 않게 정직하고 약속을 잘 지키며 순수함을 간직한 사람이었다.

1010년 촐라왕국 왕 중의 왕 라자라자 1세가 건축한 이 힌두 사원은 시바신을 모시고, 드라비다(남인도) 양식의 대표적 건물로 비나마(본당) 위에 높이 60미터의 피라미드 모양의 탑과 화강암으로 건축된 세계 문화유산이다.

메시지를 주고받을 때마다 그는 내 엉터리 영어를 알아듣고 정확한 영문법을 가르쳐주었고, 자기가 다녀본 아름다운 장소들을 소상히 알려주었으며, 수많은 내 질문에 정성껏 답해 주곤 했다.

나는 조신하게 발걸음을 옮겨 비나마 안으로 들어갔다. 힌두교도들이 길게 줄을 서서 나도 그들처럼 줄을 섰다. 시바신의 링감(남근)을 만나기 위해서다. 높이 4미터, 둘레 7미터나 되는 검은색의 거대한 링감이 위력 있게 내 앞에 나타났다. 나는 얼른 머리를 조아리고 소원을 빌었다.

우리는 얌전히 대화와 사진만 주고받았다. 그가 떠나기 전 만남을 갈구했지만 난 차마 용기가 없었다. 그는 늘 선생 같은 사람, 안내자 같은 사람이었다. 때로는 시인, 철학자, 여행자 같았으며 박학다식했다.

본당 우측에도 250개의 링감이 요니(여근) 위에 쭉 안치돼 있다. 나는 1007년 전 지어진 사원의 냄새와 빛깔과 촐라왕국의 역사를 온몸으로 향유하며 가로 120미터, 세로 240미터 이중의 성벽으로 만들어진 사원을 둘러보며 회랑을 걸었다.

그는 브라만 계급에 부잣집 자식 같았다. 생김새와 말투, 내뿜는 분위기가 그랬다. 이야기를 나눌 땐 여느 사람처럼 흐트러지거나 야릇한 농담을 하거나 예의에 어긋난 적이 없었다.

성소 꼭대기 20층 높이의 피라미드 모양 탑 위에 세워진 시카라(첨탑)를 본다. 단일 바위에 다양한 모양이 정교하게 조각된 탑의 무게만 81톤이라니. 촐라 왕조의 부유했던 왕권을 본다.

내일은 그가 알려준 근처 서포지 사라스바티 궁전과 그 안 도서관, 로얄팰리스, 아트 박물관을 들렀다가 집으로 가는 길에 티루치라팔리와 쿰바코남의 유명한 사원들을 구경하고, 다음 날 폰디체리의 오르빌 공동체 마을까지 더 둘러볼 것이다.

어스름이 하늘에 검푸른 빛이 돌고 하나둘 별이 뜨니 시카라에도 하나둘 불빛이 켜진다. 사원은 금방 동화 속의 아름다운 성으로 둔갑한다. 나는 난디가 있는 광장 계단에 앉아 푸자하는 사람들을 바라본다. 다들 바나나 잎 위에 꽃과 과일을 올리고 디야스에 불을 밝혀 저마다 소원을 빈다.

잔잔한 바람, 향내, 기도 소리, 부드러운 화강암의 감촉, 편안하고 아늑하다. 감정이 따뜻하고 다정했던 그를 만난 것 같다.

  나는 본당에서 시바신이 하사한 꽃과 끈으로 된 빨간 팔찌와 빈디 가루를 만지작거리며 브리하디스와라를 온몸으로 받아들였다. 신비하고도 고적한 밤이었다.

선물 같은 하루

박현경
phksam20@naver.com

지난밤 꿈에 소녀적 나를 보았다.

회현동 집 뜨락에 진분홍 모란꽃이 피어있었다. 향기를 맡으려고 얼굴을 대니 꽃이 무어라 속삭이는 듯하였다. 여름 내내 맹렬하게 울던 매미들도 떠난 뒤 철모르고 핀 꽃이 외로워 보였다. 무언가 말하려는 듯한 영롱한 빛에서 눈을 뗄 수가 없었다. 꿈 속을 헤매다 깨어나 어렴풋하게 인생의 윤곽을 그려본다. 인생은 뒤돌아볼 때 이해가 되는 것 아닐까.

나의 아버지는 3살 때 어머니를 잃으셨다. 일찍이 상처한 할아버지는 후처를 맞았다. 그래서 아버지 밑으로 배다른 남자 형제 넷이 있었다. 할아버지는 농부였지만 큰아들인 아버지를 서울로 유학을 보냈다. 대처에 가서 공부하여 큰 인물이 되기를 원하신 모양이다. 아버지는 할아버지의 바람대로 연희전문을 나오신 후

조선은행에 입행하고 고속 승진을 하셨다. 이복동생 셋을 서울로 데려와 공부시키고 은행에 취직도 시켰다. 그뿐 아니라 시골 친인척을 서울로 취직시켜 주어 할아버지의 낯을 세워주는 아들이었다. 고향 사람들에게 인정을 베푸는 아버지는 자주 낯선 사람들을 집에 데리고 오기도 했다.

어느 여름 날이었다. 시골티를 벗지 못한 까까머리 낯선 소년이 우리 집에 와서 살기 시작했다. 나는 그 소년에 대해서 아무 말도 듣지 못했다. 무덤덤했지만 한 밥상에 둘러앉아서 먹고 지냈다. 동생들은 그를 삼촌이라고 부르면서 잘 따랐다. 나는 열세 살, 그 소년은 나보다 한 살이 더 많았다. 그 촌뜨기는 나의 삼촌으로 고향은 지금의 동탄이었다.

삼촌은 겨울이면 장작도 패고 온돌방 아궁이에 불도 땠다. 누구도 시키지 않은 일을 마다하지 않고 했다. 철없던 나는 집안일을 전혀 하지 않았다. 성가신 일이 생기면 삼촌을 불렀다. 하루는 막냇동생이 방안에 오줌을 쌌다. 내가 마땅히 치워야 하는데 "삼촌, 애 오줌 쌌어" 하고 불렀다.

그날 저녁밥을 먹으러 삼촌이 오지 않자 어머니는 "도련님 진지 잡수세요" 하며 불렀다. 어머니의 부름에 마지못해 나온 삼촌의 눈이 빨갛게 충혈되어 있었다. 그 일이 있은 후 삼촌은 시골 할아버지 댁으로 돌아갔다.

몇 년 후, 그는 우리 집에 다시 와서 야간대학에 다녔다. 나도 대학생이 되었다. 워낙 살가운 성격이 아닌 나는 삼촌과 거리를 두고 살았다. 내가 결혼하여 힘겨운 시집살이를 하고 있을 때 삼촌은 친정어머니가 준비한 가정용품과 반찬을 날라다 주었다. 염치없는 나는 삼촌이 우리 집에 오는 것만으로도 큰 위로를 받았다. 그때부터 존칭을 삼촌이라고 부르면서 고마운 마음을 표시했다. 삼촌이 은행에 취직했을 때 야간대학 졸업이 승진에 걸림돌이 되었다. 나는 남편이 다니는 은행 전무 집에 찾아가 능력 있는 사람이라며 도움을 요청했다. 그 후 삼촌과 나는 가까워졌다.

한번 흘러가면 돌아오지 않는 게 인생인데 우리는 사는 일에 바빠 긴 세월을 흘려보냈다. 가정을 이루고 사느라 만남이 이어졌다가 끊어지기를 반복했다. 며칠 전 삼촌이 카톡에 "현경아 잘 지내? 보고 싶네"라고 문자를 보냈다. 너무나 반가워 가슴 속에 고였던 그리움이 서럽게 올라왔다. 바로 남동생에게 전화하여 삼촌 뵈러 갈 약속을 잡았다.

일산에 사는 삼촌을 뵈러 가는 날 내 마음은 기쁨 반, 미안함 반이었다. 차창 밖으로 비치는 풍경이 추억 속으로 나를 안내했다. 삼촌을 만나면 무슨 말을 해야 할까. 청춘 시절 미처 전하지 못한 마음을 꺼내 놓을 수 있을까.

삼촌은 일산에서 제일 잘한다는 중식당을 예약해 놓고 우리를 기다렸다. 세월을 비켜 갈 수 없는 삼촌 모습을 보니 아버지 얼굴이 오버랩되었다. 밥을 먹으며 그간의 안부를 물으며 가족의 의미를 확인했다. 어린 시절 이야기부터 풀어내기엔 시간이 너무 짧았다. 다시 만날 날을 기약하고 헤어지며 동생이 밥값을 계산하려 하니 이미 삼촌이 계산을 끝내셨다.

 돌아오는 차 안에서 소년 시절에 부모의 품을 떠나서 큰형님 댁으로 더부살이하러 온 삼촌이 울던 때를 생각하니 나는 참으로 미안했다. 소소한 이야기 중에 마음을 꺼내 놓은 삼촌의 말은 잊을 수가 없다.

 어둠 속에 달빛이 없으면 길을 찾을 수 없듯이, 형님의 도움이 없었으면 오늘의 내가 없었을 것이라고 했다. 나의 돌아가신 어머니, 아버지께 감사한 마음을 잊지 않고 살았다고 고백했다. 더부살이 서러움에 대해서는 한마디도 하지 않고 보살펴 준 것에 감사한 마음뿐이라고 하는 삼촌의 바른 성품이 가슴에 와닿았다. 외숙모가 옆에 있어서 맘에 있는 이야기를 풀어놓지 못한 것이 끝내 아쉬웠다. 우리 집에서 집사 노릇을 한 삼촌 마음의 깊이가 너무 깊어 퍼 올릴 수가 없었다. 그날은 나에게 특별한 선물이었다.

2025년 4월 4일

신재기
chaekish@hanmail.net

이 날, 나는 눈을 뜨고 난 후부터 '11시'가 두려웠습니다. 벌떡거리는 가슴을 진정할 수 없더군요. 순간순간이 너무나 길게 느껴져 맨정신으로 그 시간을 견디기가 힘들었습니다.

마침 264청포도와인 '절정' 몇 병이 수중에 있었습니다.

10시부터 '절정'을 혼자 마시기 시작했지요.

11시 22분.

그 후로 또 한 병을 더 비울 수밖에 없었습니다.

시인 이육사가 현재 살고 있다면, 무엇을 했을까요? 어떤 시를 썼을까요?

와인으로 헝클어진 내 의식 속에서 민주주의와 민족주의가 서로 겹치는 날이었습니다.

나의 영웅

오수화
isks5858@gmail.com

…1912년 10월, 러시아 블라디보스토크 우스리스크 지역에서 놀라운 것이 발견되었다. 바로 발해가 있었음을 알리는 절터가 발견된 것이다. 천 년 만이었다.

발견한 이는 산운 장도빈(1888~1963). 그는 민족주의 사학자이자 언론인, 교육자, 독립운동가인 나의 친조부이시다.

1911년 항일 비밀결사 단체인 신민회의 일원이었던 그는 총독 암살 시도 모의인 105인 사건으로 일제의 단속이 심해지자 연해주로 피신, 그곳에서 항일 활동을 계속하였다. 그중의 하나가 국사를 바로 정립하는 일이었고, 고구려와 발해의 발자취를 찾아다니던 중 이룬 쾌거였다.

이 당시 일제는 한국의 역사를 왜곡, 말살하려는 정책을 펴고 있었기에 북방으로 멀리 진출해 나갔던 발해의 존재를 부인하고 있었고, 심지어 중국에서도 발해는 말갈족이 세운 나라라고 했었기에, 이것을 밝혀내는 일은 매우 뜻깊은 일이었다.

위의 글은 몇 년 전 지인으로부터 친조부에 관한 글을 써보라는 권유를 받고 쓴 글의 서두이다. 친손녀이니 전기에서 볼 수 있는 내용보다는 그분의 평소 인품이나 일화 같은 것을 알고 싶었을 텐데 그렇게 쓸 수가 없었다. 내가 워낙 어릴 때 돌아가셔서 기억나는 것이 없기 때문이다. 그래서 아버지께 할아버지에 관해 얘기해 달라고 부탁을 했는데 뜻밖의 대답이 돌아왔다. "가장 역할을 한 번도 한 적이 없어 할 말이 없다" 하시며 입을 꼭 다무셨다. 아버지가 가난하게 자랐고 그것에 대해 수치심을 갖고 있다는 것을 짐작하고 있었지만 충격이었다. 독립유공자의 아들로서 부끄러운 태도라고 생각됐다. 결국 글은 할아버지 전기와 인터넷 검색에서 얻은 정보들로 메꿀 수밖에 없었다.

며칠 전 영화 〈영웅〉을 관람했다. 주 중 낮 시간이었는데도 관객이 꽤 많았다. 요즘은 영화와 뮤지컬이 동시 개봉되며 돌풍을 일으키고 있었다. 관객도 초등생 아이들을 데리고 온 가족부터 연령대가 다양했다. 원래 영화로 뮤지컬 보는 것을 별로 좋아하지 않아서 결정하는데 망설여졌다. 대사를 위해 억지로 갖다 붙인 것 같은 노래가 싱겁게 느껴져서다. 그러나 안중근 의사에 대해 특별히 관심이 갔다. 어떤 동력이 한 개인을 타인이나 나라를 위해 목숨을 버릴 수도 있게 하는지, 인간으로서의 안중근의 면모는 어떠했을지, 한 가정의 가장으로서 거사를 계획하는 그의 심경이 어떠했을지 알고 싶었다.

　몇 달 전 안중근에 대해 출간된 책도 읽었으나 소설임에도 불구하고 기사를 보듯 건조한 내용이라 내려놓고 말았다.

　영화는 사실을 그대로 옮겨놓은 것은 아니었다. 허구가 가미되었고 배우들이 직접 노래를 불러 흥미를 더해주었다. 특히 거사를 계획하며 안중근이 부르는 노래에서는 그의 인간적인 고뇌를 엿볼 수 있었고 듣다보니 눈물이 차올랐다.

　이 외에도 어머니 조 마리아가 옥중 아들에게 목숨을 구걸하지 말고 그냥 죽으라는 편지를 보내놓고, 아들의 배냇저고리를 안고 부르는 노래에서는 애끓는 어머니의 심정을 느낄 수가 있었다. 어머니로서 너무 냉혹한 것 아닐까 했던 오랜 생각이 이 노래와 그녀의 일생에 걸친 항일 활동을 찾아보며, '역시 안중근을 길러낸 어머니구나'라는 것으로 바뀌었다.

　영화 끝 부분에서 안중근은 〈장부가〉를 부르며 형장으로 향한다. 이 노래는 장부로서의 그의 기상이 잘 나타나 있었다.

　　내게 남겨진 마지막 시간/ 내가 걷던 이 길 끝까지 가면/ 이룰
　　수 있나 장부의 뜻/ 내 살갗을 파내듯 에이는 이 고통/ 내 어머니

가슴을 헤집는 시간/ 나는 무엇을 생각하나/ 하늘이시여 지켜주소서. 우리 꿈 이루도록/ 장부의 뜻 이루도록

그의 목에 밧줄이 걸리는 순간 목이 메어왔다. 훌쩍이는 소리가 여기저기서 나는 것을 들으니, 관객 모두 비슷한 마음이라는 것을 알 수 있었다.

영화를 보고 나니, 할아버지와 아버지 두 사람의 처지가 이해가 가기 시작했다. 대의를 위해 개인사를 '초월'해야 했던 영웅들, 그들도 한 사람의 영웅이기 전에 갈등하는 평범한 인간이었다. 또 영웅이 아닌 보통의 아버지가 필요했던 나의 아버지를 마냥 잘못했다고 할 수는 없다는 생각이 들었다. 한 사람의 독립운동가가 태어나기 위해서는 가족들의 희생과 헌신이 뒷받침 돼야 했기 때문이다.

문득 소설 《파친코》의 첫 문장 'History has failed us, but no matter'(역사는 우리를 지켜주지 못했으나 상관없다)가 떠오른다. 나라조차 없던 시절을 묵묵히 관통해 온 그 시절의 모든 이들이 지금 세대에겐 '영웅'이 아닐까 한다.

어떤 일요일

왕옥현
oh-wang@hanmail.net

늦잠을 잤다. 늦은 밤까지 잠을 자지 않고 시리즈물을 시청한 결과다. 거실에서 휴대전화에 코 박고 있던 남편이 안경을 추어 올리며 "일어났어?" 한다. "좀 깨우지…", 나는 내 한 짓이 있어 더 말을 잇지 못하고 화장실로 향했다.

세상 누가 떼에 가도 모를 만큼 늦잠이 허락되는 유일한 하루였는데, 엄마의 발병 이후 제일 먼저 변한 게 일요일 풍경이다. 두 녀석이 입시생일 때도 지켜지던 내 일상이 엄마로 인해 완벽하게 무너졌다. 이 년째 나는 단 한 번도 일요일을 무상하게 보내지 못했다. 요양보호사가 오지 않는 엄마의 일요일을 공백없이 채워드리려면 내 잠을 줄이는 방법뿐이다. 서둘러 씻고 엄마가 드실 샐러드 재료부터 손질한다. 어젯밤 준비해놓고 잠자리에 들었다면 이토록 분주하지 않았을 텐데, 어쩌다 티브이 앞에 앉은 게 화근이다.

최근 나는 미국 드라마 시리즈물에 푹 빠져있다. 특히 범죄와 관련해 범인을 유추해가는 내용 일색인 형사물을 주로 본다. 내가 사는 세상과 다른 배경, 다른 인종, 물론 잔혹한 내용 일색이지만, 결국 정의가 실현되는 결말이 잡념을 없애줘서다. 드라마 속 형사들처럼 범인이 남긴 단서를 유추하다 보면 드라마가 끝나기도 전에 누가 범인인지 팔 할 이상 맞춘다. 현실 속 잔걱정을 까맣게 잊고 몰입하는 순간이 좋긴 하지만, 오늘처럼 늦잠이란 후유증을 남기는 게 부작용이다.

부산스럽게 준비를 마치고 길을 나선다. 소래습지쯤 이르니 철새 무리가 날개짓을 고르며 모여있다. 슬슬 저 있던 자리로 돌아가기 위한 준비 중인가 보다. 계절은 어김없이 제 속도로 달리는데 어느 순간 따라잡지 못하고 우왕좌왕하는 건 나다. 시간이 속절없이 흐르는 게 아니라 내가 자꾸 놓친다는 생각에 닿자 씁쓸한 감정이 엄습한다. 언젠가 지금 내가 겪는 이 시간도 마침표를 찍고야 말 테지만, 현재 내 몸과 마음은 합일이 되지 않은 채 엇나가는 느낌이다. 새들한테 고정된 시선 끝에 지난밤 드라마 장면이 떠올랐다.

요즘 드라마 한 편을 다 보려면 인내심이 필요하다. 중간 광고를 몇 번이나 봐야 하는데 그 잠깐이 싫어 채널을 돌리다 먼저 보던 프로를 까맣게 잊는 게 다반사다. 광고 중 견딜 수 없는 장면은 커다란 눈망울을 한 낯선 어린아이가 슬픈 표정으로 나를 바라볼 때다. 흙탕물을 통에 담거나 입에 가져가는 장면은 매번 눈길을 돌리게 한다. 귀에 익숙한 배우의 도와달라는 멘트에 어김없이 가슴이 벌렁거린다. 범인인 자의 칼날이 생명을 위협하는 순간인데, 느닷없는 화면이 바뀌며 흥겨운 음악과 함께 등장하는 여행 광고도 못마땅한데, 구호의 손길을 바라는 애처로운 장면은 결국 채널을 바꾸게 한다. 1800으로 시작하는 번호가 커다랗게 크로즈업 되는 장면에서 생각 회로가 뒤엉킨 기분이다. 극악무도한 살인사건을 추적하는 드라마 장면과 지구 반대편에 살고 있을 굶주린 아이와 전쟁으로 무너진 잔해 속에서 울고 있는 이들을 위한 도움의 손길을 바라는 전화번호가 교차하며 획획 바뀌는 비디오아트 화면처럼 나타났다 사라진다.

    타인의 불행을 빌어와 내가 겪는 스트레스 수치를 낮추려는 마음은 없다. 희망을 품기조차 버거운 엄마의 시간을 담담하게 마주하려면 내 일렁이는 감정부터 차분하게 가라앉혀야 한다. 내 현실과 결이 다른 미국 형사물이나 영국 BBC 방송국의 자연 다큐멘터리를 시청하는 이유는 단지 즐거움 때문이 아니다. 인지장애를 겪는 엄마를 지켜보며 무기력해지는 나 자신을 추스르기 위함이다. 내 현실과 다른 무언가에 몰입해 머릿속을 잠식한 엄마 걱정에서 잠시라도 놓여나고 싶기도 하다.

    철새 무리에 고정했던 시선을 거둬 정면을 바라보았다. 나목인

채로 있던 가로수마다 밥풀처럼 새순이 돋는 중이다. 회갈색 무더기로 보이는 마른 칡덩굴이 매달린 방음벽이 매연으로 더럽다. 세찬 물줄기를 대고 벅벅 닦았으면 속이 후련할 것 같다. 일요일마다 오가는 도로니까 지난주 비슷한 시간대에도 봤으련만 오늘따라 생경하게 느껴지는 건 내 마음이 달라진 탓일 거다. 엄마한테 닿기 전 마인드 컨트롤부터 해야 한다. 오늘 대면하는 순간이 처음인 것처럼, 반갑게 인사를 하고 엄마 상태를 살펴야 한다. 마음에 철갑을 두른 듯 최대한 담담하게, 한없이 다정하게 시간을 보내자고 결심하고 또 한다.

이런 마음가짐이 도돌이표처럼 소용없는 시간이 조금씩 내게로 향하고 있음을 안다. 기억이 통편집되듯 사라지고 낯선 듯 익숙한 내 얼굴을 빤히 바라보는 엄마 눈빛에 나는 번번이 무너진다. 엄마는 시간을 재고라도 있는 듯 두어 시간이 지나면 불편한지 돌아가달라고 하신다. 내게 주어진 시간은 딱 그만큼이다.

늦잠으로 인해 뭔가 정리되지 않았던 감정이 조금씩 제자리를 찾아든다. 일요일인 걸 그새 잊으셨겠지만, 분명히 나를 기다리고 있을 엄마를 만나기 오 분 전, 입꼬리를 최대한 올려 웃는 연습부터 한다.

그 산의 봄

이미숙
leemisook105@naver.com

그 산을 왜 지나가게 되었을까.

수년이 지났어도 내게는 그날이 특별한 기억으로 남아 있다. 하고 싶지 않은 일이 매일 이어지다시피 했다. 아마도 A고교에서 B고교를 가던 중이라고 기억된다. 알지 못하는 잠재된 의식이 나를 그 산으로 인도한 것이 아니었을까, 하는 생각이 들곤 한다. 꿈에 본 듯 운무 가득한 산이 아름다웠음에도 그 산의 봄을 다시 볼 것 같지는 않다. 모든 것은 지나간다. 그 산에도 여러 번 봄이 오고 지나갔고 나 또한 그 시절의 허물을 벗었다.

나지막한 산봉우리가 연이어진 사이의 호젓한 길은 아스팔트로 깨끗하게 포장되어 있었다. 완만하게 오르다 내리막길이 구불구불 이어지던 그 길을 지나가야 할 특별한 이유는 없었다. 내가 가야 할 길의 지름길도 아닌데 자동차 내비게이션이 그 길을 안내하고 있었다. 고속도로를 이용했으면 지나지 않았을 길이었는데, 항상 다니던 똑같은 길이 아닌 다른 길로 가보고 싶었고, 나도 모르게 끌리듯 그 길로 들어서게 되었다. 차들이 많이 다닐 대낮인데 내 앞에도 내 뒤에도, 반대편 차선에도 차가 없었다. 인적없는 그 길에는 오로지 내 차만이 움직이고 백미러를 보아도 아무도 나를 뒤따라오는 차가 없었다. 그 산과 그 길이 나 혼자만을 위한 길이란 사실이 싫지 않았다. 모든 관계와 의무에서 벗어나, 지친 내 영혼이 쉬고 싶다고 간절하게 열망하고 있었으니 길도 예외는 아니었다.

깊은 산중도 아닌데 차가 없다니. 산길에서 조급하게 가속 페달을 밟을 이유가 없고 시간도 넉넉하여 천천히 좌우 산세와 풍경을 살폈다. 적막한 산길에 천천히 회전하는 차바퀴의 움직임이 있을 뿐 생동하는 느낌이 들지 않는 그곳은 아늑한 듯 서늘하고 적막한 기운이 감돌았다.

유유히 운전대를 좌우로 조정하며 커브 길을 돌아서면 아! 하고 탄성이 저절로 났다. 커다란 전지에 풍경화가 접혔다 펼쳐지는 것처럼 매번 다른 각도의 산수화 한 폭이 눈앞에 전개되었다. 아련한 안개가 엷게 펼쳐진 고요하고 평온한 그 길은 시골길이 으레 그렇듯 굽이굽이 산길이 이어지고 산등성이는 벚꽃, 진달래,

개나리 등 봄빛이 완연한 그림 같은 풍광이 계속 이어졌다. 마치 내가 쉴 곳을 찾은 듯, 하늘과 산, 연한 파스텔 분홍과 안개에 가려진 산수유의 노란색이 어슴푸레 꿈꾸는 듯한 몽환적인 세상이 있었다. 봄으로 채색된 고요의 산은 그 자태가 따스하고 포근하게 나를 감싸 안을 듯했다. 누가 나를 부르는가. 어느 누가 나를 이끌었는가.

나 외에는 아무도 지나는 사람이 없는 산길이 어찌 이리 아름답고 고요한지 의아했다. 시골길에 있을 법한 마을 공동 회관이나 사람이 살고 있는 흔적이 전혀 없는 그 길이 불과 고속도로에서 얼마 떨어지지 않은 길이라는 것이 못내 의심스러웠다.

그때 저 멀리 아득한 곳에 예상치 못한 장면이 눈에 들어왔다. 질서 정연하고 조화롭게 누워 있는 수많은 묘지가 불현듯 눈에 가득 찼다. 그랬다. 그 산은 전체가 공원묘지였다. 한때는 세상에 활보했을 그 묘지의 주인들은 고요하게 영면하고 있었다. 운무처럼 소리도 없이 스며들어 나도 그들처럼 그곳에서 편히 쉬고 싶었다. 묘한 적막 속의 그 숲길을 지날 때 모든 것을 다 떨치고 포근한 안개의 품에 안겨 봄꽃이 만발한 숲속의 흙처럼 안식하고 싶었다. 어쩌면 나는 운전하는 차와 함께 저 골짜기 어디쯤에서 구름처럼 연기처럼 사라져 편안하게 눕고 싶었다.

괴괴한 그 숲속 수많은 영혼이 내게 손짓하고 있었을까. 무덤

그 산의 봄

하나하나에서 기척도 없이 누군가 슬며시 일어나 한마디씩 했다.

'여보세요, 사는 것도 다 지나면 아무것도 아니랍니다.'

'이 봄 산을 봐요. 얼마나 아름다운가. 집착을 내려놓아요.'

'마음먹게 달렸지. 쾌락은 고통의 이면에 있다오.' 이제는 와글와글 내 귓전을 두드렸다. '죽어봐야 저승 맛을 알지. 하하하.'

그들은 내게 아름다운 산을 보여주고 싶었을까. 현실이 아무리 힘들어도 정신을 가다듬고 봄을 만끽하라는 것이었을까. 한참 만에 봄 산이 아련하게 지나고 그 영상만 뇌리에 선명하게 남았다. 나는 B고교를 향해 페달을 밟으며 아쉬운 듯 뒤를 돌아보았다. 그 길이 끝나고 내 앞뒤로, 맞은편으로 차들이 다니는데 왠지 또 안도했다. 꿈에서 깨어나듯 보통의 도로로 나온 것이다. 내가 나온 산길 앞에는 표지판이 있었다. 평온의 숲이라는. 이름이 있는 숲이었다. 그 숲을 통과해서일까. 들끓던 내 마음은 평온해졌다.

그날 평소에 다니던 길이 아닌 그 산 공원묘지를 나 스스로 왜 찾아갔을까. 내가 직면한 부당한 현실에 답이 없는 답을 찾아 헤맸다. 내가 갖지 못하고 바꾸지 못하는 것에 집착하지 않아야 했다. 그들이 내게 그 말을 하고 싶었을까. A고교와 B고교 사이의 안개 낀 봄 산이 나를 부를 때 그 아늑한 곳이 공동묘지라는 것을 알고 다시는 그 길을 가지 않았다. 나는 더 살고 싶어 깨어났다.

영화 같은 하루

이성숙
lss8318@naver.com

신문을 읽던 중 기사가 눈에 확 들어왔다.
〈영화 같은 하루〉
이는 제10회 박카스 29초 영화제의 주제다. 참가자들이 어떤 날을 영화 같은 하루로 표현했을까? 숨도 쉬지 않고 단번에 읽어 내려갔다. 내친김에 수상작 영상을 찾아보았다.

내가 찾은 영상은 일반부 우수상을 받은 황의지, 민유경 감독의 〈영화 같은 때〉다. 영화는 무더운 여름날, 밭일하던 할머니가 허리를 펴는 것으로 시작된다. 이때, 젊은 커플이 손을 맞잡고 이야기를 나누며 걸어가는 모습이 할머니 눈에 보인다. 할머니는 부러움이 가득한 눈으로 "영화 같은 때여~"라고 외친다. 이 소리를 들었을까. 할아버지가 박카스를 내밀며 등장한다. 마치 영화 같은 장면으로 말이다. 물론 영화이긴 하지만.

"할멈, 힘들지? 우리 마실 갈까?"

할아버지는 할머니의 손을 잡으며 젊은 커플이 걸었던 그 길을 걷는다.

"할멈, 우리도 지금 영화 같아."

이렇게 영화는 끝났다.

나는 영화 속 할아버지의 구부정한 어깨와 할머니의 굽어진 허리로 다정히 걷는 모습이 무척 부러웠다. 아마도 얼마 전 돌아가신 친정어머니가 생각나서인지도 모른다. 아버지는 병약하셔서 너무 일찍 어머니 곁을 떠나셨다. 영화 속 할아버지, 할머니처럼 노년을 함께 보내지 못했다. 생전 아버지 이야기를 하지 않던 어머니께서 여든다섯 무렵부터 아버지 이야기를 참 많이 하셨다.

"지금 아버지가 살아있으면 얼마나 좋을까. 세상이 이렇게나 좋아졌는데 무엇이 그리 급해서 빨리 가셨는지…."

"아버지 생각 많이 나세요? 아버지가 다 못사신 세월만큼 어머니가 더 오래오래 사시다가 천국에 가서 꼭 만나시면 돼요."

"아버지는 여자들에게 인기가 많아서 거기서도 살림 차리셨을 거다."

"그럼, 엄마가 이승에서 내 신랑이었으니, 여기서도 내 신랑이니 같이 삽시다. 하세요."

"그래도 될까?"

"당연히 되지요. 그런데 엄마는 아버지가 그렇게도 좋으세요?"

"살아생전에 나를 너무 고생시켜서 미워했는데, 너희들이 잘 자라주고 이만하면 살만하니, 다 아버지 덕분이라는 생각이 드는구나."

이렇게 아버지를 그리워하던 어머니는 가끔 꿈에 나타난 아버지가 어머니에게 이승에서 오래 살고 오라고 하셨다며, 아무래도 살림을 차린 것 같다고 꿈인데도 서운해하셨다.

어머니의 마지막 유언도 아버지 곁에 묻어달라고 하셨다. 그렇게 어머니는 아버지 곁으로 가셨다. 40여 년 만에 두 분이 만났으니 나눌 이야기가 참 많을 것이다. 아버지가 여자들에게 인기가 많으시니, 이를 보고 못 참는 어머니는 또 어떻게 대응하고 계실까? 나중에 두 분을 만나면 여쭤보아야겠다.

천국에는 아마도 어깨가 구부정할 필요도 없고, 허리가 굽을 일도 없으리라. 젊은 커플처럼 두 분이 나란히 걸으시겠지. 생전에 함께 하지 못했던 손도 잡으시면서 잘 살아서 다시 만났다며 서로를 격려하시리라.

어머니는 꽃을 좋아하니까 꽃을 심고 가꾸느라 바쁘게 사실 것이다. 아버지는 어머니의 이런 모습을 사랑스럽게 보아주시겠지. 어머니의 사랑을 아버지께서 잘 받아주시고, 아버지께서 더 많은 사랑을 어머니에게 주시길 바랄 뿐이다.

어머니, 아버지를 생각하다가 남편과 내가 생각났다. 다행히 아직 남편의 어깨가 구부정하지 않고, 나 역시 허리가 굽지 않았다. 퇴직 후에야 함께 하는 시간이 많아졌다. 그런데 신기하게도 젊을 때와 감정이 크게 다르지 않다는 것이다. 오히려 나이 들어서 좋은 점은 남편에게 바가지를 긁지 않아도 된다는 것이다. 알아서 나의 감정을 헤아려주는 남편이 고맙다. 또한, 하루에 한 가지씩 좋았던 일을 나누다 보니 행복감이 배가된다. 물론 언짢은 일도 나누지만, 좋았던 일을 나누다 보니, 살아오면서 힘들었던 일도 아름다웠던 일로 기억이 바뀌고 있다.

특히, 남편과 아들을 키우면서 극한의 대립을 이어갔던 아들의 진학과 진로문제도 이제는 아름다웠던 일이 되었다.

"아들을 외국어고등학교에 보낸 것은 참 잘한 일이야."

"아니 당신은 일반 고등학교에 보내야 한다고 했잖아요."

"그때는 아들이 너무 힘들어해서 그랬지. 하지만 덕분에 전문직이 되었고, 아들이 만족해하니 얼마나 다행이야."

"지금 생각해 보면 아들의 진학과 진로 문제를 두고 다투었던 때가 우리의 젊은 날이었어요."

"그랬지. 그때가 우리 부부의 화양연화花樣年華였지."

"젊은 날에 젊음을 모르고, 사랑할 땐 사랑을 모른다고 하잖아요. 다 지나고 나서야 아는 것이 인간이라 아쉽기는 하지만 다행히 우리는 이런 이야기를 나누며 살아가니, 어쩌면 당신 말처럼 지금이 우리 인생의 화양연화花樣年華지요."

남편과 나는 지난 일을 이야기하면서 지금이 가장 좋은 때라고 마무리를 짓곤 한다.

〈영화 같은 때〉는 바로 이 순간이리라. 다만, 내가 자주 잊고 있을 뿐.

늙어가는 어머니를 보면서 생각하곤 했었다. 내 발로 걷고, 내 머리로 스스로 생각하고, 글도 쓸 수 있고, 먹고 싶은 것을 마음껏 먹으며, 가고 싶은 데 갈 수 있는 오늘이 내 인생 최고의 선물이라는 것을.

함께 있던 남편과 동네도서관 나들이를 하기로 했다. 영화 속 할아버지, 할머니처럼 남편과 두 손을 꼭 잡고 걸어갈 것이다.

그렇다.

지금 나는 〈영화 같은 하루〉를 보내는 중이다.

나의 어머니

임남순
4256543@hanmail.net

　지난 봄, 친정집에 CCTV를 설치했다. 집안의 동선이 한눈에 들어온다. 대문에서부터 마당, 안방, 주방까지(화면 1,2,3,4) 재생해서 며칠 전 일도 확인할 수 있다. 어머니는 감시카메라라고 불평하지만, 자식들에게는 안전장치인 셈이다. 모두 흩어져 사는 형편이라 최선의 방법이었다. 수시로 핸드폰을 열어 무사하신지 일상을 확인하고, 전화하고, 때로는 잔소리도 하며 노모의 행적을 찾는다.

　어머니의 스케줄은 단순하다. 아침에는 방에서 나와 모퉁이 텃밭에 다녀온다. 아침 식사를 한 뒤, 티비를 보거나, 집 사방 풀을 뽑는 일, 아니면 자잘한 집안일을 한다. 점심식사 후, 전동차를 운전해 마을회관(놀이방)으로 출근, 해거름이면 퇴근한다. 저녁 식사를 마치면 연속극을 보고, 8시면 자리에 눕는다. 가끔씩 손님이 찾아오고, 오일장도 가고, 거의 비슷한 일정이다.

"이제 좀 한갓지다" 언젠가 어머니 입에서 흘러나온 말이다. 아버지 떠나신지 3년, 그동안 많은 일이 있었다. 정성껏 모셔오던 기제사를 모두 합해서 지내기로 했다. 당신 손으로 할 수 없는 일은 줄여야 한다고 큰 결단을 내린 것이다. 살아생전만이라도 장남이 노모의 뜻을 따라주면 좋으련만, 그마저도 세상 탓으로 돌려야 하는 처지에 놓였다. 그 자식이 당신 마음과 같은 줄만 알고 살아왔으리라.

가족家族이란 무엇인가. 家는 宀(갓머리 변)과 豕(돼지 시)가 합쳐진 글자다. 돼지는 식구가 많건 적건 한 우리 안에 모여 산다. 꼭 이런 의미가 아니라도 일곱 개의 획이 잘 연결되어 있다. 혈연 관계뿐만 아니라 사랑과 이해로 맺어진 가족이 아니던가. 조상을 섬기는 마음이나, 부모가 자식을 위해 희생하는 것은 예나 지금이나 다르지 않다. 핵가족 시대라고는 하지만 가족이라는 것은 부정할 수 없는 일이다.

"나는 지금도 느그 아버지 덕에 산다." 왜 아니겠는가. 아버지는 6·25참전용사로 국가유공자 혜택을 받았다. 돌아가신 후에는 어머니가 그 혜택을 누리고 있다. 아버지는 여전히 남겨진 어머니를 보살피고 있는 셈이다. 보훈처에서 파견된 요양보호사는 일주일에 두 번 방문해서, 두 시간씩 봉사(혈압과 물리치료, 말동무,

집안 청소 등)하고 돌아간다. 방문일지에는 건강, 심리상태까지 꼼꼼하게 기록해 놓는다. 요양보호사가 자식보다 낫지 싶다.

어느 날 아침, 어머니의 행방이 묘연했다. CCTV화면을 '재생'으로 돌려 동선을 추적한다. 아침 5시 30분 즈음 전동차를 타고 대문 밖으로 나가는 모습이 잡혔다. 시장에 가셨나… 아버지 산소에 가셨나… 전화도 받지 않고 무슨 일일까. 형제 단톡방에 사태를 알렸다. 2시간 동안 여기저기 전화를 하고 야단을 하다가, 전화연결이 되었다.

"엄마, 어디요?"
"응, 나 여그 장터 미장원에서 빠마헌다."
"뭔 빠마를 새벽부터헌다요"
"아따~ 그놈의 씨씨를 달아논게 성가셔서 못살것그만. 밥 먹는 것부터 옷 입는 것까지, 인자는 빠마 헌것까지 간섭하고 야단들이여…"
미용실 손님들의 허벅진 웃음소리가 전화선을 타고 들려왔다. CCTV를 설치하고 벌어진 해프닝이다.

며칠 전이었다. 어머니의 일과는 새벽 다섯 시에 시작되는데, 9시가 넘도록 이불속이다. 화면을 확장해서 찬찬히 들여다보았다.

이불이 들썩이는 것이 숨은 쉬는 것 같았다. 전화를 걸었다. 목소리가 심상치 않았다. 어디 아프시냐는 말에 머뭇거리며,

"엊저녁에 잠을 설쳐서…"

암만해도 미심쩍어 전날의 동선을 살펴보았다. 오후에 이웃 아주머니가 오신다. 두 분이 텃밭에서 배추를 뽑아 나른다. 마당에서 다듬어 샘가에 차곡차곡 쌓아 올린다. 일을 마치고 아주머니는 가셨다. 혼자 남겨진 어머니는 저녁식사를 하고 8시 즈음에 잠자리에 드셨는데, 새벽 2시 즈음 옷을 포개입고 완전무장을 하고 방문을 나선다. 수돗가에서 비닐로 된 앞치마를 두르고 배추 절이는 작업을 시작한다. 커다란 고무통에 배추를 하나씩 집어넣고, 소금을 퍼 나른다. 허리 펼 새도 없이 절룩거리며 날이 밝을 때까지. 그렇게 일을 마치고 아침 식사를 한 뒤, 다시 이불속에 들어가 잠이 든 것이다. 한밤중 어머니의 저지레는 그렇게 CCTV에 잡히고 말았다.

도대체 무엇 때문에 그 밤중에 배추를 절였을까. 그동안 모르고 지나간 일은 얼마나 많았을까. 의구심을 떨칠 수가 없었다. 화면을 돌려 보고, 또 보면서 많은 생각이 스쳐갔다. 김치 담가 주지 말라는 말에 속이 상했던 것일까. 언제까지 아들네 김치 담가 줄 거냐고, 이제는 그만 하시라고, 해마다 가시 돋친 말을 해왔다. 혹여 병이라도 날까봐 노파심에서 했던 말인데, 잠이 안 와서 그 밤에 배추를 절였다는 어머니의 궁색한 변명이 아프게

들려왔다.

어머니는 오늘도 CCTV가 없는 마을회관으로 출근하셨다. 사람에게 평생 해온 일을 그만하라는 건, 쉼보다는 박탈감을 갖게 하는 것이 아닐까. 큰딸의 가시 돋친 말이 아팠을 것이다.

영자 고모네

정은숙
laffair24@naver.com

 긴 것 같던 설 연휴도 오늘이 마지막 날.
 명절이 되니 그동안 소식 전하지 못했던 친척과 친지들 생각이 나서 전화를 돌리기 시작했다. 어릴 적 추억이 많은 여수의 영자 고모는 신호가 떨어지자마자 "오메, 진숙아, 오랜만이다!" 하며 반색한다.

 영자 고모는 진외가, 내 친할머니 남동생의 딸이다. 나보다 2살 위라 우리는 친구처럼 스스럼없이 어울렸다. 우리 집에서 걸어 5분 정도면 돌계단 몇 개 위에 빛바랜 청색 대문이 삐그덕 소리 내며 반겨주던 집. 마당에는 6·25와 여순반란사건의 잔재인 방공호가 있었다. 고모와 내가 숨바꼭질과 소꿉놀이를 하고 요란스레 놀 때면 할머니는 좁은 마루에서 얼굴을 좌우로 심하게 흔들며 활짝 웃어주셨다. 그땐 몰랐지만 요즘 생각하니 할머니는 파킨슨병을 앓고 계셨나보다. 학교에서 친구와 다툼이 있었거나 부모님께 야단을 맞을 때면 어김없이 나의 발걸음은 고모네로 향했다.
"누가 우리 착한 진숙이를 속상하게 했는가, 떼찌!"
하며 할머니는 큰 몸짓으로 나를 달래주시곤 했다.
덕지덕지 덧발라진 창호지문을 열면 한쪽 구석 이불에 덮인 고구마 냄새와 콤콤한 메주 띄우는 냄새가 코를 찔렀다. 따뜻한 아랫목 이불속에 발을 묻고 고모와 놀고 있으면 할머니는 동그란 나무밥상에 밥을 차려오셨다. 꽁보리밥에 김치와 종지기에 담긴 간장이 전부였다. 밥 한 숟가락 입에 넣고 간장 종지기에 숟가락을 살짝 담궜다가 입에 넣으면 간장과 밥이 섞이는 맛은 산해진미가 부럽지 않았다. 간혹 좋은 일이 있는 날이면 특별식으로 수제비를 먹을 수 있었는데 얄팍얄팍 떼어 넣은 밀가루반죽에 감자를 넣은 감자수제비의 맛 또한 일품이었다. 구릿빛 피부에 동글납작한 얼굴, 느릿느릿한 말투는 정겨웠고 소탈한 웃음과 함께 먹는 소박한 음식, 지금까지도 기억되는 그리운 입맛이다. 나는 까칠까칠한 옹이 같은 질박함과 불순물 섞이지 않은 자연스러운 웃음, 또 가난의 냄새가 좋았는지도 모른다.
그다지 가까운 친척은 아니지만 친정엄마와 할머니와의 애틋한 관계로 고모네와 우리는 함께 기대며 살았다. 17살에 11남매 대가족인 집안으로 들어온 엄마의 시집살이는 녹록치 않았고 마땅히 하소연 할 곳조차 없어 막막할 때 할머니는 엄마를 따뜻하게 품어 주셨다. 하루 일을 마치고 파김치가 된 몸으로 고모네에 가면 할머니는 "힘들지" 하며 뜨뜻한 아랫목에서 엄마의 부은 다리를 주물러 주시곤 했다. 어머니를 일찍 여의고 따뜻한 정을 모르고 자란 엄마, 할머니 가슴에 기대어 울고 싶은 날이 얼마나 많았을까.

 눈이 펑펑 쏟아지던 겨울 밤, 엄마의 든든한 울타리가 되어주던 할머니가 세상을 뜨던 날을 잊지 못한다. 쪽마루 기둥을 부여안고 한없이 울던 엄마의 서러운 모습을. 그 후로 엄마는 고모에게 할머니 빈자리를 채워주는 엄마가 되었다. 혹여 고모가 외로워할까 봐 세심하게 배려하는 엄마의 모습에 살뜰했던 할머니의 얼굴이 겹쳐 보이곤 했다.

 매끄럽고 세련되진 않았지만 쉬이 변하지 않는 투박한 정이 있어 때때로 그리워지는 영자 고모네. 손해 보지 않는 법을 알아야 바보 취급당하지 않는 영악한 세상에서 계산에 물들지 않은 순수를 그리워한다.

 따뜻한 봄날, 건강이 좋지 않은 영자 고모 만나러 여수에 다녀와야겠다. 꽃을 좋아하는 고모에게 모란 한 다발을 가슴에 안겨줄까. 환하게 웃는 고모의 얼굴이 눈앞에 아른거린다.

너무 늦게 전하는 마음

차미란
mrcha01@naver.com

산 사위가 어둑해져 왔다. 등산하던 사람들 모두 하산했는지 인기척이 없다. 남편은 우리가 타고 왔던 동호회 버스를 잡아놓겠다며 천천히 따라오라는 말을 남기고 먼저 산을 내려갔다. 산을 오르는 길에 접질렸던 발목은 시간이 지나자 점점 크게 부어올랐다. 튼튼하고 안전하다던 새 등산화는 접질린 발목에 더 무겁고 거추장스러웠다. 버스가 있는 곳까지 족히 두 시간은 더 가야 하는데, 발목 통증으로 한 걸음도 나아갈 수 없었다. 어떻게든 산을 내려가려고 가파른 경사의 산길을 뒷걸음으로 내디며 보기도 했다. 그러다 주저앉기를 수십 번, 다가오는 산 그림자는 마음을 불안하게 흔들었다. 기술이 인간의 눈을 얼마나 어둡게 만드는지, 산속에서 나는 응급 전화를 누르고 또 눌렀다. 연결되지 않는 전화기를 껐다가 다시 켜 어떻게든 기지국 신호를 잡아 보려 했지만 깊은 산에서 핸드폰은 무용지물이었다.

　핸드폰과 씨름하고 있을 때 한 남자가 산을 내려왔다. 어둠이 내려앉은 산속에서 남자의 인기척은 순간 나를 오싹하게 했다. 나는 그를 애써 외면했고, 그는 나를 무심하게 지나치다가 뒤를 돌아보았다. 그리곤 한 마디 툭 던졌다. "어두워지면 위험합니다. 서두르세요." 겁에 질린 나는 "네, 다리가 아파서요. 먼저 가세요. 저도 곧 내려갈게요." 아무렇지 않은 듯 손을 휘저으며 단박에 대답했다. "서두르세요. 곧 어두워집니다. 제가 마지막이라 이제 산에 사람이 없어요"라고 말했다. 나는 낯선 남자에게 도와달라는 말을 하지 못했다. 오히려 문제없다는 듯 말했고, 그는 내가 따라 내려오려니 생각한 듯 산을 내려갔다. 나는 곧 구세주를 놓친 걸 후회하기 시작했다.

　산 그림자가 점점 내게 다가왔다. 까맣고, 짙고, 어두운 보자기로 세상을 덮어버리는 어둠이었다. 밤이 되자 발목 통증은 더욱 욱신거렸다. 깊은 산속에서 나는 상처 입은 산짐승 한 마리에 불과했다. 아무런 대책이 떠오르지 않았다. 땀이 식자 몸에 한기가 들었다. 산속의 밤은 어둠과 고요와 추위와 공포로 나를 쪼그라들게 했다. 나는 공포감을 견디려고 스틱으로 바위를 두들겼다. 멧돼지가 다가올까 무서웠고, 근처에 사람이 있다면 나를 발견해 주기를 바랐다. 스틱으로 바위를 두드릴 때마다 딱딱 소리가 공허하게 숲속으로 울려 퍼졌다.

조난이라는 단어가 실감 나기 시작했다. 앞서 산을 내려간 남편이 경찰서에 신고한들 밤이라 수색이 어렵다고 하지 않을까. 한참 이런저런 생각에 빠져 있을 때 산 아래쪽에서 불빛이 보였다. 그 빛은 나무 사이로 나타났다가 사라지기를 반복했다. 누군가 손전등을 밝히며 산을 올라오고 있었다. 그 빛이 반갑기도 하고 무섭기도 했다. 이 시간에 누굴까. 가파른 산등성을 오르는 숨찬 소리가 가까이 들려왔다. 수직에 가까운 산길을 헉헉대며 올라오는 한 남자를 나는 뚫어질 듯 바라보았다. 그는 내게 서두르라 말하고 산을 내려갔던 남자였다. 나는 애써 산을 오르는 그를 바라보며 저 사람은 왜 다시 올라오는 걸까 생각했다.

마침내 그가 가쁜 숨을 내쉬며 내게 다가와 물었다. "어디가 불편하다고요?" 나는 통통 부어오른 발목의 상처를 그에게 보여줬다. "제가 비상용 소염진통제를 갖고 있는데, 우선 이걸 드시고 조금씩이라도 걸으셔야 합니다. 여기 계시다간 정말 큰일 납니다." 그가 물병과 소염진통제 두 알을 꺼내 내게 건넸다. 진통제는 한 알을 먹지만, 우선 통증을 가라앉히고 걸어야 하니 두 알을 먹으라고 내게 권했다. 심각한 발목 통증에 시달린 나는 다른 생각을 할 겨를이 없었다. 나는 진통제 두 알을 꿀꺽 삼켰다. 그는 가방에서 압박 붕대를 꺼내 내 발목에 감은 뒤 걸을 수 있겠냐고 물었다. 나는 그의 부축을 받으며 일어나 한 걸음씩 걷기 시작했다. 어둠이 낯선 남자와 나 사이를 더욱 옥죄고 있었다.

진통제의 효과일까. 신기하게도 발목 통증이 조금씩 줄어들었다. 나는 느리지만 혼자서 절뚝이며 걸었다. 그는 천천히 내 보폭에 맞춰 걸었다. 어둠 속에서 우리는 이런저런 이야기를 나누며 산길을 찾아 헤맸다. 그는 부산에 살고, 직장은 휴가 중이며, 3일째 강원도 일대의 산을 등산하는 중이라고 했다. 그날도 새벽부터 오대산을 시작으로 오후 늦게 방태산에 올랐다가 하산하는 길이라고 했다. 방태산 등산을 마치고 부산으로 내려가 직장에 복귀한다고 했다. 그가 내게 왜 혼자냐고 물었다. 나는 그간 사정들을 이야기했고, 남편은 먼저 하산했다고 대답했다. 그가 하하하 웃으며 "아저씨(남편)가 너무 했네요" 했다. 나도 실없이 그를 따라 웃었다. 웃고 있자니 살았다는 게 느껴졌다.

그가 나를 동호회 버스가 있는 곳까지 데려다주었다. 나는 위험에서 구해 준 사람에게 어떻게 사례해야 할까 생각했다. 몇 번이고 그의 연락처를 묻고 싶었지만, 용기 내지 못했다. 거기엔 두 가지 이유가 있었다. 하나는 사례하겠다고 연락처 달라는 것이 그의 호의에 찬물을 끼얹는 것 같아 조심스러웠다. 그는 친절을 베푸는 게 익숙한 사람인 듯했다. 그의 친절을 물질적으로 받아들이고 계산하려 드는 게 어쩐지 불쾌감을 줄 것 같았다. 그는 그런 느낌이 드는 사람이었다. 다른 하나는 연락처를 묻자니, 어떤 질의 여자인지 모르는데 선뜻 전화번호를 주기가 꺼려질지 모른다는 생각이 들었다. 시간이 지날수록 그 생각이 얼마나 어리석었는지 깨닫고 후회하고 있다. 그가 산에서 나를 구해 안전한 곳까지 데려다주고 떠날 때 나는 고맙다는 인사 외에는 아무것도 할 수 없었다.

    2020년 가을, 나는 남편이 속한 등산동호회를 따라 강원도 인제에 위치한 방태산 등산길에 올랐다. 해발 1,436미터 방태산은 베테랑 등산가에게도 호락호락한 산이 아니다. 남편과 등산동호회원은 100 산 종주를 마친 등산 전문가들이었다. 등산 초보인 내가 동호인을 따라간다는 건 속도위반 경력위반이었다. 그들과 발을 맞춘다는 게 산에서 쫓기는 기분이었다. 그들을 따르느라 허둥허둥 산을 오르던 나는 발목을 접질려 산속에 주저앉았다. 누구도 내가 뒤처지다 사라졌다는 걸 눈치채지 못했다. 나는 그렇게 산속에서 조난당했지만 낯선 남자의 도움을 받아 무사히 하산할 수 있었다.

    그날 낯선 이의 도움을 받고도 사례하지 못한 것이 두고두고 부끄러운 기억이 되었다. 목숨을 구원받은 상황에 무슨 눈치를 봤어야 했나. 많은 시간이 흘렀지만, 지금도 그 사람의 얼굴을 알아볼 수 있을 듯하다. 하지만 그가 부산 사람이라는 것 말고는 아는 게 없다. 이름도 모르는 사람을 찾을 길이 없고 후회만이 회한처럼 남아있다. 언제 이 마음의 빚을 갚을 수 있을까. 어두운 산속에서 상처 입은 사람을 외면하지 않고 발길을 돌려 험한 산을 오르던 그의 따뜻한 마음, 나도 그런 마음으로 세상을 살아가고 싶다. 늦었지만, 다시 한번 그의 친절에 감사의 마음을 전한다.

안 부

최우석
tomchoi100@hanmail.net

"엄마, 보고 싶어?, 그러지, 근디 니가 와야제…" 지방에 계신 어머니께 안부 전화를 하는 중에 조만간 내려 갈 결심을 했다.

설 명절이 다가온다. 이제는 더 미룰 수 없다. 밀린 숙제를 정리하듯 일정을 조절한다.

예전에는 명절 기차표를 구하기가 힘들어서 미리 명절 전후로 다녀오기도 했었다. 그러나 제철의 과일 맛처럼 명절 기간에 서로 만나면 더욱 정겨운 느낌이다.

아침 일찍 눈 덮인 들판을 미끄러지는 KTX 차창 밖에서 이제 90이 훌쩍 넘어 버린 어머니의 하얀 머리칼도 날리고 있다. 어머니는 열여덟 살에 시집 와서 스무 살에 나를 낳았다. 시집 올 때 아버지는 2남 5녀의 장남이고, 막내 시동생은 초등학생이었다. 아버지가 큰집에 양자를 가게 되어 두 시어머니를 모시며 우리 3

남 1녀를 키웠다. 아버지는 전통 유교 집안의 7대 종손으로서 모시는 제사가 거의 매달 있었다. 또 시골에서 온 친척들이 돌아가며 도시에 있는 우리 집에서 학교를 다녔다. 어머니의 인생은 가수 이미자의 노래 '여자의 일생'처럼 힘들었다.

정말 열정에 찬 의지의 한국인 모상이었다. 학교 등록금 날짜에 한 치의 오차도 없이 약속을 지키며 오로지 공부에 전념하도록 독려했다. 초등학교 때부터 성적이 떨어지면 등짝이 철썩 소리 나게 손바닥으로 스매싱을 당하고 야단도 많이 맞았다.

힘이 들 때는 하늘을 보며 원망하기도 했다. 그래도 고생하시며 최선의 노력을 하는 어머니의 삶을 보면서 참아 낼 수 있었다.

'엄마' 하고 부르며 아파트를 뛰어 들어섰고, 소파에 앉아 있는 엄마를 부둥켜안았다. 이전에는 엄마도 벌떡 일어나서 반겨주셨는데, 이제는 소파에서 웃으며 맞이한다.

바로 마루에 넙죽 엎드려 큰 절을 올렸다. '큰아들, 우석이가 왔어, 엄마' 하고 말한다.

그래도 언제나 큰아들이 듬직하다고 믿어주는 어머니다.

점심 식사를 차릴 때 거동이 불편한 어머니를 위해 따로 소파 앞의 전용 식탁에 준비한다. 이제 막걸리 반주도 즐겨하신다. 어머니는 어린 시절 기억으로 술 한 모금도 마시지 않았다. 그런데 이제는 '나도 마시면 먹어야, 내가 못 먹는 줄 아냐?' 하고 한 잔을 더 달라고 하신다. 그동안의 한풀이일까. 젊어서는 가부장적인 문화에다 살림하느라고 마음의 여유가 없었던 것이다. 돌이켜 보면 쪼들린 살림에도 금전 관리에 철저한 개념을 일러주셨다. 요즈음 화폐단위로 비교하면 "만 원을 모으려는 사람은 천 원을 은행에 저금한다. 아닌 사람은 천 원을 그냥 무심코 써 버리고 만다. 그런 사람은 종잣돈을 모을 수가 없다. 일 원이 부족해도 만 원이 안 된다. 그러니 일 원도 허투루 쓰지 말고, 큰 돈 백만 원이라도 꼭 써야 할 때는 과감하게 쓰라"고 하셨다. 경제관념의 좌표가 되어 지금까지의 삶에 큰 도움이 되었다.

식사 후 소파에서 어머니 옆에 나란히 앉았다. 내 손을 꼭 감싸고 연신 만져 주며, 머리를 내 팔에 기대신다. '그래 잘 왔다. 잘 지내지. 언제 가냐?' 한다. 몇 시간 후면 기차역으로 나간다고 하니 못내 아쉬워하신다. 늘 강해 보였던 엄마 얼굴에 어린아이 같은 밝은 미소와 함께 함박웃음 꽃이다. 내 손을 감싼 엄마 두 손이 따스하다. 서로의 피가 혈관을 따라 전달되어 흘러가는 느낌이다. 살아 있기에 느낄 수 있는 따뜻함이다. 아무 말을 하지 않고 있어도 포근하다. 이 혈류의 전달로 온기를 느끼는 것이 사랑일까~.

평소에는 일상생활에 바쁘다는 핑계로 이렇게 밖에 할 수 없는 것이, 그나마 효도라고 자위하며 살아간다. 늘 활기차고, 당당하시던 어머니가 이제 나이에는 어쩔 수 없나 보다.

나도 70이 넘어 움직임이 예전 같지 않아 남의 일이 아니다. 어머니를 보며 나의 미래를 생각해 본다.

내일 설날은 세 딸과 세 사위, 손주들이 인사하러 온다. 나도 손님(?)을 맞이하는 입장이다.

우리 손주들도 엄마인 내 딸들에게 같은 마음을 느끼게 될 것이다. 나는 엄마가 된 딸들을 존중하며 무례하지 않게 대한다. 우리 자식들도 나와 같은 생각일까? 요즈음 엄마는 정보력이 강하고 라이딩 하는데 바쁜 느낌이다. 너무 조기 교육에 몰입하고 있어 안타깝다. 입시에 대한 열정은 옛날이나 지금이나 달라진 것이 없다.

돌아오는 호남선 KTX 차창 밖의 저녁노을을 향해 어머니를 그리며 마음속으로 소리쳐 본다.

'우리 엄마 사랑해요, 감사드려요!!'

저녁에는 성당 친구의 영명축일이라고 번개 모임이 있다. 성당에서 만난 동갑내기 절친이다. 약 30년 세월을 거의 매 주일마다 만나 온 사이다. 그냥 집에 가서 쉬고도 싶었지만, 오늘이 축일 당일이고 명절 연휴기간이라 미룰 수도 없었다.

조금 늦게 도착하여 지하철 5호선 아차산역 근처의 식당으로 갔다. 평소에 의형제처럼 다정하게 지내는 6명이 모여 있었다. 가는 길에 친구를 위한 케이크를 사서 축하해 주었다.

거의 마지막 지하철을 타고 캐리어를 끌고 지친 몸으로 집에 돌아왔다.

아침 일찍 시작한 일정이 이제야 마무리된 것이다.

그러나 몸은 피곤해도 보람된 일을 하고 나니 마음은 가볍고 흐뭇하였다.

'친구야, 사랑한다' 속삭이며 잠을 청한다.

내일 만날 사랑스런 세 손주들의 얼굴이 파노라마처럼 스친다.

우리 고유의 명절 설 전날, 까치 까치 설날인 오늘!

지방에 계신 어머니와 서울에서 친구와 함께한 감사한 하루!

모두의 행복을 꿈꾼다.

오랜 나를 발견하는 (특별한) 하루

한선옥
sunset0825@naver.com

   느닷없었다. 문집 사이에서 십 년 전의 편지를 발견했다. 발신인은 나. 지금의 내게 쓴 편지였다. 갑작스러워 낯설고 문득 되살아난 기억에 조금 아팠다. 책갈피로 끼워둔 흰 봉투는 여전히 모서리가 빳빳했다. 모든 것이 한없이 선명하고 언제까지나 빛날 것만 같았던 당시 그대로. 이리저리 치이지 않은 채로 시간을 견뎌내어 다행스러웠지만, 자세히 보면 색이 희미하게 바래 있었다.
   그렇지만 정작 더 바래고 낡아버린 건 나 자신이었다. 예전보다 조금은 덜 순진하게 세상을 바라보고, 인간관계에도 서툰 믿음을 거두어냈다. 그토록 유연해지길 바랐지만, 여전히 사소한 일에 조급해하는 마음을 보니 자라났다기보다는 묘하게 비틀려버린 건 아닐까. 그럼에도 불구하고, 뭐라도 되어보려고 애써온 날들이 있었다는 사실을 깨닫는 오늘은 그 자체로 특별하다.

기억을 불러낸다는 건 때로는 쓰리고 때로는 따뜻하다. 그때의 나는 마흔 중반을 지나며 아이들의 미진한 성장 과정을 지켜보느라 기대보다는 걱정이 앞섰었다. 오래도록 반복된 일상 속에서 감정은 점차 무뎌졌고, 남편과의 관계도 어디선가 미묘하게 어긋나 어정쩡한 거리감마저 느껴지곤 했다. 거기서 거기라는 인생. 당연해 보였지만, 속으로는 미래에 대한 기대와 막연한 희망을 붙들고 살았던 날들이었다.

어쩌면 '그때쯤이면 모든 게 제자리를 찾아 있겠지' 하고 믿었던 것 같다. 한참 동안 머릿속을 어지럽히던 걱정거리들이 사라지지 않아도, 언젠가는 결론이 날 거라고—결국 어느 쪽이든 수긍할 수 있으리라고—막연하게 여겼다. 그 작고도 희미한 믿음이 내게 오히려 작은 용기가 되어 주었고, 나는 끊임없이 나를 찾아가는 길을 걸었다.

대학에 다시 들어갔고, 글을 쓰기 시작했다. 억울하고 답답하던 심정을 적다 보면 어느새 고해성사 같은 시가 되어 있었고, 밤이면 밤대로 쌓인 생각들을 하나둘 꺼내놓으며 에세이를 써 내려갔다. 이대로 머물지 않고 조금씩이라도 달라지자라는 다짐이 결국 시인이자 수필가가 되는 길로 이끌었다니, 돌이켜보면 조금은 기적 같기도 하다. 한때 어리숙한 날들이 지금의 나를 이뤘음을 고요히 느낀다.

이번엔 십 년 후의 내게 편지를 쓰려 한다. 그때의 나는 시간을 흘려 간소해진 자신을 마주하고 있겠지. 소박한 미소로 지난날들을 되돌아보고 있겠지.

애쓰며 꿈꿨던 날들, 작은 희망의 불씨들이 결국 지금의 나를 이루었다. 젊은 시절에 지나쳐 갔던 쓰고 달았던 인생의 맛들이 이제는 묵묵히 받아들여진 감정으로 남았기를 바란다.

그리고 묻고 싶다. 하루하루를 진솔하게 살아갔는지, 소소한 기쁨과 아픔을 담담히 간직하고 있는지. 그때, 잔잔한 오후에 이 편지를 펼치며 지나온 시간을 담백하게 되새길 수 있기를 희망한다.

봉투는 바랬지만 모서리는 꽤나 단단한 채 남아 있었다. 반면, 나는 이리저리 부딪히며 바래고 낡아 버렸지만, 그 과정에서 또 다른 길을 찾으려 애썼다. 십 년 뒤, 다시 편지를 쓰는 날이 온다면 그때의 마음은 지금보다 더 부드럽고, 더 단단해져 있길 바란다. 그리고 언젠가 또다시 느닷없이 이 글을 발견하게 되었을 때, 오늘의 마음이 그날의 내게 등을 두드리며 담담하게 이끌어 줄 거라고 믿는다.

무엇보다, 이렇게 다시 읽고 새롭게 쓴 오늘 하루가 소중하게 느껴진다. 지난날의 나와 지금의 내가 맞닿으면서 되살아난 애틋함이, 앞으로의 시간을 조금 더 따뜻하고 단단하게 만드는 작은 기적들이 아닐까.

서로 다른 생각

서로

　다른

생각

●

강명숙
고영효
김석규
권현옥
김시윤
박찬익
선우현정
성종환
신영준
우명식
조후미
한경화

검은 불꽃, 사이프러스Cypress

강명숙
mazuwang@hanmail.net

　미켈란젤로의 언덕으로 불리는 이탈리아 토스카나주에서 마주한 피엔차와 발도르차 대평원의 모습은 그야말로 장관이었다. 끝없이 펼쳐진 대평원 사이로 삐죽삐죽 솟아난 검은 거목巨木의 사이프러스가 시선을 끌었다. 지중해 동부의 사이프러스 섬에서 유래된 사이프러스 나무는 최대 25~45m 이상 자라는 상록수다. 이탈리아에서 흔히 볼 수 있는 수종樹種이며, 따뜻한 프랑스 남부지방이나 스페인, 포르투갈에서도 잘 자란다.

　피오나 스태퍼드Fiona Stafford의 《길고 긴 나무의 삶(2019)》이라는 책을 보면, 사이프러스의 라틴어 이름은 쿠프레수스 셈페르비렌Cupressus semperviren으로 '항상 살아 있는'을 의미한다. 그런데 본래 이름의 의미와는 달리, 사이프러스는 오래전부터 장례식, 죽음과 관련이 많은 나무로 알려져 있다.

스태퍼드에 따르면, 유럽과 서남아시아에서는 사이프러스를 묘지에 심어 무덤과 무덤 사이에 늘 푸르른 기둥을 만들었다고 한다. 일본에서는 이 목재를 관과 사원에 썼고, 인도에서는 향이 강한 사이프러스를 시신이 탈 때 나오는 냄새를 누그러뜨리려 장례식에서 장작으로 사용했다. 영국에서도 사이프러스는 우울한 일들을 연상시키는 나무로, 유한有限한 삶의 상징으로 널리 알려져 가지치기도 하지 않았다고 한다. 또한, 그리스인들은 사이프러스로 영웅을 위해 관을 만들었고, 이집트인들은 미라를 넣는 함을 만들었다고 한다.

마틴 베일리Martin Bailey의 《빈센트 반 고흐 (2021)》라는 책에도 그리스·로마 시대에 사이프러스는 죽음과 애도를 나타냈지만, 기독교 출현 이후 몇백 년을 사는 상록수는 영원한 생명력을 나타내는 것으로 여겨져 묘지에 널리 심었다고 전해진다.

이처럼 죽음을 연상시키는 사이프러스를 그림의 소재로 삼은 화가가 있다. 심리적, 감정적 고통을 예술로 승화시킨 〈절규 (1895)〉로 유명한 노르웨이 출신의 화가 에드바르 뭉크가 있다. 그의 작품 〈달빛 속 사이프러스 (1892)〉, 〈키스 (1892)〉에 사이프러스가 등장한다. 〈달빛 속 사이프러스〉는 정중앙에 사이프러스가 달빛을 받은 밝은 쪽과 어두운 쪽이 대비를 이루며 고요 속에 서 있는 그림이다. 〈키스〉는 창문을 사이에 두고 창밖으로 커다란 사이프러스 나무가 서 있고, 실내에 있는 남녀 주인공이 격렬한 키스를 나누는 장면을 묘사하고 있는 그림이다.

뭉크의 사이프러스는 1890년대 초반 파리 전시회에서 빈센트의 사이프러스를 본 뒤 영향을 받아 그린 것이라고 한다. 평론가들은 그의 그림에 등장하는 사이프러스를 내부 세계와 외부 세계를 연결하거나 대비시키기 위한 도구로서의 장치 즉, 불안과 고독을 대비시키는 심리적인 대상으로 해석한다.

또 한 사람의 화가가 빈센트 반 고흐다. 빈센트가 프랑스 아를에서 지냈던 시절 해바라기에 집중했다면 생레미 시절에는 사이프러스에 집중했다. 그는 생레미의 생폴드모졸 정신병원에 은둔했던 1년 동안 사이프러스 나무와 올리브 나무 숲에 관심을 두고 그림의 소재로 활용했다. 〈사이프러스 나무 (1889)〉, 〈여자 두 명과 사이프러스 나무 (1889)〉, 〈별이 빛나는 밤 (1889)〉, 〈사이프러스 나무와 밀밭 (1889)〉, 〈사이프러스 나무와 초록 밀밭 (1889)〉, 〈사이프러스 나무가 있는 밀밭 (1889)〉, 〈사이프러스 나무와 두 여자 (1890)〉, 〈사이프러스 나무와 별이 있는 길 (1890)〉과 같은 그림이 생레미 시절의 작품이다.

빈센트가 그림의 소재로 사이프러스에 열중하던 시기, 그의 생각을 엿볼 수 있는 대목이 있다. 《반 고흐, 영혼의 편지 (2005)》에서 그는 동생 테오에게 "사이프러스 나무를 바라보다 보면 이제껏 그것을 다룬 그림이 없다는 사실이 놀라울 정도다. 사이프러스는 이집트의 오벨리스크처럼 아름다운 선과 균형을 가졌다. 그리고 그 푸름에는 그 무엇도 따를 수 없는 깊이가 있다"라고 편지에 적어 보냈다. 또한 "나는 밀밭이나 사이프러스 나무를 가까이 가서 들여다볼 가치가 있다고 생각하는 것 외에는 아무런 생각이 없다. 사이프러스 나무는 항상 내 마음을 사로잡는다. 그것을 소재로 '해바라기'와 같은 그림을 그리고 싶다"라고도 하였다.

빈센트의 그림 속 사이프러스는 '흙에서 타오르는 검은 불꽃'이라는 찬사를 받고 있다. 반면에 그가 자살하기 몇 달 전에 그린 사이프러스가 등장하는 작품에 대해서는 그에게 다가올 죽음이나 고통의 예감을 표현한 그림이라고 평하기도 한다. 사이프러스는 보통 묘지에 심는 나무였기 때문에 빈센트도 사이프러스와 죽음의 연관성에 대해 알고 있었을 것이다. 그럼에도 사이프러스가 지닌 오랜 상징성에만 그 의미를 국한한다면 그의 그림에서 느껴지는 생기와 힘의 원천을 어떻게 설명할 수 있을까?

빈센트의 그림에 등장하는 사이프러스는 살아서 움직이는 듯한 역동성과 강한 생명력 두 가지로 요약해 볼 수 있다. 그는 사이프러스를 그림 속 중앙에 위치시켜 배경이 아닌 주인공으로 등장시켰다. 그리고 마치 이슬을 머금고 하늘로 용솟음치듯 꿈틀대며 소용돌이치는 생동감 넘치는 모습으로 표현하였다. 하늘로 높이 솟아올라 지상과 천상을 연결하는 살아있는 검은 불꽃의 생명체로 느껴지기도 한다.

심리적으로 쇠약해진 그가 정신병원에서 바라본 금빛 밀밭 사이로 솟아오른 거대한 사이프러스는 쇠창살 안쪽에서 겪고 있는 자기 삶과는 분명 대조적인 풍경이었을 것이다. 빈센트는 쇠약해져만 가는 자기 몸과 정신의 상태와는 달리, 그림과 삶에 대한 욕망이 누구보다도 간절했을 것이다. 그렇기 때문에 정신병원에서 환각과 환청이 악화할수록 극한의 외로움 속에서 누구보다 살고 싶은 삶에 대한 욕구를 사이프러스의 강한 생명력으로 표현함으로써, 절망스러운 현실에서 벗어나 희망으로 외연을 확장하려는 의도가 사이프러스에 반영된 것으로 보인다. 이처럼 사물을 눈에 보이는 대로가 아닌 가슴이 느끼는 대로 정열적인 감정을 화폭에 옮기던 그의 작업 방식은 표현주의 화가들에게 직접적인 영향을 끼치기도 하였다. 따라서 사이프러스를 소재로 한 그림들은 다가올 빈센트 자신의 죽음을 예견했다기보다 '항상 살아 있음'을 뜻하는 어원 그대로, 살고 싶다는 삶에 대한 열정이 투영된 것으로 보는 것이 자연스럽다.

빈센트의 그림을 가만히 들여다보고 있노라면 그가 그린 아름다운 풍경마저도 그 풍경 뒤에 가려진 그의 고통이 먼저 보이고,

외로움이 보이고, 상처가 보인다. 슬픔을 슬프게 표현하는 것과 삶의 고통과 상처를 아름다움으로 승화시켜 표현하는 것, 둘 중 어느 것이 더 어려운 일일까.

서로 다른 생각

고영효
kyh4950@hanmail.net

반전이 되어 일치의 순간이 있을까?

친구들의 남편이 소천했다는 부고가 연이어 도착한다. 벌써 네 번째다. 세월이 흘러 순리에 따른다지만, 2025년 첫 소식의 시작이 씁쓸해진다.

살아남은 친구들은 거대한 유산을 받아서 삶의 현상유지가 되는 것도 아니다. 올망졸망 걱정거리를 넘겨받았다. 친구들은 독립을 못한 자식 걱정, 자식의 독립으로 혼자 남겨지거나, 생전에 사업을 정리 못해 오리무중인 경제를 떠안은 가장이 된 걱정들이다. 마음이 조급한 친구의 말을 듣다 보면 나도 모르게 세상살이가 급박하게 돌아간다. 주변의 위로가 마음에 와 닿지 못할 거라는 생각이 든다. 병원과 요양원을 순례하다 보면, 정작 아프기 전에 함께 했던 익숙한 일상이 멀어지고 미련만 남는다. 힘 있을 때 집안을 정리하는 시간을 충분히 가져 보라는 내 말이 아프게 다가 왔단다.

증조부모묘 앞에 가족묘를 만들고 있는 친정 남동생은 장남으로 한결 마음의 준비가 되어가고 있다. 둘째 동생이 많이 도움을 준다면서 형제들의 자리와 조카들도 한자리에 모여 있을 수 있다는데 다 잘했다고 한다. 살아갈 이들의 마음이지만, 한편으로 짠한 마음뿐이다. 예전에는 널장이 마루 밑에 보관되고, 수의는 시렁 위 함지에 고이 담겨있어서 명을 길게 한다는 말로 죽음이 준비되어 항상 곁에 있었다. 묘지도 마을 뒷산이니 언제나 죽음과 삶의 연결 고리가 생활 가까이 통했다.

살아가는 동안에도 어디서, 어떤 방법에 따라 차별이 극심한데 죽어서도 격차가 있음에 마음이 불편하다. 영혼이 떠나간 육신의 거처가 매우 다양하다.

둘째 동생네는 절에 종신으로 처가와 가족묘를 만들었다면서 그냥 형이 좋아하고 위로가 되기 위해서 도움을 준 것이라는 대답이다. 큰 동생에게 전할 수가 없다. 서로 다른 생각으로 곁에서 모두 참고 기다린다.

셋째 동생은 태어나면서 본가를 떠나 지내서 고향 선산이 타향이다. 매우 낯설어 한다. 아버지가 마련했다지만 그곳으로 가기에는 너무나 거부감이 있다고 한다.

　친정아버지는 담양 천주교묘지에 자리를 잡아 두었는데 사후에 어디로 갈지 모른다. 앞날은 예측하기 어렵다. 세상은 가속도가 붙어 급변한다. 따라서 장례문화도 예전처럼 흘러가지 못하니 어쩌겠는가 한다.

　살아남은 자들의 몫으로 남겨 두어야할 과제이다. 묘자리는 만들었지만 그곳으로 가는 것은 후손의 의견이니 지금 강요하거나 결정해서 종용하지 못하는 것이다.

　바닷가 조약돌이 모래가 되도록 파도에 부서지는 시간의 벽을 넘어, 서로 다른 생각이 일치하는 순간이 있기를 바란다. 죽은 이는 의견이나 뜻이 반영될 수 없다. 세상의 추세에 잘 맞추며 살아가는 이들의 정성 어린 마음이 중요하다.

　월출산 산자락 끝에 넓은 밭을 구입해서 시아버지 사형제가 가묘를 만들었다.

　가까이에 선산이 있다. 묘지는 후손들이 명당의 혜택을 받아 세상의 어려움을 덜어주기를 바랬다. 마을이 환히 내려다보였다. 형제들은 후손이 다정하게 잘 지내며 살아가길 염원하는 마음을 가득 담았다. 잔디를 심고 합동 비석을 세우면서 여덟 개의 가묘가 형제들의 우애를 충분히 나타냈다. 봉분은 아랫단을 돌로 감싸고 윗부분만 잔디를 심었으니, 벌초하는 수고를 조금이라도 덜

서로 다른 생각　201

수 있을 것 같았다. 그 묘지에 하늘로 가신 시아버지를 매장했다. 절대로 화장하지 말라는 유언대로 매장을 한 것이다.

고향을 떠나서 살아내는 산업사회는 초기에 부모가 살아있는 그리운 고향을 향한 향수로 명절마다 이동인구가 많았다. 하지만, 타향에서 태어나 타향이 고향이 된 자식과 자손에게는 고향이 타향이 되어 명절에 꼭 찾아가야 하는 귀소본능이 사라졌다.

후손의 입장에서 보면 멀고 먼 타향에 자리한 묘소는 편리한 일상에 우선순위가 아니다. 빈집이 늘어나며 관리할 일손이 부족하고 조상의 은덕을 강조하는 친척 어른의 존재가 부실해지더니 요즘은 아예 부재 중이다. 편리성을 앞세워 선산에 납골당을 만들고 백 년의 역사가 집결된 선조의 유골이 납골당에 모셔졌다. 시아버지의 사형제도 납골당으로 이사를 했다.

연중 4월 벚꽃잎 날리는 봄날에 한번 시제라는 명목으로 50명 이상이 모인다.

자손을 알리는 이름표를 가슴에 부착하고 친척의 범위를 가늠하며 시제를 지내는 동안 결속을 다진다. 무심하게 또 시간이 지나간다. 점점 참석 인원이 줄어들자, 참석자에게는 교통비 명목으로 금일봉을 준다. 그래도 점점….

서울 근교에는 납골당이 많다.

고향이라는 먼 거리에 나도 이질감이 가득한데, 어디서든 흙으로 편히 돌아갈 그런 명당이 있으리란 믿음이다. 내 몫이 아닌 남아있는 이들의 시간에 마음을 내려놓는다. 서로 다른 생각이 일치를 이루리란 희망을 품어본다.

일상을 아파트에서 지냈으니, 납골당의 칸칸이 유골함 속이 답답하지 않겠지 생각한다. 친구 아버지는 개그맨 배삼룡 유골함이 보이는 곳에 있어 날마다 웃으며 잘 지낸다는데, 내 유골함이 시가의 선산으로 가게 되면 층층이 시어른들과 함께 지내는 어려움을 상상해 본다. 생전과 사후의 서로 다른 생각이 교차로를 이룬다.

봄이 붉다

김석규
gyus113@hanmail.net

    시골에서 태어난 나는 붉게 일어서는 봄을 보고 만지며 자랐다. 봄은 계절의 시작이고 해는 하루의 시작으로 붉게 뜬다. 시작과 첫 봄의 잉태는 부푼 희망을 터트리기 위해 여리다 못해 차라리 붉은 것일까. 내가 어릴 적 만지고 느끼고 본, 첫 봄의 색깔은 이다지 붉었다.

    붉은 봄은 새싹으로부터 시작된다. 쇠무릎 풀, 자리공나물, 붉은대극, 개지치 등의 여러해살이풀과 두릅나무, 석류나무, 모란 등의 새순을 가만히 살펴보면 붉은색을 띠고 나온다. 목련 아래서 새싹들이 올라오고 있었다. 새싹들은 무언가를 외치는 듯했다. 잠시 멈추어 자세를 낮추고 들여다보았다. 땅속에서 작약이 흙을 이고 철을 살피듯 조심조심 검붉게 올라오는 것이 보였다. 길 가는 나를 불러 세운 작약이 봄날의 붉은 댕기 새색시처럼 수

줍다. 작약의 꽃말은 수줍음이다.

첫봄에는 많은 생명들이 탄생한다. 나는 산과 들로 뛰어 놀며 땅속에서 빨갛게 돋는 찔레의 새순을 꺾어 먹던 풋내 섞인 아삭한 그 맛을 오롯이 기억한다. 빨간 머위 새순 무침의 새콤하고 쌉싸름한 맛은 지금도 좋아해서 생각만 해도 깊숙한 혓속 양옆이 갈라질 듯 침이 솟구친다. 겨울의 끄트머리 햇살 뭉치 솜처럼 내린 날, 닭들이 흙을 헤집고 뒹굴며 놀다간 자리에 점점으로 선혈이 비쳤다. 묵은 뿌리가 드러나 거기서 머위 새순이 빨갛게 얼굴을 내민 것이다. 담장 너머 숨바꼭질 놀이하는 아이들의 댕기처럼 보일 듯 말 듯 여기저기서 붉은 새순이 비친다.

갓 태어난 아기와 동물의 몸도 대부분 붉은빛이 돈다. 도시에서 자랐다면 좀 채 보기 어려웠을 일도 있었다. 쥐가 볏 짚동 속에서 집을 지어 새끼를 낳은 것을 보았다. 새 둥지처럼 보드라운 지푸라기 속에서 갓 태어난 생쥐 몇 마리가 앙증맞게 꾸물거리고 있었는데 핏덩이처럼 너무나 빨갰다. 앞집 형은 한 마리를 집어 손바닥 위에 올려놓고 귀엽다고 한참을 들여다보며 만지작거렸다. 신기해서 나도 손가락 끝으로 살짝 건드려 보고는 가엾고 불쌍한 생각이 들어 잘살 수 있는 곳으로 옮겨 주자고 졸랐던 생각이 아련하다.

생동하는 봄, 나뭇가지에는 잔뜩 물을 끌어올린 꽃눈 잎눈이 터질 듯 빠알갛다. 눈깔사탕 입에 문 아이의 볼처럼 도도록한 자리가 부풀대로 부풀어 색동옷 끝동처럼 붉게 터진다. 오랫동안 어린 마음에 남아 몽글거리던 전통 혼례식장 신부의 모습이 선연하다. 하얀 천 얼굴가리개 사이로 새색시의 모습은 작약의 새순처럼 발그레한 떨림이었다.

 붉은 것은 생명의 근원색일까. 겨우내 얼고 녹기를 반복하며 따스한 숨결을 머금은 흙이 여린 빛을 품어 땅속 깊숙이 붉은 생명력을 불어 넣었으리라. 온누리 살아 숨 쉬는 터마다 봄볕 길은 생명의 가슴으로 붉은 색깔을 내민다. 숭고한 생명체의 경이로운 결정인 듯 여림의 붉은빛이 어린다. 우리의 생명은 어머니가 피운 사랑의 꽃이며, 우주의 별뉘를 품어낸 조상의 따사로운 볕이 아닐까. 대지의 기운은 언 땅을 녹이고 엎드린 생명들을 일으켜 세워 봄을 이루어 낸다. 뿌리와 나뭇가지에 움이 돋고 세상을 향해 일어서는 봄은 하늘 향해 손짓하며 붉고 푸르게 솟아올라 높게 자란다.

 붉은 봄의 아쉬운 시간이 바쁘게 지나간다. 화단에 붉은 쪽댕기를 하고 있던 작약이 어느새 꽃을 피워 진홍빛 함박웃음으로 맞이하고, 겹겹의 붉은 꽃잎이 영화롭게 핀 모란이 벌써 땅을 손짓한다. 언 땅속 시린 뿌리의 눈물인 듯 고목의 등걸에서 나온 가지마다 숭얼숭얼 맺혔다가 홍염紅焰처럼 피어나온 붉은 매화. 그 심홍색 절정을 보기 위해 수북이 둘러섰던 발걸음들이 매향에 마음 앗기고 돌아간 자리, 빈 석등만 퍼진 햇살을 지키고 섰다.

몸을 낮추면 한줌의 바람으로 돌아가는 꽃의 피안도 보인다. 추운 겨울을 뚫고 화려하게 붉었던 동백꽃의 요절과 일시에 피었다 길가에 누운 벚꽃에서 우주의 순환이치를 느낀다. 사랑의 시간을 보낸 벚꽃의 꽃자루 끝이 빨갛게 부어오른다. 생명 외경에의 전율이 이는 것 같다.

  붉은 봄은 세상을 향해 희망의 말을 연다. 봄은 고귀한 생명의 탄생 빛깔로 붉다가 우주 만물의 질서와 존재 이유에 따라, 계절의 순환 속에서 형형색색으로 아름답게 변화한다. 그런 모습에서도 인생은 자연과 많이 닮아있다는 생각을 갖게 된다.

  가만가만 귓전을 파고드는 소리가 쟁쟁하다. 주어진 환경에 따라 나름대로 살다가 홀연히 삶을 마감하는 인생에 대하여 붉은 봄은 새싹을 통하여 외치고 있는 것 같다. 세상의 모든 것을 사랑하라고, 겨울의 언 땅을 뚫고 올라오는 붉은 새순처럼 굳은 흙을 이고 일어서라고. 그 환청 같은 외침으로 봄은 붉게 일어서고 있다.

브라 이야기

권현옥
doonguri@hanmail.net

 후다닥 시원하게. 집에 오면 무엇이든 내려놓거나 바꾼다.
 외출을 위한 준비보다 동작이 빠르다. 구두, 가방, 윗옷, 다음에 오는 급한 것, 그건 브래지어를 벗고 티셔츠를 입는 일이다. 이만큼 시원한 게 있을까. 밖에선 모르고 있다가 집에만 들어서면 답답하여 성질이 급해진다.
 무엇이 무엇을 구속했단 말인가. 브래지어를 꼭 착용하라는 법이 있는 것도 아닌데 언제나 입고 나간다. 집안에서는 남편 아닌 누구라도 있으면 갖춰야 떳떳하다. 코르셋은 드러냄과 모양새를 위해서지만 애초의 브래지어는 손수건으로 시작했으니 멋이라기보다는 가리고 보호하기 위한 도구였다. 나도 멋 쪽보다는 그쪽에 무게를 두었나보다.
 브래지어는 은밀함을 당당하게 바꾸는 이율배반적인 정서를 갖고 있다. 직접적인 노출을 가리면서도 한편으로는 더 강조를 해 버리는 요즘이니 브래지어는 당당해졌다. 밖에서는 무장을 함으로써 해방감을 느끼고 집에서는 브래지어로부터 해방되면서 자유를 느끼니 묘하지 않은가. 당당하기 위해 입었다가 자유를 위해 벗는다니…. 자유의 모습을 양쪽 끝에서 급격하게 잡아당기고 변환시켜버리는 능력을 가진 특별한 속옷이다. 옷이면서도 구체적으로는 속옷. 은밀하게는 유혹적 매력을 발산하는가 하면 젖을 먹였다는 몸의 추억을 들춰주는 역할도 하고 상황에 따라서는 섹시함과 부끄러움이 원칙 없이 오가기도 한다.

여자의 유방이 2개로 부족하다고 귄터 그라스는 〈넙치〉에서 말한다. 이분법의 사고방식을 넘기 위해 제3의 유방이 필요하다며 소설을 썼다. 세상의 많은 자식들은 엄마의 젖을 먹고 자랐는데 남성이 유독 두 개의 유방을 그리워하고 흠칫 눈길 돌리는 본능이 있는 걸 보면 풍족하게 3개의 유방도 괜찮으리라. 그런데 벌써 나의 고정관념이 걸고 넘어진다. 브래지어의 컵이 3개라고 생각하니 갸우뚱 웃음이 나온다.

얼마 전 신호등 앞에서 서 있다가 고개를 상가 앞 인도 쪽으로 돌렸다. 팬티와 브라가 행거에 걸려 있었다. 왜 이 더운 뙤약볕에 속옷을…. 얄궂었다. 주인은 에어컨이 켜진 그 가게 안에 있으리라.

마트에 가면 겹겹이 걸린 속옷도 보고 TV홈쇼핑에서는 속옷만 입고 서 있는 마네킹이나 광고인을 보며 세밀한 설명까지 듣는다. 흔하디 흔한 일상인데, 횡단보도 옆 인도에 있는 그 장면이 마뜩잖은 이유가 뭘까. 골목 시장에서나 시골장터에 쌓인 속옷이 괜찮았던 건 또 뭘까.

속옷이라는 단어가 주는 은유를 무시하고 함부로 다루어서일까. 뙤약볕에 드러난 민망함 때문일까. 지나가다 본 게 아니고 정지 상태로 봐서 그럴까. 누구라도 멋쩍게 서 있는 횡단보도 앞이라 그랬을 것 같고 태양이 너무 뜨거워서였던 것 같다.

〈더 브라〉라는 영화가 있다. 말소리는 전혀 없고 기차와 호루라기 소리가 전부다. 철길을 뛰어다니며 꼬마가 호루라기 불면 사람들은 철길과 바짝 붙은 집으로 후다닥 들어가고 여자들은 빨래를 급히 걷어간다. 기차가 지나간 후 다시 기찻길엔 빨래가 가로질러 색색으로 널리고 바람에 나부낀다. 어느 날 기관사 눌란은 기차를 청소하다 채 걷어가지 못한 하늘색 레이스 브라가 기차에 걸려있는 것을 본다. 소중하게 걷어 가방에 넣고 운행이 없는 시간 주인에게 돌려주고 싶어 마을 여자들을 찾아다닌다.

다양한 반응과 파생되는 문제만 있다. 성희롱으로 보고 상대도 안 하는 여자, 브래지어를 건네는 남자에게 노골적으로 끼를 부리는 여자, 브래지어에 욕심을 내는 여자가 있다. 주인을 찾기 힘들자 아예 브래지어 장사를 하며 동네를 돌아다니고 눈치를 살피지만 동네 남자들에게 수상한 남자로 몰려 철길에 묶인다. 호루라기를 불던 꼬마가 아슬아슬 사슬을 끊어주는 순간 놀란 은 꼬마를 밖으로 밀치고 자신은 철길에 바짝 눕는다. 기차가 지나간다.

두 사람은 혼이 빠진 듯 철길을 걷다가 빨랫줄에 하늘색 팬티가 걸려있는 것을 본다. 갖고 다니던 브라와 같은 세트 속옷이다. 브라를 꺼내 팬티 옆에 나란히 집게로 눌러 놓는다. 바람에 흔들리며 집게에 잡혀있는 브라와 팬티가 아름답다. 흐뭇해하며 초라한 언덕 위 집으로 향하는 두 사람의 장면이 영화의 끝이다. 무언無言의 절제미다.

한 여자의 소중한 브래지어를 돌려주고 싶었는지, 그 예쁜 브라의 주인이 누굴까 알고 싶었는지, 짜릿한 상상 때문이었는지 알 수 없지만 철길을 가로질러 널려 있는 빨래의 나부낌과 사람들의 손놀림, 그리고 예쁜 브라를 입어보고 싶어하는 여자들의 심리가 그려져있다.

어떻게 보여주고 있는가와 내가 어떻게 보는가의 상충된 문제는 어디에나 있다. 약간의 느낌 차이로 마음이 상하고 흥이 살아난다. 브래지어를 입을 때와 벗을 때의 느낌이 다르듯. 그 횡단보도 앞에서와 골목시장에서의 느낌이 다르듯. 나의 심리도 촌스러움 못 벗은 탓일 수 있고 그날 너무 더운 날이라 내가 예민했을 수도 있다. 영화〈더 브라〉는 그렇게 순연하게 감상해놓고 길거리의 브라를 왜 불편하게 보았는지. 지금 이 글을 지면에 쓰면 누군가는 또 어떨지…, 아직 캐볼 게 많다.

참외장아찌를 담그며

김시윤
syoon5577@naver.com

 노란 참외가 소쿠리에 가득 담겨있다. 지인의 참외밭에서 얻어온 싱싱한 참외들이다. 식구가 많지 않아 생으로 먹기엔 신선함을 포기해야 할 것 같아 장아찌를 담그기로 했다. 일전에 시장에서 사 먹어본 참외장아찌의 맛에 반해 있던 터라 망설임 없이 선택한 방법이다. 평소에 양파나 고추, 오이 등의 장아찌들을 만들어 먹긴 했어도 참외는 상상해보지도 못하던 거였다. 우선은 다른 것들에 비해 가격이 만만치 않을뿐더러 그냥 먹어도 손색이 없는 맛이라 굳이 조리의 필요성을 느끼지 못했기 때문이다. 너무 많은 양의 참외를 보는 순간, 장아찌의 맛도 한몫하긴 했지만, 저장의 목적이 더 우선으로 다가와 과감하게 일을 벌이고 말았다.
 껍질째 담글 것이기에 세척이 중요하다. 먼저 물에 베이킹파우

더를 풀어 녹인 다음 참외들을 10분쯤 담가뒀다가 두 손으로 뽀득뽀득 문질러 씻었다. 다시 식초를 푼 물에 한 번 더 꼼꼼하게 씻어 건진 후 남아있는 물기는 마른행주로 깨끗이 닦아 두었다. 큰 도마를 꺼내고 담글 통을 준비한 후, 닦아 두었던 참외를 세로로 길게 반씩 잘랐다. 다음은 숟가락으로 자른 참외의 씨를 파낼 차례다. 묻은 씨가 없음을 확인하며 깨끗하게 다듬어진 참외들의 껍질 부분이 밑으로 가고 씨를 파낸 오목한 부분이 위로 향하게 하여 통에 한 켜씩 줄을 세워 담는다. 굵은 소금을 엇비슷한 양으로 각각에 뿌려두고 그 위로 다시 가지런히 참외를 쌓고 다시 소금을 뿌리기를 반복한다. 이렇게 소금이 뿌려진 참외를 하루 묵힌다.

하루 동안 묵혀진 참외를 보면 제 몸에서 뿜어낸 수분에 절반 이상이 잠겨 있다. 건져서 만져보면 야들야들하고 낭창거리는 것이, 휘어지긴 할지라도 절대로 부러지지는 못하겠다는 굳은 결의를 품고 있는 모양새다. 어찌 이리 하루 사이에 절개를 녹여 버릴 수 있단 말인가. 한 번 뱉은 말이나 의견을 웬만하면 번복하지 못하는 나의 성격이 말랑거리는 참외 앞에서 무색해진다. 육십갑자를 돌며 긁혔던 상처들이 하루 동안 스쳐 간 굵은 소금의 생채기보다 쓰리지 못했단 말인가. 한 번 뿌려 둔 소금에 참외는 이토록 고분고분한 자세로 속절없이 무릎을 꿇어버리고 만다. 싱싱할 때의 잔뜩 머금은 수분 탓에 깨어지고 터지더라도 휠 것은 감히 상상해 볼 수도 없는 단단함이었는데 하루 밤사이에 이처럼 허물어져 버리다니. 터지고 깨어질 바엔 속에 찬 기개 따위 포기해버리고 색과 형체라도 간직하리라는 얕은 셈으로 삶의 방식을 바꾸기라도 한 모양이다.

고운 노랑과 매끈한 표피는 그대로 남아있어 누가 봐도 참외일 수밖에 없다. 식감은 생으로 먹을 때보다 더 아삭하다. 꼬득꼬득 씹히는 맛이 오히려 원래의 식감을 능가하는지도 모르겠다. 안으로 품었던 기개를 내어놓고도 원래 가졌던 성질을 조금도 잃지 않은 용기에 박수라도 보내야 하나. 달라진 것은 말랑말랑 휘어지는 유연함 뿐이다. 어쩌면 생각 한 방향만 바꾸었어도 세상살이가 한층 말랑해지고 부드러워지지 않았을까 싶다. 숙인다는 것은, 겸손이기보다 비굴한 위선 같아서 기개인 양 착각하고 내 안의 오기를 뻣뻣하게 지니고 살진 않았을까. 내가 믿고 있던 소신이란 것이, 공연한 고집은 아니었기를. 말랑거리는 참외들을 나란히 줄 세우며 노심초사하여 본다. 소금기에 빠져나온 참외의 수분들을 모두 비워내고 가지런해진 참외 위로 설탕과 식초, 간장을 넣고 끓인 단촛물을 잠길 만큼 붓는다.

한 삼 일 더 지나면 장아찌는 완성된다. 얇게 저며서 시원한 냉국을 해 먹어도 좋고, 총총 채로 썰어 갖은양념을 넣고 조물조물 무침을 해 먹어도 좋을 것이다. 때론 잘게 다져서 김밥을 싸거나 주먹밥을 만들어 먹어도 아삭하고 쫀득한 식감이 보통은 넘을

서로 다른 생각 215

맛이다. 한여름 잃은 입맛을 되돌리기엔 이만한 별미가 없으리라 생각한다. 보관만 잘하면 일 년을 두고 먹어도 맛의 변질이 없을 터이니 참외의 계절이 지나고도 별미의 찬이 되어 줄 것을 기대해 봐도 좋으리라.

참외의 속살이 거무스름하게 변하고 있다. 단맛만 강하던 참외에 짠맛과 새콤함이 더해졌다. 색은 조금 달라졌어도 곱게 줄졌던 원래의 결은 그대로 살아있다. 고집처럼 꽉 차 있던 수분이 빠져나가고 유연해진 참외장아찌는 그 맛까지 오묘하게 매력을 품었다. 거울을 보며 하나씩 늘어가는 주름에 시름할 일만은 아니란 생각을 한다. 주름이 한 개씩 늘 때마다 참외의 수분처럼 갇혀있던 아집들이 빠져나가 줄지도 모를 일 아닌가. 아직 버리지 못하는 생활방식이나 완고한 사고의 틀이 있다면 새콤하고 짭조름한 단촛물 같은 삶의 지혜들 속에 녹여 보면 어떨까. 세월의 흐름에 따라 검어지고 주름진 모습이어도 한 가지 멋만을 알고 살던 때와는 다른, 훨씬 다채로운 멋과 매력을 품게 되지 않을까. 누가 봐도 나일 수밖에 없도록 색과 결을 지키기 위한 노력은 당연히 하여야 할 테지.

노랗게 쌓여있던 참외가 거뭇거뭇한 장아찌 모습으로 변해 작은 통으로 옮겨진다. 일 년 끄떡없이 밑반찬으로 든든하게 냉장고 속을 차지할 것이다. 장아찌의 단촛물 같은 지혜들을 녹여 가며 감칠맛 나는 삶을 살아보고 싶다. 수분이 빠지고도 더욱 꼬득해진 참외장아찌처럼 오기는 쏙 빼 버리고 소신만 꿋꿋하게 남겨두고 싶다.

  뜨겁게 내리쬐던 태양이 빛을 잃어가는 시간인데도 날씨는 여전히 무덥다. 오늘 저녁상에는 총총 썬 참외장아찌에 얼음 몇 알 동동 띄운 시원한 냉국을 올려봐야겠다.

고무래

박찬익
torchpk@hanmail.net

　수필은 고무래다.
　고무래는 곡식을 그러모으고 펴거나, 밭의 흙을 고르거나, 아궁이의 재를 긁어모으는 기구를 일컫는다. 어떤 지역에서는 '밀당그레'로 부른다. 반포천의 복개된 일부 구간의 도로명은 고무래로다. 대략 원명초등학교에서부터 삼호가든 사거리까지를 말한다. 도심 한복판의 도로명이 하필이면 농기구 이름일까. 자주 오고 가면서 보니, 도로의 생김새가 진정 고무래와 흡사하다.

　반포천은 고속버스터미널 부근에서부터 한강의 접점까지는 덮개를 씌우지 않고 자연 하천으로 유지하고 있다. 야트막한 언덕을 타고 내려온 물이 '서리서리 굽이쳐 흘러' 붙여진 이름이다. 도시 확장과 주거지 개발 등으로 발원지를 잃은 채 거대한 하수관으로 전락하여 악취가 진동한 적이 있었다. 둔치와 제방의 경사면에 야생화와 벚나무 등 갖가지 식물을 심고 가꿔 도심 속 생태 하천으로 점차 되살아나고 있다. 유량이 매우 적어 지하철 구간에서 샘솟는 지하수를 보태 흘려보낸다.

물길이 내려다보이는 둑 위를 '피천득 산책로'로 이름하였다. 선생이 이곳 반포주공아파트에서 1980년부터 2007년까지 무려 28년 동안 살았던 게 그 인연이다. 금아琴兒의 청아한 글은 독자를 순수의 세계로 끌어들이는 흡인력을 가지고 있었다. 그의 글을 접할 때마다 문학적 순수성과 마력을 지닌 분이 아닐까, 생각되곤 했다.

양재역 부근의 S문화원 수업을 마치면 때때로 고속도로와 아파트 사이의 밀림 같은 길마중 길을 찾았다. 길섶의 쭉쭉 뻗은 느티나무와 메타세쿼이아, 소나무와 향나무가 오랜 친구로 두런두런 속삭였다. 명달공원을 스치고 고속도로 밑 토끼굴을 빠져나오는 순간 곧바로 고무래로의 시작이다. 양옆으로 두세 개의 학교가 있고 하늘 높이 솟은 아파트들은 마치 메타세쿼이아처럼 줄을 잇고 있다. 고무래로 위에는 분주한 삶의 시간이 흘러갔다. 바삐 오가는 차량의 행렬이 꼬리를 물고 이어졌다. 가방을 둘러메고 어디론가 향하는 아이들은 걷는 듯 뛰는 듯 가까워지고 또 멀어졌다.

이윽고 반포천 둑길로 발끝이 닿는 그 찰나의 순간, 풀 내음과 꽃향기가 온몸을 휘감았다. 나무 그늘의 늘어진 가지들이 터널처럼 넘실거렸다. 환영의 몸짓이다.

한참 풍광에 빠져 걷노라면 피천득 선생이 반긴다. 의자에 앉아 연필로 무언가 메모하는 듯한 등신불 모양의 동상이다. 잔설이 채 녹지 않은 3월까지 썼던 털모자와 머플러를 털어낸 순간, 선생은 어김없이 봄의 전령사다. 시선도 예사롭지 않다. 온전히 드러난 얼굴은 그저 정면을 무심코 바라보는 게 아니다. 몸을 살짝 비틀어 뒤쪽을 향한 채, 비스듬히 고개를 들고 저 멀리 지나온 길을 응시하는 듯하다. 덮개를 씌우지 않은 반포천과 그 너머의 복개된 길-고무래로까지 닿아 있다.

이곳을 지나갈 때마다 선생 곁 좁은 의자 틈새로 내 엉덩이를 밀어 넣었다. 나란히 앉은 선생과 나를 산책객들은 번갈아 살피며 지나갔다. 천연덕스레 옆에 바싹 붙어 그의 시선을 흉내 내며 치근거렸다. 행여나 문학적 순수성과 마력을 지닌 영감이 떠오를까, 맑고 청아한 글감이 불현듯 다가올까, 하는 기대감을 잔뜩 품고. 잠시 머무는 동안 유유한 창천을 우러르며 씩 웃었다. 이내 글쓰기 애송이는 어리석기 짝이 없음에 겸연쩍어 고개를 떨궜다.

파랗게 돋아나는 새싹이 천변을 뒤덮은 초봄을 시작으로 오월에 이르기까지 산책로는 화사한 외출복으로 변신하는 꽃들의 뽐냄으로 분망했다. 선생의 표정도 새봄을 다시 맞는 희망으로 부풀어 올랐다. 격정의 순간, 시선과 몸짓은 '불타는 두 송이 장미처럼' 이글거렸다. '한가한 사람이란 시간과 마주 서 있어 본 사람'이라는 말도 기억났다. 연륜에서 묻어나는 달관의 경지가 무엇인지 일깨워주는 듯했다.

'목불식정目不識丁'이란 말이 있다. 아주 쉬운 글자인 '丁'자를 보고도 그것이 '고무래'인 줄을 알아보지 못한다는 뜻이다. 낫 놓고 기역 자도 모르는 까막눈임을 이르는 말이다. 한때 고무래는 우리 곁에서 생사와 고락을 함께한 도구요, 곡식을 모으고 흩트려 잘 건조되게끔 갈무리하는 농기구였다.

또한 이룰 성자成字를 자세히 관찰하면, 그 중심에 고무래가 똬리를 틀고 있다. 고무래가 없으면 일을 이룰 수 없다는 뜻일 거다. 사고의 파편이 한 덩어리가 된다면 잔잔한 감동의 글이 탄생할 수 있다. 기억의 일면과 경험의 조각을 그러모으고 펴서 맛깔나게 버무리면 말이다. 부단한, 정성스러운 갈무리가 없다면 수필 역시 무미건조하다. 수필이 온아하고 우미한 글로 거듭남에 있어 고무래의 노련한 밀당이 필요한 연유다.

산책로 위에서 눈과 발을 뗄 수가 없다. 복개된 길 아래 숨겨진 물줄기는 언제쯤 보일까, 혹은 선생과의 인연이 한 겹이라도 덧씌워지지 않을까 하는 억지 마음의 발로다. 선생 곁에 찰거머리처럼 바싹 붙어 앉아 그의 시선을 따라감은 '창승부기미치천리蒼蠅

附驥尾致千里' 즉 쇠파리가 천리마 꼬리에 붙어 천리를 가는 이치에 기댐이다.

해바라기 사랑

선우현정
aromainluv@naver.com

    초등학교 1, 2학년 때의 기억인 것 같다. 토요일 저녁 9시가 되면 아버지께서는 어김없이 토요명화로 채널을 돌리셨다. 포효하는 할리우드 사자의 울음소리를 들으며 나는 설렘으로 TV 앞에 앉아 침을 꼴깍 삼켰다. 그때 아버지와 나는 지금은 고전이 된 세계의 명작들을 감상했다. 그때 보았던 영화 가운데 아직도 기억에 선명하게 남아있는 영화가 있다. 끝없이 펼쳐진 노란 해바라기 밭과 눈물로 헤어지는 기차역이 떠오르고, 가슴 시려오는 애잔한 음악이 귓가에 맴돈다. 영화 '해바라기'다.

    2차 대전이 끝났는데도 남편은 돌아오지 않았다. 모두들 죽었을 거라고 했지만 그녀는 남편이 살아있다는 강한 믿음을 가지고 머나먼 러시아로 긴 여행을 시작했다. 묻고 묻고 찾아간 곳에서 기억을 잃고 다른 여자와 결혼을 해 가정을 꾸리고 있는 남편을 발견했다. 돌아오는 기차 안에서 오열하던 여주인공의 상실감이 지금도 가슴을 먹먹하게 한다. 뒤늦게 기억을 되찾은 남편이 그녀를 찾아온다. 하지만 각자 가정이 생기고 아이까지 있는 상황에서 둘의 사랑을 이어간다는 것은 또 다른 비극을 낳게 되는 일이었다. 결국 남편을 떠나보내는 기차역에서 이 영화는 끝이 난다.

수십 년이 지난 지금까지도 해바라기 꽃을 보면 그 영화 속 끝없이 펼쳐진 노란 해바라기 밭이 떠오른다. 동시에 남편을 찾아 머나먼 타국을 헤매는 그녀의 강렬한 사랑이 생각난다. 강렬한 사랑은 흔들리지 않는 믿음을 가진다. 그 믿음이 사랑하는 이를 찾게 한 것이 아닐까. 그러나 결국 사랑하는 이의 품에 안겨보지도 못한 채, 기차에 오르는 그녀에게서 진정한 사랑의 모습을 본다. 지금은 소유해야만 사랑이라고 믿는 세상이다. 이별 앞에서 눈살 찌푸리게 만드는 행태들이 뉴스기사에 오르내린다. 여름한 철 꽃을 피우며 태양을 사랑한 해바라기는 노란 꽃잎이 떨어지면 떠나야 할 때를 아는 이처럼 땅을 향해 고개를 떨군다. 떠나야 할 때를 알고 돌아서는 이의 뒷모습은 얼마나 아름다운가. 이별도 사랑이다.

내 어린 시절, 꽃을 좋아하셨던 엄마는 담 안쪽으로 화단을 만들고 가꾸셨다. 담벼락 바로 앞에는 키 큰 해바라기를 심으셨다. 여름이 무르익어갈 무렵에는 골목길 담 위로 키가 훌쩍 커버린 해바라기가 고개를 내밀었다. 나는 동생들과 까치발을 하고 해바라기 꽃 안에 씨앗이 얼마나 영글어가고 있는지 날마다 올려다보았다. 해바라기 노란 꽃잎 안에 동그랗게 자리한 씨앗들의 모습은 경이로울 만큼 질서가 있었다. 지금 생각해보니 여름의 불타는 태양을 사랑한 해바라기에게 보답하는 태양의 선물인 것 같다.

　해바라기는 뜨거운 여름날 모든 꽃들이 그늘 아래 숨고 싶은 그때에도 태양을 기다리고 바라본다. 그렇게 몇 날 며칠을 그리워하며 바라보다가 드디어 꽃을 피운다. 해바라기의 그리움과 기다림은 꽃 속에 수없이 많은 사랑의 씨앗을 품고 키워낸다. 그 힘겨운 시간 속에서 사랑의 씨앗이 움틀 거라는 것을 해바라기는 알고 있었을까.

　여름이 지나가는 오늘, 그 강렬했던 해바라기 사랑을 보고 싶다.

킬리만자로 Kilimanjaro 등정한 날

청원 성종환
nongbaragi@daum.net

깨어있는 사람이라면 발전을 향한 발걸음이 되리라는 믿음 때문에 나름으로 뭔가를 시도한다. 그래서 시도를 꿈꾸는 일은 동서고금 어디서나 언제나 변함없는 인지상정人之常情이다. 비슷한 의미인 도전은 죽고 살기로 상대가 있지만, 시도는 상대가 없다. 스스로 새로운 영역을 개척하므로 더욱 보람되다.

정주영 현대그룹 창업주는 생전에 많은 사람 가슴에 새겨둘 만한 여러 어록을 남겼다. 나는 그중에서 "해 보기나 했어?"가 제일 마음에 든다. 그가 가진 자신감 넘치는 성정을 가장 적절히 표현한 말이라고 여기기 때문이다. 그가 실행한 긍정 시도가 겹겹이 쌓여서 오늘날 현대그룹을 만들었다고 여긴다.

서울특별시 서초구에는 서초가 행복해진다는 의미를 가진 '서

행길'이란 산책길이 있다. 그 길 4.5km 중간 쯤에서 몽마르뜨공원을 만나게 된다. 공원 가장자리에는 세계적으로 유명한 화가인 고흐, 고갱, 피카소를 만날 수 있다. 그들을 표현하는 자화상 부조와 남긴 어록을 적은 조형물이 설치되어 있다.

"우리에게 뭔가 시도할 용기가 없다면 삶이 무슨 의미가 있겠나?" 불멸의 화가인 빈센트 반 고흐가 1881년 동생 테오에게 보낸 편지 내용이 알알이 새겨져 있다. 고흐가 새로움을 향해 끊임없이 시도한 알찬 삶을 증명한다.

나 역시 인생을 살면서 많은 시도가 있었다. 그러나 나 자신을 저울질한 가장 부담스러웠던 시도는 아마도 아프리카 킬리만자로 등정이라 여긴다.

2015년 한국국제협력단KOICA 봉사단원 5명과 어울려 별도 준비도 않고 겁도 없이 올랐다. 1명은 중도 탈락, 1명만 등정하고 3명이 분화구 언저리 '길만 포스트Gilman post'에서 기진맥진해 포기하고 말았다. 나도 그 일원이었다.

무사히 하산하긴 했으나 체력 부족으로 등정에 실패했다는 사실은 새롭게 시도할 의욕을 더욱 일구었다. 귀가 후 주거지 인근 2,758m '우루구루산'을 수시로 오르면서 체력단련을 하고 2016년 다시 등정을 시도했다. 혼자였다. 2015년 등정을 실패한 단원을 비롯해 함께 할 지인이 없었기 때문이었다.

명명하여 '칠순기념 킬리만자로 등정'이란 명분으로 추진했다. '마랑구 루트'를 이용해 5박 6일 일정으로 정상에 오른 9월 9일 – 음력 8월 9일이 나의 70회 생일이었다. 칠순 잔치가 아닌 엄청 혹독한 선물을 내게 안겨 주었다. 등정 후 가이드와 함께 촬영한 20×24인치 큰 사진을 집 현관 입구에 걸어 놓았다. 그 사진을 보며 그때를 되살리면 나도 모르게 힘이 불끈 솟아오른다.

킬리만자로 산행은 1,879m에서 시작된다. 5,895m 정상에 이르는 34km 산행로는 온도 편차가 크므로 다양한 동·식물들이 확연한 분포대를 형성하고 있다. 열대우림지대 – 온대지대 – 사막지대 – 끝으로 생물이라곤 존재하지 않는 분화구지대 순차이다. 그러다보니 킬리만자로에서만 유일하게 자라고 있는 '킬리만자로 자이언트'와 같은 특이한 모양의 식물들도 여러 종류가 있다.

4일차까지는 고도가 5천m 미만으로 다양하게 바뀌는 산천경개를 돌아보며 평탄한 길을 오르므로 그리 힘들지가 않다. 정상에 오르기 위한 고도 적응과 최대한 에너지 비축, 그리고 숙소인 헛Hut 이용에 따른 시간 조절을 위해 가능한 천천히 걷기로 진행된다. 킬리만자로 등정 성공률은 평균 48%이다. 천천히 걷기가 정상에 오르는 5일차 산행 결과를 만드는 관건이기 때문이다.

킬리만자로 정상인 '우후르 피크' 등정을 위한 산행은 4일차 숙소인 '키보 헛'에서 5일차를 맞는 자정 전후에 출발한다. 먼저 준비된 순서대로 일렬로 줄지어 오르도록 되어 있다. 분화구까지 오르는 산행로가 외길이기 때문이다.

일찍 저녁을 먹고 잠자리에 들었다가 밤 11시 정도에 일어나 산행 준비를 했다. 세계 각국에서 모인 여러 팀이 뒤섞인 숙소는 매우 분산스러웠다. 배낭을 꾸리고 밖에 나서니 사면이 캄캄한 가운데 청명한 하늘에는 쏟아질듯 별들이 총총했다. 저온을 대비한 복장에 우둔해진 몸을 옮길 수 밖에 없었다.

앞장선 가이드 뒤를 따라 한 줄로 헤드 랜턴 불빛만을 의지해 말없이 한 발짝 한 발짝 찬찬히 올라갔다. 가끔 "Are you O.K.?" 하며 몸 상태를 물어오는 가이더 목소리와 앞뒤에서 오르는 사람들이 뱉는 거친 숨소리만 들려왔다.

5,100m인 '윌리암스 포인터'를 지나면서부터 모래, 자갈, 바위들이 뒤섞인 길을 오르다보니 점차 숨결이 가빠졌다. 고도가 높아지고 있음을 확연히 느낄 수 있었다. "하나, 둘, 셋…" 마음속으로 발걸음 숫자를 세며 300여 보를 오르고서는 스틱에 의지해 숨을 돌렸다. 그렇게 다시 오르고…. 숫자 세기가 점차 짧아지면서 휴식 시간은 잦아지는데다 길어지면서 맥이 빠지기 시작했다.

가까스로 분화구 언저리 초입인 5,685m의 '길만스 포인터 Gilman's Point'를 오르면서 일출을 보았다. 잠시 휴식을 취하고는 곧바로 2km여 멀리 떨어져 보이는 정상을 향해 분화구 언저리를 오르락내리락하며 길을 따라 걸었다.

5,756m의 '스텔라 포인터'를 넘기면서 앞서 걷던 7년 경력인 가이드가 힘들어 하는 나에게 오더니 눈꺼풀을 뒤집어 보았다. 동공에는 이상이 없다면서 혀를 내밀라 했다. 들여다보더니 붉은 혓바닥이 변색하기 시작했다면서 말했다.
　"정상은 포기하고 내려가면 어떠냐?" 그랬다.
　"2개월여 전에도 인근에서 동양인 한 사람이 정신을 잃고 쓰러져 심장마비로 죽었다" 말하며 은근히 겁을 주었다.
　"만약 잘못되면 일이 커진다. 나도 밥줄이 끊어지고, 우리 회사도 위험하다"는 둥…. 문제없다는 의사결정을 위한 대화를 나눴으나 막무가내였다.
　할 수 없이 킬리만자로 산행을 주선한 회사 사장과 직접 전화 통화를 하고 민·형사에 대한 책임을 묻지 않겠다는 언약을 하고 계속 걷기로 결정했다. 가만히 서 있으면 가슴, 머리 등 특별한 이상을 느낄 수 없었기 때문이었다.
　막상 출발하고 보니 몇 걸음 움직이기가 힘들었다. 움직이면 숨이 차므로 신체적 이상을 만드는 전조라 할 수 있는 정신이 흐려지는 것을 막기가 급선무였다. 그때부터는 숫자 대신에 교회에서 예배 시간에 낭송하는 '사도신경'을 보폭에 맞춰 천천히 외우며 걸었다. "전능하사 천지를 만드신 하나님 아버지를 내가 믿사오며…" 끝까지 한 차례 외우기가 끝나면 스틱에 의지해 숨을 돌리면서 하나님께 간절히 기도했다. 숨이 골라지면 다시 걷기를 반복했다. 분화구 언저리에서부터 고도 210m를 올리는데 3시간여가 걸렸다. 어느 순간 앞이 훤해졌다. 커다란 '우후루 피크Uhuru Peak' 표지판 앞에 섰다. 정상이었다.

맨 먼저 하나님께 감사 기도를 드렸다. 가이더와 포옹하며 등정 감격을 나눈 후 함께 손을 들고 자축하는 사진을 찍었다. 그제사 숨이 골라지며 주변이 보이기 시작했다. 흙과 모래, 자갈, 바위 등이 온통 검은 색깔로 무질서하게 깔려있었다. 아직 햇볕이 들지 않는 곳에는 간밤에 내린 하얀 눈도 있었다.

빙빙 몸을 돌려 사방을 돌아보니 장관이었다. 정상 표지판 뒤로 100여m 떨어진 곳에는 칼로 자른 시루떡 같은 하얀 빙벽이 길다랗게 도열하고 있었다. 구름 한 점 없는 파란 창공은 끝이 없었다. 발 아래로 겹겹이 쌓인 솜털구름 사이로 모시Moshi 시내가 보이면서 당장 뛰어 내리고 싶은 충동을 받았다.

마음 같아서는 계속 머무르고 싶었지만, 5천m 이상에서 오래 머무는 것은 위험하다며 가이드는 하산을 재촉했다. 내려오는 길 역시 고행이었다. 화산으로 형성됐으므로 산기슭은 발이 푹푹 빠지는 검은 모랫길이었다. 검은 흙먼지 속에서 걷는 것이 아니라 등산화를 스키처럼 타고 내려가는 기분이었다.

힘들게 내려 온 '키보 헛'에서 점심 겸 잠깐의 휴식을 취하고 5일차 숙소인 '호롬보 헛'을 향해 4시간여 광야 길을 터덜거리며 걸었다. '호롬보 헛'에 도착하니 시계가 밤 8시를 가리켰다. 5일차

서로 다른 생각 231

20여 시간 걸린 고된 산행이었다.

6일차는 7시간 정도 산행 후 관리사무소에 하산을 신고하고 '킬리만자로 홍보센터' 휴게소에서 점심을 먹고 있었다. 하산 길에 인사를 나눈 네덜란드 장년팀 5명이 나에게 오더니 정중하게 인사를 했다. 얼떨결에 인사를 받았다.

"하산 등록부에서 나이를 보았습니다. 존경합니다" 그랬다.

다른 사람이 나를 존경하는 이유는 간단하다. 공감하고 동의하기 때문이다. 힘들고 어려웠지만, 해냈다는 성취감은 보람된 일이 아닐 수 없다. 어찌 그 날을 잊을 수 있겠는가? 단 한번뿐인 칠순 잔치를 대체한 2016년 9월 9일.

뒤돌아보면, 분화구 초입인 5,685m '길만스 포인터'에서 210m 고도를 높이는 분화구 언저리 2km. 3시간여 동안 정신의 혼미를 방지하기 위해 사도신경을 외우며 다다른 정상 – 5,895m '우후루 피크'였다. 10시간 이상 걸린 등정 과정은 숨쉬기가 너무나 힘들었기에 다시는 오를 곳이 아니라고 생각했다.

하지만, 자연의 경이로움과 함께 창조주의 권능을 생각하며 무사히 산행할 수 있도록 영육에 강건함을 주심에 감사할 뿐이었다. 가이더, 포터, 요리사를 지원한 산행 전문 여행사인 '제이 어드벤처Jay Adventure' 사장이 덕담이랍시고 던진 한마디가 귓전에 맴돈다. 촌철살인寸鐵殺人 격으로 나를 유혹한다.

"10년 후 팔순 기념 등정도 추진해 보시지요?"

2026년이 팔순이다. "노욕이지?" 하며 마음을 다스리지만, 마음 속에 늘 새기고 있기에 시도해 보고 싶은 욕심이 생긴다. 목표가 있기에 꾸준히 체력 단련을 하고 있다. 시도한다면 분명히 마력이 작용하리란 기대감을 가진다.

사람은 누구나 무엇을 하든지 실패에 대한 두려움을 갖기 마련이다. 다만, 그 두려움이 지나쳐 지레 겁을 먹고 시도조차 않고 포기하는 사람과 실패를 각오하고 성취를 향해 매진하며 시도하는 두 부류의 사람이 있을 뿐이다.

대한민국 국운이 어떻게 흐를지? 하나님 외에는 아무도 모른다, 그러니 범인으로서 나는 잘 되리라 믿고 시도하는 근성을 가진 국민이 많아진다면 국운은 술술 풀리리라 기대한다. 분명, 목적이나 목표가 분명한 시도는 강한 마력을 일구리라 굳게 믿는다. 내가 가진 믿음이 성취되기를 간절히 기도한다.

정동심곡 바다부채길

신영준
syj6902@gmail.com

　설날 아침, 아주버님 댁에서 새해 첫 식사를 나누고, 용연사 계곡에 계신 어머니를 뵙고 정동진으로 향했다. 어머니가 돌아가신 지 어느새 5년이 지났다. 먼 옛날 홍수가 멈추고 새날을 기다리며 아라랏산 꼭대기의 방주 안에 있던 노아의 가족들처럼, 우리 가족은 해안단구 위 아슬하게 걸쳐있는 썬크루즈 호텔에서 한 해를 시작했다.

　겨울 바다는 두 개의 얼굴을 하고 자신을 찾아오는 사람을 맞이했다. 먼 지평선 너머의 검푸른 깊은 바다는 고요함 위에 맑은 햇빛을 담아 윤슬이 빛났다. 한편, 해안선을 따라 이어진 다리 위를 걷노라니, 힘찬 파도는 자신을 부딪치며 힘차게 흘러들어왔다 나가기를 반복했다. 한여름 시원하게 목을 넘어가는 맥주의 거품처럼 포말의 청량한 소리는 시린 가슴을 쓸어내렸다.

정동심곡 바다 부채길의 '정동'은 임금이 거처하는 한양에서 정방향으로 동쪽에 있다는 뜻이고, 심곡은 깊은 골짜기 안에 있는 마을이라는 뜻에서 유래되었다. 정동진의 '부채 끝' 지형과 탐방로가 위치한 지형의 모양이 바다를 향해 부채를 펼쳐놓은 모양과 비슷하다고 하여, 이름 공모전에서 강릉 출신의 소설가 이순원이 제시하여 선정된 이름이다.

그의 자전적 소설 '그대, 정동진에 가면'을 읽다가 보면 정동은 바다를 생업의 터전으로 살아온 어촌이기도 하고, 심곡마을 뒷산에는 작은 광산도 있었으며, 농촌도 공존했던 것을 알 수 있다. 정동은 그렇게 다양한 부류의 서민들이 어울려 살았던 곳이었다. 그곳은 그가 힘겹고도 아픈 유년 시절의 삶을 살아낸 곳이었다. 그러나 1990년대 영화와 드라마의 흥행으로 거대한 모래시계와 해돋이의 명소가 되었다. 광물의 운반과 통학을 도와주던 정동진역이 그의 표현을 빌리자면 – '서울 오랑캐들이 찾는, 사천만의 키치 여행지'가 되어버렸다고 했다. 그의 소설에는 고향에 대한 아련함과 애틋함이 녹아져 있었다.

충남 출신인 아주버님은 20대 초반에 30만 원을 들고 주문진에 와서 일을 배우기 시작했다. 어느덧 40여 년을 살아온 강릉은 제2의 고향이 되었고, 사업가로 성공하여 지역의 유지가 되었다. 40대 중반 무렵에 남편과 사별하신 어머니는 홀로 5남매를 키우시느라 참 많이 고생하셨다. 심장병 고혈압 인공 관절 수술 등 여러 질병이 있었지만 비교적 강인하셨는데, 80세 되던 해 급성 소장 괴사로 소장의 80%를 절제하는 수술을 받으셨다. 그 이후 보행이 어려워지게 되면서 아주버님 댁 근처 요양원에서 생활하셨다.

어머니의 몸은 좋았다 나빴다 하는 것을 반복하였고, 병원과 요양원으로 입원과 퇴원을 반복하였다. 그러던 어느 날, 강릉 시내 요양원에 자리가 없어 정동진에 있는 썬크루즈 호텔 근처 요양원에 입소하게 되었다. 나는 그날을 생각하면 지금도 가슴에서 깊은 한숨과 뜨거운 열기가 치고 올라온다. 순식간에 지나간 일이라 어쩌면 나만 기억하는 일일지도 모르겠다. 어머니를 침대로 이동한 후 기저귀를 가는 과정에서 우리는 너무나 미숙하였다. 요양보호사는 어머니의 하체를 방 안에 있는 사람들에게 개방하고 말았으니. 어머니도 딱히 큰 반응을 하지 않으셨지만, 그 당시 어머니는 인지가 제법 좋으신 상태였다. 어머니의 은밀한 곳을 보여드린 잘못이 떠오를 때마다 나는 붉게 치오르는 발열로 온몸이 후끈거리곤 한다. 그 이후 요양원에서는 방문 중인 사람들을 밖으로 내보내고, 커튼을 치고 기저귀를 교체한 뒤, 창문을 열어 잠깐 환기를 시킨 후 방문객이 다시 들어가게 해주었다.

'서울에서 강릉까지 일부러도 온다는데.' 우리 부부에게는 '자식의 도리'라 이름하며 어설픈 의무를 다하러 오는 곳이었다. 평일엔 맞벌이로, 일요일엔 교회를 다녔기에 토요일을 이용해 어머니를 방문했다. 3시간 남짓 달려와 1시간 이내로 면회를 마치고, 바로 상경해야만 했던 만남과 이별이 있던 곳, 분주했던 우리의 일상이 몸부림을 치던 곳, 속죄하는 아픔이 머물던 곳이었다.

그 세월이 9년이었고, 어머니는 인지가 좋으실 때는 '내가 죄를 많이 지어서 이렇게 산다'라며 우셨다. 우리는 자식 된 도리가 부족해서 함께 울었다. 어머니의 한 가지 소원은 집으로 가서 함께 사는 것이었다. 나는 그 꿈을 이뤄드리지 못한 채 영원히 이별하고 말았다. 돌아보니, 결국 이렇게 살 것을 '그때 나는 왜 결단하지 못했을까.' 용서를 위해 띄우신 배 안에서 나의 이기심과 나약함에 탄식하며 어머니에게 용서를, 신에게 자비를 구한다.

어머니는 가끔 길고 깊은 호흡을 하셨다. 자식에게조차도 내놓을 수 없었던 어머니의 외로운 애환은 길고 깊은 호흡을 통해 가슴 밖으로 터져 나오는 것이었다. 면장이라는 별명을 지닌, 품이 넓은 어머니는 묵묵히 그 호흡 하나로 고된 삶의 파도를 넘나들었다. 시간은 나를 몰아 어머니의 호흡을 따라 하는 나를 발견하곤 한다. 나의 길고 깊은 호흡은 정동 파도의 포말이 되어, 부채길 바람을 타고 깊은 바다로 흘려보낸다. 내 마음 깊은 바다에 윤슬이 빛나는 한 해가 되길 빌어본다.

한여름 밤의 꿈

우명식
shinewms@hanmail.net

 손때 묻은 내 일기장 앞에 신윤복의 미인도가 붙어 있다. 먼저 눈에 띄는 건 풍성한 머리이다. 가르마를 타지 않고 뒤통수에 바로 틀어 올린 여인의 트레머리가 내 마음을 잡아끈다. 트레머리는 크고 탐스러워 보이도록 만든 일종의 장식용 가발이다. 당시 멋 좀 내는 여인의 필수 장식품이라고 해야 할까. 조선 후기엔 이 트레머리가 유행했는데 사치가 너무 심해 영조는 금지령을 내리기도 했다. 옛 여인들도 머리 모양 꾸미기에 관심이 높았다는 사실을 알 수 있다.

 '첫인상을 결정할 때 머리 모양은 외모보다 더 중요한 요인으로 작용한다'라는 예일대 연구팀의 조사 결과가 있다. 첫인상의 70%를 머리 모양이 좌우한다고 하니 얼굴의 인상뿐만 아니라 전체적인 이미지에도 큰 영향을 준다. 외모에 가장 많은 영향과 변화를 주는 게 머리 모양이라면 상대적으로 머리숱이 적은 내 첫인상은 비호감 그 자체이다.

우리 동네 미용실이 새로 생겼다. 문 앞에 붙여놓은 문구를 보았다. '여자는 머리빨, 남자는 더더욱 머리빨.' 혼자 실없이 웃으며 괜히 내 머리로 손이 갔다. 아이를 출산하고 난 후에 머리카락이 많이 빠졌다. 시간이 지나면 좋아지리라 믿었는데 점점 더 나빠졌다. 내가 제일 부러운 건 머리숱이 많은 사람이다. 길거리에서 우연히 만나는 사람도 얼굴이 아닌 머리에만 시선이 간다.

버스를 기다리고 있었다. 지팡이 대신 유모차에 몸을 의지한 채 할머니가 다가왔다. 마치 비밀 이야기라도 하듯 내게 속삭이며 말했다.

"본 머리니껴. 참 이쁘니더."

버스 번호를 물어볼 거라는 나의 예상은 빗나갔다. 할머니는 내 머리에서 시선을 떼지 못했다. 정확히 표현하면 머리에 꽂은 가발 핀의 정체가 궁금한 것이다. 할머니가 주위를 살피니까 나도 모르게 손나발을 만들어 할머니 귀에 대고 속삭였다.

"가발 핀이에요."

"어디 가면 살 수 있니껴?"

접선하듯 우린 낮은 소리로 주고받았다. 파는 가게까지 친절하게 알려주고 할머니 머리를 쳐다보았다. 머리숱이 듬성듬성해서 가발 핀을 사도 꼽을 수 있을지 걱정되었다. 핀 파는 가게를 몇 번이나 확인하는 할머니를 보면서 내 미래가 떠올랐다. 할머니는 지그시 눈을 감고 있다. 지난 시절 칠흑같이 탐스러웠던 당신의 머리를 추억하고 있는 걸까. 햇살 한 자락 글썽거리며 머리 위에 내려앉는다.

코로나바이러스 감염증으로 세상이 들썩이던 때 언니는 암 진단을 받고 항암 치료를 하고 있었다. 암과 투병 중에도 오히려 나를 위로했던 씩씩한 언니였다. 하지만 머리카락이 빠지기 시작하자 우울해졌다. 언니에게 고약한 항암 치료보다 더 견디기 힘들었던 건 사라지는 머리털이었나보다. 언니는 유난히 숱이 많고 머릿결이 아름다웠다. 자연 갈색으로 빛나던 언니 머리는 염색하지 않아도 멋스러웠다. 화장도 하지 않고 꾸미지도 않던 언니에게 풍성한 머리는 자존심과 같지 않았을까. 긍정적이고 잘 웃던 언니였는데 빠지는 머리털과 함께 웃음마저 사라졌다. 세상다 잃어버린 사람처럼 변해가는 언니에게 가발을 사라고 넌지시 말했다.

이른 장마로 마음마저 젖어 들던 날이었다. 언니에게 한 장의 사진이 날아왔다. 가발을 쓴 언니가 햇살 가득한 창가에서 맑게 웃고 있었다. 빼곡한 머리숱에 가려 언니 얼굴은 건강한 사람처럼 보였다. 잃었던 웃음이 햇살 아래 환하게 빛나고 있었다. 쉼 없이 달려온 언니에게 찾아온 병마는 어쩌면 삶을 돌아보는 좋은 기회가 된 건지 모르겠다. 눈길을 주지 않던 곳으로 눈길을 주는 기회, 건강하다고 자만했던 자신을 반성하고 조용히 내면을 들여다보는 그런 시간이 되었으면 좋겠다. 우리가 흘린 눈물만큼 생의 깊이를 안다고 하지 않았던가. 인생의 겨울을 참아내고 푸르고 생생한 기적이 언니에게 돌아왔으면 좋겠다.

언니 가발을 보면서 자꾸 마음이 움직이기 시작했다. 몇 번이나 망설이다 이내 가발 가게로 내달았다. 상담만 받고 돌아가려 했는데 계획은 빗나갔다. 찰랑대는 가발을 보니 가슴이 마구 콩닥거렸다. 잃어버린 지난 세월을 가져다줄 것 같은 착각마저 들었다. 상담사는 가발을 씌워주고 십 년은 젊어 보인다고 호들갑을 떨었다. 사람 머리카락으로 만들어서 값은 비싸지만, 땀 배출이 잘되고 자연스럽다고 했다. 부가적 설명을 한참 더 했지만, 가발에 혹해 그 뒷말은 귓등으로 흘렸다. 십 년은 젊어 보인다는 달콤한 말에 꽂혀 이미 나는 이성을 잃었다. 거울 앞에는 십 년 전으로 돌아간 여자가 헤벌쭉하며 서성이고 있었다. 망설임 없이 거금을 내고 가발을 샀다. 평소에 나 같았으면 몇 번이나 다시 생각할 금액이었지만 그 순간은 하나도 아깝지 않았다. 그동안 꿈도 못 꾸었던 긴 웨이브를 한 세련된 여자로 나는 다시 태어났다.

가발을 쓰고 변신할 날만 기다리고 있었다. 마침, 서울에서 조카 결혼식을 한다는 기별이 왔다. 공들여 치장하고 가발을 썼다. 다른 날보다 자신감이 충만했다. 긴 웨이브를 한 세련된 여자였기에 발걸음도 가벼웠다. 차를 여러 번 갈아타면서 서둘렀더니 머리는 땀으로 흥건했다. 초행길이라 걷고 뛰기를 반복했다. 땀은 어느새 빗물처럼 흘러내렸다. 예식장 앞에 도착했을 때의 몰골이라니. 순리대로 살면 세상 편할 텐데 없는 복을 탐한 죄를 어찌할까나. 햇살이 눈 부셔서 슬픈 날이었다.

조선판 모나리자라고 불리는 신윤복의 미인도가 오늘도 일기장 앞에서 나를 유혹한다. 트레머리의 여인을 보면 땀범벅이 되었던 결혼식 날이 떠오른다. 그때 잠깐, 난 황홀한 꿈을 꾸었고 그 꿈은 덧없이 사라졌다. 그날 이후 가발은 제 몸값도 못 한 채 구석에 처박혀있다. 애초에 고급스럽고 세련된 머리 모양은 내 몫이 아니었다.

제사상 댄스

조후미
hoomijo@hanmail.net

아버지는 막냇손자를 유난히 사랑하셨다.

일곱 손주 가운데 유일한 친손자라는 붉은 끌림도 있었겠지만, 그보다는 올케의 공이 훨씬 컸다. 올케가 날마다 영상통화로 조손祖孫의 거리를 좁혀 놓았기 때문이다. 덕분에 이들 사이에 진도에서 안산이라는 물리적 거리는 무용한 것이었다.

오직 이 손자를 얻기 위해 살아오신 것처럼 아버지의 사랑은 극진하고 지고지순했다. 차라리 첫사랑에 빠진 소년이었다. 평소에는 과묵한 어른인데 손자와 영상통화를 하실 때는 수다쟁이가 되어 특별한 것 없는 일상을 보물처럼 공유했다. 직접 볼 수 없으니 서로를 진심으로 그리워하다 얼굴을 맞대는 날엔 종일 붙어 앉아 이야기꽃을 피우곤 했다.

그러나 아버지는 '저 녀석 때문에 죽을 수도 없다'던 손자가 다섯 살이 되던 해에 급히 이승에서의 여행을 마치셨다. 황망하게 장례를 치르고 일주일 동안 진도에 머물며 아버지의 흔적을 따라다녔다. 군청, 면사무소, 은행, 세무소, 통신사…. 아버지의 이름이 적힌 곳은 곳곳에 늘비해 있었다. 서류마다 아버지 대신 어머니의 이름으로 바꿔 넣으려면 심근경색이라는 사인死因이 적힌 사망진단서를 제출해야 했다. 이 서류 한 장이 매 순간 조각칼처럼 심장을 찔러댔다.

마지막으로 아버지의 컴퓨터와 스마트폰을 정리했다. 최근 기록에 남겨진 우주, 행성, 원자, 로봇과 같은 키워드는 막내 손자를 위한 것이리라. 조카의 관심사에 따라 아버지는 검색 엔진을 돌려 금을 찾는 광부처럼 알짜배기 영상을 찾아다니셨을 것이다. 손자에게 보여주려고 모아 둔 유튜브 영상이 페이지마다 빼곡했다.

아버지가 떠나신 지 1년, 시간은 무심하게 흘렀다.

1주기 기일을 지내러 남동생 가족과 진도로 향하는 차 안에서 올케는 아이가 밤마다 할아버지 때문에 운다고 하소연이다. 할아버지가 보고 싶어서 우냐는 나의 질문에,

"할아버지가 무덤에 혼자 계셔서 쓸쓸할 것 같아요." 아이다우면서 아이답지 않은 생각에 어른들의 마음도 일렁였다.

"아가 들어보렴. 이 세상의 모든 물질은 원자나 분자로 이루어져 있다는 것을 책에서 읽었지? 물, 공기, 나무, 자동차, 너와 나

모두가 그래. 할아버지도 마찬가지야. 우리는 할아버지를 기억하기 위해 산소에 묻어드리고 비석을 세웠지만 할아버지는 거기 계시지 않아. 할아버지의 몸은 이미 땅속에서 여러 종류의 원자로 분해되어서 흙이 되고 물이 되고 나무가 되고 새의 몸이나 바람 속에 깃드셨을 거야. 그래서 어디든 자유롭게 다니실 수 있단다. 살아 계실 때는 몸이 불편해서 마음대로 외출을 못 하셨지만, 지금은 어디든 가실 수 있을 거야. 너의 초등학교 입학식에도 오실 거고 운동장에서 친구들과 노는 모습도 지켜보실지도 몰라. 그런데 네가 할아버지를 걱정하고 슬퍼하면 쓸데없는 일에 아까운 눈물을 흘린다고 속상해하시지 않을까?"

할아버지의 영혼은 천국에 계신다고 기독교적으로 설명하는 게 나았을까? 아니면 하늘의 별이 되셨을 거라는 동화 같은 엔딩이 나았을까? 그 순간에는 다른 생각은 할 수 없었다. 오로지 조카의 아픈 마음만 눈에 들어왔다. 아이의 마음을 위로하고 싶었다. 그리고 생전의 아버지라면 남은 가족이 예전처럼 유쾌하게 사랑하며 살기를 바라실 것임이 분명하다.

내 목소리에 귀를 기울이던 조카의 표정이 이내 밝아졌다.

아버지를 기리기 위해 모인 자리에서 조카는 할아버지께 보여드릴 것이 있다며 아버지의 영정 사진 앞에 섰다. 무슨 말을 하려나 궁금해서 모든 눈동자가 아이에게 쏠릴 때, 이 엉뚱한 아이는 "할아버지 잘 보세요"라고 말하더니 팔다리를 흔들며 춤을 추기 시작했다. 비통함을 억누르고 있던 어른들이 의아한 표정으로 요상한 광경을 지켜보았다.

"할아버지 제 춤 어때요? 제 춤 보고 할아버지가 환하게 웃으셨으면 좋겠어요." 조카는 흥겹게 몸을 흔들며 영정 사진 속 할아버지를 향해 물었다. 할아버지를 기쁘게 해드리고 싶었을 기특한 생각에 눈가가 뜨뜻해지려는데 어머니가 손자의 몸짓에 맞추어 손뼉 장단을 쳐주신다. 곧이어 가족 모두 아이의 퍼포먼스에 동참했다. 온 가족이 제사상 앞에서 터져 나오려는 눈물을 꾹꾹 누르며 어깨를 들썩이는 모습이 멀리서 보면 해괴해 보이겠지만, 우리 가족은 우리만의 방법으로 아버지의 죽음을 애도하고 있었다.

조카의 춤을 보며 마음을 다잡았다. 아버지의 죽음을 슬퍼하지 않으리라. 그리워서 우는 날은 있어도 되돌릴 수 없는 일에 후회의 눈물을 보태지는 말자. 울 힘으로 웃으며 아버지와 함께했던 모든 순간을 추억하자.

그렇게 살다가 차례가 오면 고운 추억만 세상에 남겨두고 훌훌 떠나련다.

빈 방울의 일시적 유희

한경화
rahan927@hanmail.net

　맥주를 따른다. 하얀 거품이 인다. 유리컵 위로 넘칠 듯 말 듯 한 거품이 맥주의 풍미를 더해줘 나를 달뜨게 한다.
　세탁기 안에서 빨래가 거품과 뒹군다. 거품이 많으면 빨래 구석구석 숨어 있는 때까지 없애 줄 것 같다.
　머리에 샴푸를 잔뜩 묻힌다. 개구리 알처럼 뽀글뽀글 일어난 거품이 머리카락뿐 아니라 복잡한 머릿속까지 스며들어, 리셋되는 느낌이다.
　사람과 마주 앉는다. 대화 중에 장점을 부풀리다가 생긴 거품은 처음 본 사이인데도 미소를 짓게 하고, 때로는 손을 잡고 웃게도 한다.

　약간의 거품은 맥주의 매력을 더하지만, 지나친 거품은 맥주

본연의 맛을 느낄 수 없게 한다. 빨래나 머리를 감을 때의 거품은 자연수로를 오염시켜 개구리 알의 부화를 막는다. 거품 섞인 대화가 관계에 윤활유 역할을 할 때도 있지만 본질을 잃어버린 어휘들의 묶음이, 쉼표로 연결되다가 오래지 않아 마침표를 찍고 마는 관계로 이끈다.

거품이 곧 사라지는 것임을 알면서도 속이 빈 방울의 일시적 유희에 우리는 자주자주 매혹당한다.

살구나무가 있는 그곳

살구나무가

있는

그곳

김선아
박상용
박인목
심영순
이수중
이순미
이영식
이영희
이한민
이혜정
정정애
최선희

세월탕

김선아
ksaaa57@hanmail.net

　내 몸에 나쁜 세포가 둥지를 틀었다. 덜컥 겁이 났다. 오만 가지 생각이 머리를 훑고 지나갔다. 처음 겪는 일이라 어떻게 해야 하나 걱정되었다. 머릿속을 오가는 많은 생각을 내려놓고 앞으로 어떻게 치료를 받아야 할지는 의사의 처방을 따르기로 했다. 그 외에 수술로 인한 통증을 견디는 것과 항암의 후유증을 이기는 것은 오로지 내 몫이다.
　내가 아프다는 소식은 며칠 내에 나를 아는 사람들에게 알려졌다. 그들은 말했다. 어쩌다 그런 병에 걸렸는지, 가입해 놓은 보험은 있는지, 누가 간호 해줄 건지, 나에 관한 모든 것을 궁금해 했다.
　그들의 물음에 살아온 세월을 뒤돌아봤다. 평탄한 삶은 아니었다. 순한 성격은 날아온 돌에 맞은 상처로 독기만 남았고 웃음

대신 입가엔 심술만 붙어있었다. 예전의 나로 돌아가려 했지만 너무 멀리 와 있었다.

큰 병에 걸릴 때를 대비해서 보험에 가입하는 게 당연한 일일 수 있다. 외벌이의 수입으로 지출 항목이 많아 항상 부족한 형편이었던 터라 그럴 여력이 없었다. 보험을 준비하지 못했느냐는 질책은 가소로웠다. 남의 상황을 모르면서 그리 말하면 안 되는 것이다.

가장 걸리는 문제는 간병을 해 줄 수 있는 사람이 없다는 거다. 팔순을 넘긴 엄마의 간호를 받기도 불편했고 멀리 사는 여형제들의 도움을 받는 것도 여의치 않았다. 결국 병원에 입원했을 때 낮에는 같은 처지인 환우들과 간호사의 도움으로 버텼고 퇴근한 남편이 밤을 지켰다.

항암주사기를 케모포트에 꽂고 연결된 라인에 달린 수액조절기를 열면 몇 초 후에는 혈관을 타고 온 주사액의 냄새가 입안에 퍼진다. 거의 이틀 동안 주사를 맞아야 한다. 다행히 첫날은 주사를 맞으면서 제법 식사를 할 수 있으나 주사를 다 맞고 나면 속에서 음식을 받지 않는다. 밥투정하는 어린아이를 달래서 밥을 먹이듯 천천히 속을 다스려가면서 먹어야 한다. 기껏해야 서너 숟갈 먹으면 더 먹을 수 없다.

의사의 처방대로 항암주사가 끝나면 오 년 동안 항암제를 먹어야 한다. 약은 덜 힘들게 할 거라는 것은 착각이다. 일주일 먹는 감기약도 독해서 힘들 때가 있는데 오 년 간 장복을 한다는 것은 이미 약해진 몸으로는 견디기 힘들다. 몸의 구석구석을 파고들어 그곳에 안주하며 이런저런 문제를 일으킨다. 물을 먹어서 항암제의 독성을 빼내도 몸의 기능이 제대로 회복되는 데는 많은 시간이 필요하다. 언제 온전해질지 기다림의 연속이다. 거무스름하게 착색된 손가락이나 발가락, 부드럽지 않은 손바닥과 발바닥을 보는 것도 언짢다. 시시때때로 욱신거리는 뼈마디는 혹시 다른 병이라도 생겼나 싶을 만큼 끔찍하다.

수시로 안부를 묻던 언니가 걱정됐는지 불쑥 찾아왔다. 안쓰럽게 바라보던 언니는 내 발을 주물렀다. 예순이 넘은 언니가 꾹꾹 주물러주니 시원했으나 부담스러웠다. 시간이 갈수록 시나브로 좋아지고 있으니 그만 주무르라며 걱정하지 않아도 된다고 했다. 뼈마디를 훑고 지나가는 통증에 찡그리는 얼굴을 본 언니가 한 마디 한다.

"세월탕이 있으니 괜찮아."

"그런 약이 어딨어? 그게 뭔데?"

"모든 것은 세월이 지나가면서 나아진다는 거야. 내가 몸과 마음이 견딜 수 없을 만큼 아팠을 때도 세월탕을 의지해서 이겨냈어."

그날 내가 몰랐던 언니의 아픔도 알게 되었다. 보도블록에 걸려 넘어져 허리를 다쳤을 때도 있었고, 위에 혹이 있어서 한방치료를 받은 적도 있었다. 친정엄마에게도 하지 않은 말을 내게 했다. 그동안 말할 곳이 없어 많이 외로웠을 언니를 좀 더 이해하게 되었다.

평온해 보이는 사람도, 항상 웃는 사람도 알게 모르게 세월을 의지해서 힘듦과 아픔을 이겨냈을 거라 여기며 바라보게 되었다. 미워하고 싫어하기보다 그러려니 하고 생각하면 그만일 터다.

나를 아프게 한 무서운 암도, 암을 치료하는 중에 생긴 부작용도 시간이 지나니 서서히 나아갔다. 육체의 상처를 치료하면서 내 안에 깊숙이 둥지를 틀었던 미움과 분노가 한 해 두 해 세월이 흐르며 사부작사부작 사라져 가고 있다.

세월탕 덕분에.

뿌리를 찾아서

박상용
sypark730@naver.com

고등학교를 졸업하던 해, TV 미니시리즈 〈뿌리를 찾아서〉를 보고 충격을 받은 일이 있다. 알렉스 헤일리(Alex Haley, 1921~1992)의 소설 《뿌리》(Roots : The Saga of an American Family)를 미국 ABC가 제작하였고, 1977년 국내 방송국이 더빙하여 방영한 작품이다.

소설은 미국으로 팔려 온 흑인 소년 쿤타킨테(Kunta Kinte)가 고향 아프리카 잠비아로 돌아가는 과정을 그렸다. 미국 사회의 어두운 단면과 인간의 귀소 본능을 처절하게 보여준 명작으로 기억된다.

하늘을 지배하는 새와 바다를 휘젓는 물고기도 귀소 본능과 회귀 본능을 가진 이들이 있다. 사람도 예외는 아니다. 인간은 현실이 힘들수록, 나이가 많아질수록 귀소 본능에 깊이 사로잡히

기도 한다. 우리 부부가 걸어온 자취를 가끔 더듬는 버릇도 나이가 들어가기 때문일 것이다.

아내의 출생 일화는 수없이 들어왔다. 태어난 곳은 남해안의 섬마을, 당시 동네에는 여자 의사가 없었고 남자 의사만 있었다. 장인丈人은 젊은 남자 의사가 미덥지 않았던 모양이다. 스스로 의학 서적을 읽고 출산 관련 지식을 익히고, 조산사도 아닌 집주인 할머니의 도움으로 셋째딸을 직접 받았다. 추석날 아침, 차례상을 준비하고 있을 때, 생일상을 받으러 등장하는 공주처럼 아내가 태어난 것이다.

"박 서방, 박 서방! 가시게를 팔팔 끓는 물에 소독하고 탯줄을 내가 직접 끊었어. 그리고 탯줄은 아주 아주 깨끗한 윗마을 저수지에 띄워 보냈지."

장인이 추석날 음복飮福할 때마다 셋째 사위에게 들려주는 고정 레퍼토리다. 아내의 출생지는 등본에 '경남 함안'으로 기재되어 있다. 그러나 그곳에서 태어나지도 살지도 않았다. 장인의 본적本籍일 뿐이다. 아내의 출생지는 경남 거제도 동부면이다. 당시 거제도는 육지로 연결된 다리도 없는 외로운 섬이었다. 분명한 단서는 장인의 첫 공무원 근무지였던 거제제일중학교 분교가 있는 마을에서 태어났다는 사실이다.

우리 부부는 가을이 깊어질 무렵, 특별한 여행을 나섰다. 아내의 출생지를 추적, 답사하기로 한 것이다. 소설 속 주인공 쿤타 킨테는 수천만 킬로미터 떨어진 고향을 찾아 미국에서 아프리카까지 목숨을 건 모험을 했다. 그런데 아내는 고작 300여 킬로미터 거리에 있는 거제를 한 살 때 떠난 후, 환갑이 지나도록 한 번도 가보지 않은 것이다. 특별한 나들이를 '아내의 뿌리 찾기'로 이름 짓고, 14일간 남해안 여행의 첫 방문지로 거제를 찾은 것이다.

시월 하순 아침, 네 시간을 내달려 도착한 거제시 동부면사무소 인근은 전형적인 시골 마을이다. 동네를 가로질러 2차선 도로가 휘어지고, 나이 먹은 집과 빛바랜 간판의 상점은 인기척에도 가을 햇볕 아래 졸고 있다. 아흔을 넘긴 장인, 장모의 60년 전 기억을 더듬어 찾아낸 마을은 면사무소와 학교를 품고 있는 '동부면 산양리'였다. 중학교는 있었지만, 학교 명칭은 장인이 일러 준 것과 달랐다. 장인이 근무했다던 '거제제일중학교 동부분교'는 1968년부터 '동부중학교'로 문패를 바꿔 달고 있었다. 그러나 장모가 그려준 추상화 같은 약도로는 아내가 태어난 집은 찾을 수 없었다.

아내는 학교와 면사무소 사이에 있는 이 집 저 집을 긴 시간 기웃거렸다. 60년 전, 한 살 배기가 아장아장 걸었을 좁은 골목길. 넘어지기도 하고 혼자서 맨흙도 삼켰을 고샅을 60년 만에 다시 걷는 것이다. 아내는 어떤 마음이었을까. 뿌리의 한 갈래를 찾은 안도감이었을까.

아내가 세상과 처음 만난 곳, 산양리는 넓은 들판 가장자리에 양반 자세로 앉아, 가을 하늘이 주는 풍요로움을 온전히 받아내는 평지였다. 가을걷이가 채 마무리되지 않는 동네는 아늑함과 평화로움만 있다. 아내의 조용한 성미는 마을의 정서와 맞닿아 있는 듯하다.

장인이 탯줄을 띄워 보낸 곳은 마을에서 2km 남짓 거리에 있는 '동부저수지'였을 것이다. 산허리에 자리 잡은 그곳은 늦가을의 농익은 햇살을 받으며 황금색 윤슬을 쏟아내고 있다. 홍가시나무에 둘러싸인 동부저수지는 60여 년 만에 혈육을 만나 흥겹게 춤을 춘다. 아내의 어깨도 같이 들썩인다.

"마을은 포근하고 저수지는 평화롭다. 아버지, 어머니가 참 좋은 곳에서 날 낳으셨네."

아내는 산양리를 떠나며 어둑해진 하늘을 바라보고 혼잣말을 읊조린다. 노을이 사그라지고 있다.

전신 마취

박인목
impark1@daum.net

TV드라마에서나 보던 장면이 나에게도 찾아왔다. 가슴에는 심박 재는 기구가 붙었고, 팔과 손가락 마디에는 여러 가닥의 줄이 치렁치렁 달렸다. 전장에서 패한 포로처럼 온몸은 꽁꽁 묶인 신세다. 맥박을 체크하는가 싶었는데, "한숨 자고 일어나신다 생각하세요"라는 말이 들리는 순간 주사액이 몸속에 스멀스멀 스며든다. '호랑이한테 물려가도 정신은 똑바로 차려야겠지' 하며 마음을 다잡는다. 하지만 내 몸을 지키던 병사들은 약물을 뒤집어쓰니 중과부적, 이내 경계를 풀고 만다. 의사가 시키는 대로 "하나, 둘, 셋…"을 시도해 보았지만 미처 셋을 세기도 전에 목소리마저 오그라든다. 항우장사인들 뾰족한 수가 있으랴. 이윽고 맥없는 항복이다.

아침마다 두어 시간씩 걷고 뛰면서 나이를 붙잡아보려고 무리를 했던 것이 탈이었다. 샤워를 하다가 몸 부위의 달라진 모습을 알게 되었다. 인터넷 선생한테 요모조모 자문한 결과 그냥 무시할 일이 아닌 것 같았다. 며칠 동안 혼자 고민을 했다. 병원 안 가고 해결하는 방법은 없을까 하고…. 그러나 그런 기대는 접어야 했다. 의사가 일언지하에 수술을 권했기 때문이다. 증상의 원인을 묻는 질문에는 "나이 탓입니다"라고 했다. 내가 나이를 먹었다고? 병원신세라고는 진 적이 별로 없는 날 몰라보다니, 쿨한 그의 말이 얄밉기까지 했다. 의사 노릇하기는 참 쉽겠다 싶었다. 애매할 땐 나이 탓이라고 하면 통하니까…. 하지만 이참에 그런 시비가 무슨 소용이란 말인가. 치료나 제대로 해야지. 문제는 그 다음이었다. 전신 마취 수술을 해야 한다는 것이다.

수술대 위에서 깨어나지 못하고 영원히 잠들었다는 어느 소설 주인공 이야기가 퍼뜩 떠올랐다. 의술의 발달로 복부 수술쯤이야 식은 죽 먹기로 알고 있는 세상이지만, 병원 신세라곤 감기몸살 주사 한 방 정도가 고작인 나로서는 걱정이 태산이었다. 전신 마취는 수술을 원활하게 진행하기 위해서 필요하단다. 정맥주사를 통해 마취약을 투여하면, 의식이 완전히 없어져서 통증을 느끼지 못한다고 의사는 설명했다. 그래야 근육이 이완되어 수술이 용이하단다. 그래도 혹시 수술 말고 약물 처방으로는 해결할 수 없는지 몇 번을 물어보곤 했다.

환자인 주제에 전신 마취 수술을 고집(?)하는 의사를 설득할 수가 있으랴. 하지만 겁쟁이 랭킹에서 둘째가라면 서러워할 내가 아닌가. 나는 또 물었다.

"회복하는 데는 며칠이나 걸리나요?"

우선 오늘 이후 짜여 있는 일정이 문제다. 업무상 미팅 약속도 있고, 골프 약속도 문제였다. 수첩에 적혀 있는 약속들이 큼직한 글씨로 다가온다. 어기서는 안 된다고 다짐이라도 받듯이.

"한 달이면 됩니다."

"한 달 후에는 골프도 할 수 있나요?"

"그럼요."

거침없는 그의 대답에 조금 안심은 된다. 골프 약속도 한 번만 취소하면 될 것 같았다. 수술 후 재발 여부를 묻는 질문에도 그는 성공 확률이 99%라고 했다. 그 1%의 당사자가 설마 나는 아닐 터다. 독하게 맘을 먹어보기로 정했다.

그래도 막상 수술 날짜가 닥치니 도살장에 끌려가는 소였다. 대범한 척해도 얼굴에 그렇게 쓰여 있나보다. 수술실로 실려 가는 나를 따라오며 아내가 물어왔다.

"걱정돼요?"

"…"

"전신 마취로 애 둘씩이나 낳은 사람도 있는데…"

큰아이가 세상에 나오던 날이었다. 그날따라 사무실 일이 바빴

살구나무가 있는 그곳 261

다. 인사 부서에 근무하던 때였는데, 수천 명의 직원을 순환 배치하는 작업 때문이었다. 통행금지 직전에 겨우 집에 들어서니 아내가 방바닥을 이리저리 기어 다니고 있었다. 산통이 시작된 것이다. 밤새 아내 곁에서 도와 줄 일은 없이 애만 태웠다. 뜬눈으로 곁에 앉아 애먼 시계만 자꾸 쳐다보았다. 통금 사이렌이 울리자마자 택시를 불러 산부인과까지 산모를 데려다 준 뒤, 출근을 하였다. 물론 장모님이 병원에 와 계셔서 안심은 했지만, 퇴근시간이 가까워도 아무런 소식이 없었다. 퇴근 하자마자 병원으로 달려갔더니 아직도 아이는 나올 기미가 없다. 지독한 난산이었다. 의사는 수술을 하지 않으면 산모도 위험하다고 했다. 하는 수없이 아내는 수술을 하기로 결단을 내렸다. 꼬박 하루 반 동안 아내의 고통은 말할 것도 없이 컸을 것이었다. 수술을 기다리던 시간에 마음은 얼마나 불안했을까. 그런 전신 마취 수술을 두 번씩이나 했으니, 아내는 나보다 훨씬 강단 있는 사람임에 틀림없다.

웅성거리는 소리에 잠이 깼다. 하얀 벽만 시야에 들어왔다. 과거와 미래를 뚝 끊고 보낸 시간, 내 삶이 멎은 순간이었다. 그동안 나는 이곳에 있지 않았다. 몸뚱이는 여기에 놓여 있었지만, 심령心靈은 정작 없었던 셈이다. '나'는 어디에 가 있었을까. 아직은 눈을 감은 채로, 지금 몇 시냐고 물어 보았다. 간호사의 말대로면 한 시간 동안 여기에 나는 없었던 것이었다.

마취는 잠드는 것과 다른 것이었다. 잠들 때는 꿈도 꾸지만 마취에는 꿈이 없었다. 그렇다면 죽음을 맞는 순간에는 어떨 것인지 괜히 궁금해진다. 전신 마취처럼 아무것도 의식할 수 없는 상태일까. 아니면 잠든 것처럼 꿈도 꾸며 의식도 살아있는 상태일지도 모르겠다. 언젠가 맞게 될 그 순간에야 알 수 있겠지…. 회복실 들러 밖으로 나오니 아내가 반긴다. "뭘 그리 오래 걸려요?"라는 아내, 겁쟁이 남편은 씩 웃어주었다. 아이 하나 낳은 사람만큼은 강단이 생겼다고 생각하면서.

오고대 향연

심영순
sys9391@hanmail.net

 겨울 문턱에 들뜬 마음으로 차에 몸을 실었다. 고색창연한 산사 마당에서 까까머리 소년과 갈래머리 땋은 소녀의 오누이가 엄마에 기대어 있다. 떨어지는 햇살에 눈이 부시도록 빙그레 웃고 있다. 눈에 선한 오래된 한 장면이다.
 동생의 환갑을 맞이하여 형제, 자매들이 함께 자리했다. 큰오빠 가족을 비롯한 세 남매는 고향 근처에서 비교적 가까이 모여 살고 있다. 그 외 세 형제는 원거리 타지에서 지내고 있다. '인연 없는 곳에서는 살지 않는다'라는 말이 있다. 연고지마다 특별한 인연이 서려 있는 것 같다. 나는 근거리에 있는 큰오빠, 언니 내외와 동승하여 청주로 향하였다. 청주는 부모님이 신접 살림살이를 차렸던 곳이라고 한다. 동생은 인연의 터전에서 평생직장을 다니며 지내고 있다. 언니 내외와 큰오빠는 일흔을 훌쩍 넘기고 막내도 이제는 예순에 들어섰다.

  나이가 들면서 육 남매가 모여 여행을 한다고 생각하니 무척 설렜다. 마침 동생 내외가 뜻깊은 날을 보내기 위하여 미리부터 준비하고 계획하여 우리를 초대하였다. 마음 씀씀이와 정성이 기특하고 고마웠다.

  어스름한 저녁 시간 소담하고 아늑한 장소가 마련된 연회장에 형제, 자매들이 하나, 둘씩 모여들었다. 서로를 반기는 모습이 달빛을 머금은 박꽃처럼 환하다. 동생 내외의 직계 가족과 육 남매 부부들이 모두 모였다. 동생 올케는 매무새를 정성껏 다듬고 준비된 사회자가 되어 화기애애하게 분위기를 잘 이끌어 갔다. 참석한 가족들에 대한 감사의 인사를 시작으로 화답하듯 누나, 형님, 막내까지 축하의 인사를 모두 해 주었다. 더불어 나도 사십여 년 세월을 뒤로하고 정년퇴임을 하여 함께 축하를 받았다. 만감이 교차하는 시간이었다. 특히 큰오빠의 축하 말씀에 가슴이 찡하며 숙연해졌다. 이곳은 부모님이 가장 행복해하였던 신혼 시절의 청주 '오고대'라는 곳이라고 하였다. 우리 가족의 원천이었던 이곳에서 모두 예순을 넘기고 뜻깊은 자리에 함께 모이게 되었으니 더욱 기쁘다고 하였다. 자신의 성장이 있기까지 부모님에 대한 각자의 추억으로 감사와 사랑의 이야기가 빠지지 않았다. 언니와 큰오빠는 동생들은 알 수 없었던 사랑의 기억을 잔잔히 들려주었다. 엄마를 많이 회상하는 공감의 시간이 된 듯하였다.

마음속에 사랑을 간직한다는 것은 놀라운 일이었다. 엄마는 그동안 먼 타향살이와 변변찮은 살림으로 숱한 고생을 하며 어렵게 자식들을 성장시켰다. 우리들의 삶을 되돌아보며 함께 공유했던 추억과 기억이 가슴에 따뜻하게 전해졌다. 여고 시절 늦은 수업을 마치고 밤길이 무섭다고 엄마가 마중나왔던 밤이 떠올랐다. 밤하늘 어슴푸레한 달빛을 받으며 집으로 가는 길이었는데 엄마랑 동행하는 길은 무섭지 않았다. 버스 정류장까지 데려다주며 바라보던 엄마의 그윽한 눈길이 포개어지며 그리움의 발자취가 익어가고 있었다. 한 뿌리에서 나와 크고 작은 가지에서 상처가 나고 여물어 이곳에 함께 한다는 사실이 대견한 세월이었다.

'오고대'라는 이름은 이 부락에 있는 산이 다섯 층으로 이루어져 있다는 의미라고 한다. 오고대를 닮은 듯 육 남매의 삶도 두터워져 세월의 지층이 높아진 것 같았다. 장녀인 언니는 방직 공장에 다니며 어려운 살림을 돕고 장남은 중동지역의 뜨거운 곳에서 일하며 가정에 힘이 되어 주었다. 세찬 비바람에 허물어지고 희뿌연 안개 속에 갇히기도 하였지만 더 단단해지며 각자의 산을 이루게 되었다.

오고대에서 우리가 만난 날은 환갑을 맞이한 동생이 주인공이었다. 시간이 흐를수록 지금까지 잘 견디어온 세월의 힘을 부모님에게서 받고 있음을 알게 되었다. 진정한 우리들의 주인공은 부모님이 되었다. 우리를 버티게 해 준 삶은 각자의 마음속에 엄마의 사랑을 모두 간직하고 있었기 때문이었다. 엄마는 어려움이 닥칠 때마다 오고대에서 꽃 같았을 신혼 시절의 꿈과 인내로 힘을 얻었을 것이다. 엄마가 꿈을 펼치던 이곳에서 동생은 직장을 얻고 삼십여 년을 함께하고 있다. 엄마가 행복하였듯이 동생도 인생에 행운을 준 고장이라며 늘 감사하며 열심히 살아가고 있다. 동생이 성실하게 살아가고 있는 모습을 파노라마로 엮은 영상을 보며 눈물짓기도 하고 응원을 보내기도 하였다. 학문에 뜻을 두고 묵묵히 최선을 다하며 살아가고 있는 동생을 늘 자랑스럽게 여겼다.

별 총총한 정원 마당 불빛이 우리를 더욱 아늑하고 따뜻하게 감싸고 있다. 한옥 마을 넓은 거실에 이야기를 풀어 각자 여섯 폭의 병풍을 만든다. 서로를 이어 곤추세우며 화폭을 채우고 있다. 산이 되고 개울이 흐르다 폭포를 이루기도 한다. 흰 눈이 내리고 바위틈에 살짝 꽃을 드리우기도 한다. 그동안 육 남매 삶의 병풍이 만들어지고 있었다. 출가를 하고 육 남매가 모두 모여서 처음으로 밤을 지새우는 시간이다. 가장 아름다운 사진의 한 장면이 된 것 같았다. 이러한 행복이 오래 유지되기를 늘 마음속에 기도했다.

여섯 개의 층마다 무늬를 새기고 우리들의 가슴에 소중한 기억을 쌓는다. 토방 위에 가족 모두의 신발이 가지런히 놓여서 우리들의 걸어온 길을 함께 하는 밤이다. 간간이 바람이 창문을 흔들며 우리들의 소리를 듣는다. 오고대의 별빛도 그 시절의 전설을 품고 향연 속에 함께 속삭인다.

  살아가면서 기억되는 특별한 날은 종종 있다. 그렇지만 나의 인생에서 오고대의 향연은 가족의 소중함과 잊히지 않는 특별한 하루로 떠올랐다. 엄마의 오고대는 그리움을 일으키며 초승달도 아련한 잔별 속에 드높게 빛나고 있다. 엄마의 여정을 생각하며 별빛을 향하여 손을 쭉 뻗어 본다. 우리의 삶은 사랑의 이야기를 만들 소중한 하루를 맞이하는 중이다. 오고대의 밤이 깊어간다.

무릉도원이 이곳이었네

이수중
tnwnd321@naver.com

  고향은 떠난 사람의 가슴에 간직된 아늑한 둥지이다. 나의 고향은 횡성군 안흥면 소사리 산 14**번지이다. 깊은 두메산골로 원주에서 강원여객 버스를 타고 비포장도로로 30여 분 정도 가서, 산속 길을 더 걸어가야 하는 곳이다. 대략 한 시간 정도 고향으로 가는 길은 아름다운 한 폭의 산수화이다. 고향 가는 길에서는 사계절이 교차交叉된다.

  겨우내 혹한酷寒을 견뎌내다 질긴 껍질을 비집고 세상 밖으로 머리를 내민 연두색 나뭇잎이 생기롭다. 겨우내 꽁꽁 얼었던 땅 위로 냉이가 빼죽 솟아나 봄 향기를 풍긴다. 뜨거운 여름날, 작열하는 태양에서 소나기처럼 내려쬐는 햇빛은 초목의 연둣빛을 진초록으로 물들이는 덧칠을 한다. 고도가 높은 곳에 있는 다락논, 화전 밭에서는 황금빛 풍요가 넘치고 울창했던 나무들은 스스로 옷을 입고 벗을 때를 아는가 보다. 스스로 형형색색의 단추를 풀어 발가벗는 걸 보니 순리를 아는 모습이 쓸쓸하게 보이는 길이다. 그리고 벌거벗은 채 얼음 옷을 입고 혹한의 칼바람을 참아내는 나무들이 동행을 해 주기도 한다. 소생蘇生의 꿈이 태동하게 될 봄을 기다리며 인내하는 나무들이 대차보인다.

내 고향으로 가는 길이 이 모습이다. 계절마다 많은 야생화가 피고 지며, 산딸기, 머루, 다래나무도 있다. 길 아래 실개천에는 수정 같은 물이 흐른다. 한여름 무더위에도 발을 담글 수 없이 차갑고, 매서운 추위에도 얼지 않는 물이다. 돌을 들추면 가재도 나온다. 굽이굽이 높고 낮은 고개를 넘으니 서낭이 나타난다. 서낭은 마을의 수호신을 모시는 곳으로 큰 나뭇가지에 울긋불긋한 헝겊조각을 꽂은 새끼줄을 매어놓고 그 나무기둥의 둘레에 돌무더기를 봉분처럼 쌓아놓은 곳이다. 어쩌다가 혼자 그 앞을 지날 땐 좀 으스스했었다. 어느새 고향집이 지척에 있다.

오늘도 부모님이 집 앞에서 일을 하신다. 밭이 바깥마당과 닿아있다.

문전옥전門前沃田이다. 사방이 산으로 병풍처럼 가려져있어서 고개를 들면 하늘만 보인다. 우리 집은 안채와 행랑채가 ㅁ 자 모양으로 지어졌다. 안채에는 안방과 사랑방이 있다. 모든 방문은 창호지 한 장만 바른 홑 문으로 지금 생각하니 엄동설한에 감기도 잘 걸리지 않고 어떻게 살았었는지 모르겠다. 아침에 일어나보면 윗목에 떠놓은 물이 꽁꽁 얼어 있었고, 물기 묻은 손으로 문고리를 잡으면 쩍쩍 달라붙기도 하였다. 아궁이에 나무를 지피는 부엌에는 들기름 칠을 해서 반짝반짝 윤이 나는 무쇠 솥이 걸려 있다. 황토로 된 부뚜막은 색이 참 곱고 정결하다. 사랑방에는 큰 가마솥이 걸려있고 아침저녁으로 매일 쇠죽을 끓여서 온종일 훈훈하다. "처갓집과 뒷간은 멀리 있을수록 좋다"는 옛말이 있는데 앞마당에서 꽤 떨어진 구석진 곳에 푸세식 뒷간이 있다. 당시엔 인분이 거름으로 중요하게 이용될 때이니 밖에 나가 있어도 웬만하면 집에 와서 용변을 보게 하셨다. 행랑채에는 외양간이 있고 대문 옆에 있는 큰 방에는 농사일 도와주는 아저씨네 식구들이 살고 있다.

집 앞의 작은 연못엔 금붕어와 잉어가 자란다. 복남(가명)이네가 키우는 오리가 연못에 들어와서 고기들의 씨를 말리는가 싶어서 이야기를 하니 "오리가 자기보다 빠른 물고기를 어떻게 잡아먹겠느냐"며 복남이네가 억지를 부린다. 하는 수 없이 울타리를 쳐야만 했다. 여러 날이 지난 후에 어디에서 누구한테 들었는지 '미안'하게 되었다며 오리를 가두어 키우겠다고 한다.

사과가 나무에서 맛있게 익어간다. 하나 따먹고 싶은데 맨날 쳐다봐도 그 타령이다. 정말 너무너무 먹고 싶어 가지에 매달린 사과의 뒤쪽만을 한 입 베어 물었다. 아무 맛도 나지 않는 맹탕이다. 이럴 줄 알았으면 괜히 그랬다는 후회가 들었다. 반쪽을 잃은 사과가 가지에 매달려 있다. 며칠이 지나서 "그렇게도 먹고 싶었냐?"고 하면서 잘 익은 것을 하나 따주신다. 야단치실 줄 알았는데 아버지의 넉넉한 웃음과 자애가 그립다.

조석에는 집집마다 굴뚝에서 모락모락 연기가 피어오른다. 저녁을 먹고 나면 멍석 위에 식구들이 모여앉아 스피커에서 나오는 라디오 연속극을 듣는다. 마을회관에서 송출하는 유선방송으로 채널 선택권이 없다. 하루 종일 농사일로 소진한 어머니는 눈꺼풀이 자꾸 붙으신다. 베적삼에 흠뻑 젖은 어머니의 땀 냄새를 이제는 맡을 수 없어서 아픔이 된다. 무릎을 베고 누운 내 머리를 말없이 쓰다듬어 주시던 손길과, 힘겨운 농사일로 녹초가 된 가냘픈 어머니의 모습이 교차되어 회한으로 남는다.

내가 나고 자란 고향의 밤하늘엔 수많은 별들이 총총하게 반짝인다. 하늘을 한 바퀴 휘감은 은하수, 반딧불이가 날아다니는 고향산천은 온통 푸른색 추억과 상실들이 백과사전의 책갈피처럼 겹겹이 쌓여있다.

어릴 때 뵙던 동네 어른들은 모두 어디론가 가고 없지만 변한 게 없는 고향집은 나의 무릉도원이다. 어머니의 젖무덤 같이 아늑한 '무릉도원'에 있어야 할 부모님의 빈자리가 허전하다. 모든 것들이 아쉽고 그립다.

"아! 언제 이렇게 세월이 많이 흘러갔나?" 어느새 나도 그때의 어른나이가 되었네 그려.

살구나무가 있는 그곳

이순미
kumsong1024@naver.com

어머니가 생각날 때면, 살구나무가 있는 그곳을 찾아간다.

넓은 들판이 훤히 내려다보이는 경사진 언덕배기 밭이다. 그 밭 서쪽 꼭대기에 한 그루의 살구나무가 홀로 서 있다. 무슨 연유로, 관상수인 살구나무가 인적이 드문 곳에서 뿌리를 내리고 교목으로 자리를 잡았을까?

평지인 시작점에서 올려다보면, 나무는 마치 태양의 사람 – 삼손이 머리카락을 풀어 헤치고 두 팔을 벌려 하늘을 받친 채 서 있는 모습이다. 자연스럽고 든든한 모양새다.

우수雨水가 지났다. 한겨울의 매서운 추위가 서서히 자취를 감추고 있다.

아침을 먹은 후, 아파트 마당으로 나가 보았다. 따스한 햇볕이 온몸을 휘감아 스며들어 겨우내 움츠렸던 몸의 근육을 깨운다. 밖을 기웃기웃 드나들기를 여러 번, 고심 끝에 호미 한 자루를 검은 비닐봉지로 둘둘 말아 배낭에 넣고, 바람막이 점퍼를 입고 만반의 준비를 마쳤다.

"언덕배기 밭으로 가 보는 거야. 보약보다 좋다는 봄 냉이가 있는지."

직행버스를 타고 1시간쯤 가서 10여 분을 택시로 바꿔 타고 도착한 언덕배기 밭, 그 평지의 시작 지점에 섰을 때는 이미 한낮이다. 늘 그랬듯이 맨 먼저 하는 일은, 살구나무에 눈인사를 건네는 것이다. 그리고 뚜벅뚜벅 둔덕을 걸어 올라 살구나무 아래에 서서 한겨울 모진 눈보라에 무탈했는지 나무를 빙 둘러보며 살폈다. 바람결에 스치는 나뭇잎 소리가 청량하다. 살구나무가 있어 부모님 산소가 쓸쓸해 보이지 않는구나. 순간 어머니도 밭일하시다가 힘에 부치면 이곳에 앉아 쉬셨을까, 새참도 하셨겠지?

대여섯 발짝 아래로 내려가 밭머리 한가운데에 있는 부모님의 봉분을 쓰다듬으며 인사를 했다.

"어머니, 아버지! 그동안 잘 계셨어요? 지난해 가을, 서영이가 아들을 낳았어요. 이름은 승호예요. 승호는 사돈댁 집안의 장손長孫이에요. 서영이 신랑, 강서방 보셨죠? 승호가 강서방을 쏙 빼닮았어요. 승호와 눈을 맞추고 옹알이에 장단 맞추다 보면 '행복이 이런 거구나' 싶어요. 저도 그러한데 서영이 시댁 어른들은 더

하시죠. 매일 승호 동영상 보는 낙樂으로 사신다네요. 저는 이제 한시름 놓았어요. 서영이가 승호를 낳고 저희 집에서 산후조리를 할 때, 어머니 생각을 많이 했습니다. 어머니는 가을걷이 하시다가 소식 듣고 부리나케 달려 오셔서 연년생 둘을 돌보며 제 몸조리를 도우셨으니, 어머니를 생각하면 항상 죄송한 마음뿐입니다. 날씨가 조금 더 따뜻해지면 서영이가 승호 보여드리러 오겠다고 해요. 그때까지 잘 계셔요."

 부모님은 살아생전 그 밭에 자주 들락거렸다. 고추를 심고 가꾸어 고추를 따러, 감자를 심고 가꾸어 감자를 캐러, 땅콩을 심고 가꾸어 땅콩을 캐러 등등. 초등학교 수업이 끝나고 집으로 왔을 때 집에 인기척이 없으면 으레 그 밭으로 달려갔다. 약속이라도 한 것처럼 어머니는 늘 그곳에 계셨다.
 덜 자라 어설픈 살구나무 그늘에서 더위를 달래며 어머니와 참외를 나눠 먹던 기억을 떠올리면 저절로 입에 침이 고인다.
 그 밭에는 어머니의 삶이 녹아있다. 어머니의 삶 위에 내 삶을 더했다.
 나도 그 밭에 쪼그리고 앉았다. 등 뒤로 햇살이 내려와 따뜻했다. 땅바닥에 납작 붙은 채 얼굴만 빼꼼히 내밀고 있는 냉이를 보았다. 호미로 냉이를 캐서 들어 올렸다. 흙을 탈탈 털어 봉투에 넣기를 수차례, 한참을 그렇게 반복했다.

냉이가 봉투의 반 정도 담겼을 때, 나는 호미를 놓았다. 한 끼 식사 분량이면 충분하다. 더 이상은 욕심이다.

언제부터 언덕배기 밭의 끝에 살구나무가 있었는지, 나는 정확히 알지 못한다. 추측하고 있을 뿐이다.

녹음이 짙은 7월이면, 살구나무의 파란 살구는 새콤하고 달달한 맛있는 살구로 노랗게 변모할 것이다. 나는 그때도 어김없이 바구니를 들고 가족과 함께 살구나무를 찾아가련다.

살구나무에 숨겨진 어머니의 사랑을 담으러.

낯선 가을

이영식
yslee4370@hanmail.net

고향 친구들과 물고기를 잡아 매운탕을 끓여 먹기로 하고 날짜를 잡았다. 모처럼 고향 친구를 만나기 위해 나서는 길은 아침부터 구름 위를 걷듯 마음이 가볍다.

일상을 벗어난 마음은 무지개를 따라 어린 시절로 돌아간다. 평범한 일상의 연속이었다. 참된 행복은 평범함에 있다고 하는데, 그렇다면 금년은 행복한 하루하루였다고 자위해 보고 싶다.

그러나 찬바람에 낙엽이 이리저리 날리고 앙상한 가지가 파르르 떨리는 걸 보면 마음 한구석에는 허전함과 아쉬움이 똬리를 튼다. 추운 날 허기진 배를 채우는 데는 고향의 맛이 나는 시래기 장국이 제격이듯 허전한 마음을 달래는 데는 고향 친구가 제격이다.

친구 현이는 물고기 잡는 도구를 챙겨 고기가 있을 만한 곳으로 길을 안내했다. 보광산 자락에 있는 다락 논으로 가야 물고기가 있단다. 개울에는 이제 물고기가 없다고 한다. 예전에는 물이 있는 곳은 어디에나 물고기가 지천이었다. 그렇게 흔하던 물고기는 어디로 사라졌을까?

사람들이 끝없는 욕망을 채우기 위해 자연을 마구 헤집고, 쓰레기를 버리고, 매연을 내뿜다 보니 자연도 인내심에 한계를 느껴 변심을 했나 보다. 물고기가 없는 시냇물은 척박해진 세상의 인심을 보여주는 듯하다.

다락 논 한 옆에 있는 둠벙은 작았다. 둠벙은 논에 물을 대기 위해 파놓은 작은 샘이다. 둠벙은 수리시설이 잘 갖추어 있지 않은 산자락에 있는 논에서 논농사를 짓는 농부에게는 소중한 물의 원천이다. 오염원이 적은 둠벙에는 붕어, 버들치, 송사리, 방개 등이 제법 보였다.

가슴까지 올라오는 장화를 신고 물을 퍼내기 시작했다. 물이 잦아들면서 둠벙 옆 풀 섶에서 붕어와 버들치가 나오고 진흙 속에서 미꾸라지가 나왔다. 두 사발 정도의 물고기를 잡았다. 동네에 사시는 노인 한 분이 지나가다 말씀하신다. "지난번에 잡았는데 고기가 또 있어?" 하신다. 동네 주민들이 벼 베기를 끝내고 큰 물고기를 잡아간 탓에 우리는 남아 있던 작은 물고기만 잡을 수 있었다.

현이 어머님이 끓여 주신 매운탕은 고향의 맛이고 자연의 맛이었다. 술 좋아하는 친구 빈이는 언제나 소탈하고 재미있는 이야기로 분위기를 띄운다.

현이 어머님에게 인사를 하고 나오려는데 하우스에 있는 대파를 뽑아서 손에 쥐어 주신다. 용돈을 드리려고 지갑을 열어보니 카드 밖에 없다. 참으로 난감한 일이다. 받기만 하고 드릴 게 없으니 얼굴 볼 면목이 없다. 현금 대신 카드를 사용하다 보니 편리한 점도 있지만 사람 사이에 오고 가는 정이 사라지고 있어 아쉽다.

어린 시절에는 십 원짜리 동전 하나만 받아도 행복했다. 돈이 많고 적음을 떠나 돈을 주고받으며 정도 오고갔다. 시냇물에는 물고기가 사라지고 어른에게 용돈 드리는 것도 불편한 고향의 가을이 낯설게 다가온다.

낮술

이영희
hi5809@hanmail.net

 주비酒悲라는 말이 있다. 슬픔이나 근심을 잊으려 마신 술이 오히려 슬픔과 근심을 더한다고 할 때 쓴다. 도스토옙스키의 《죄와 벌》에서 소냐가 매춘으로 벌어온 돈을 그녀의 아버지 마르메나도프가 선술집에서 날리면서 "나는 남들보다 두 배를 괴로워해야 하기에 낮부터 술을 마시는 거다"며 독백하는 구절이 있다.
 우리의 옛글에서 낮술에 대한 것을 찾아보니 옛 관가에 점심상이 들 때 관비가 오주상을 먼저 들었다는데 그 오주가 낮술이다. 또 참이라 하여 여름날 낮 서너 시쯤 일하는 일꾼들을 위해 막걸리를 내는데 요기도 되고 취기도 주어 일하는데 활력을 돋우었으니 또한 낮술이다.
 소설 속 소냐 아비의 주비와 우리 농사 일꾼의 활력을 더해주는 낮술은 이해가 되리라 생각한다. 그러나 어제 낮, 오랜만에 만난 네 여인이 충무로 극장 뒷길, 한국의 집 돌담길을 마주한 퓨전 레스토랑. 두 곳을 옮겨 다니며 낮술을 마신 이야기가 어디까지 이해받을 수 있을지 모르겠지만 보따리를 풀어 본다.

50대 중반으로 진입한 두 여인과 60을 넘긴 시니어 둘. 네 사람 모두 아내로, 엄마로, 글쓰는 작가로, 충실하게 살아가고 있다. 이야기 주제는 언제나 글쓰기의 어려움으로 시작하지만, 남편에 대한 불만으로 자연스레 이어진다. 그러다 보면 술잔을 더 깊숙이 기울이게 된다. 갱년기와 맞물려 지금의 자리매김에 대한 허무와 지루함. 결혼을 앞둔 자식에 대한 걱정들이 주된 주제다.

육십을 훨씬 넘긴 나의 희로애락과 50대 여인들의 희로애락이 닮은 듯하지만 다른 얼굴로 다가오고 물러나면서 각각의 인생의 굴곡을 만들어왔을 것이다. 어느 부분에는 서로 격하게 공감하며 지금까지 살아온 경험을 가감 없이 나눈다.

우울증의 경계를 오가며 두 달을 울었다는 마주 앉은 오십 대 여인의 이야기에 귀 기울이며 안타까움과 연민으로 앞에 놓인 술잔이 더 빨리 비워졌다. 그녀는 남편을 그동안 너무 배려한 탓에 돌아보니 자신의 위치가 너무 초라해져 있었다며 허무와 치받는 화를 추스르는데 거짓이 아닌 정말 옷 한 벌을 푹 적실만큼 눈물을 흘렸다는 말에 진심이 뚝뚝 묻어났다. 이혼도 졸혼도 아닌 애매한 부부관계를 유지해야 하는 앞날을 어떻게 헤쳐가야 할지 모르겠다며 목소리는 떨렸다. 슬픔을 덜고자 마셨건만 더 커진 애잔함으로 술을 더 주문했다.

새로 시킨 술과 함께 내 이야기 차례가 왔다. 겉은 웃고 있지만 속은 쪼글쪼글한 날이 더 많았다고 토해냈다. 요즘은 예전 같지 않은 둔해지는 몸의 움직임과 함께 생각도 판단도 느려지는 나날이 우울의 근원이라고. 거기다 남편의 매사에 까칠한 성격으로 속앓이를 할 때마다 늘 옆에서 엄마 편이 되어주던 하나뿐인 아들의 부재. 자식이 하나 더 있었다면 조금은 덜 서운했을까. 술이 들어가니 약한 내 의지가 한심하여 또 한 잔. 이 무슨 주책인가. 아들은 결혼하여 알콩달콩 잘살고 있는데. 곱디고운 며늘 아가도 시어미를 알뜰하게 챙겨주고 있건만.

아줌마들만의 주비酒悲. 그렇게 몇 시간을 보내고 나니 밖은 벌써 어둑어둑해지고 있었다. 시월의 낮이 짧다. 종종걸음으로 각자의 집으로 돌아가 저녁을 준비하며 아내와 어미의 자리들을 굳건히 지켜냈으리라. 그러다 어느 날 다시 뭉쳐 또 다른 이야기 마당을 펼치겠지.

말수 적은 남편들, 어쩌면 남자들의 주비酒悲는 여자들보다 할 말이 많을 수도….

우중산행 雨中山行

이한민
kmlatm@naver.com

    텐트 지퍼를 열자 밖의 새벽은 환상적이었다. 자욱한 안개, 아니 안개로 무장한 가녀린 비가 하늘과 산을 촘촘히 채우고 있다. 지나온 산들과 건너 대미산의 실루엣이 환영일까, 실체일까, 어련히 보인다. 물을 끓여 커피를 마주한다. 산상에서의 아침 커피는 맛보다 향이 퍼지는 은은함으로 부드럽게 다가온다.

    야영이 번거로워 무박 산행이나 당일로 마치는 산행을 주로 하였지만 한 번에 여러 산을 마치겠다는 욕심으로 1박을 산에서 하게 됐다. '88년부터 본격적인 산행을 시작, 2년 넘게 여기저기 다니다 백두대간이 지나는 고향 지역/충북 주변을 타기로 한 것이다.

    비가 온다는 예보를 듣고도 어제 제천 일대 어래산817m, 하설산1,028m, 매두막1,100m을 거쳐 작은 평지에 홀로 야영 후 맞는 새벽이다. 운행식으로 끼니를 때우고 축축해진 장비를 꾸린다. 아무리 방수·투습 옷과 장비라도 오랜 시간이 지나면 습기가 스며들기 마련이다. 방수 덮개를 배낭에 씌우고 문수봉1,162m으로 향하려니 아침을 가득 메운 안개와 비가 나를 붙잡는다. 홀로라는 가벼움에 여유라는 사치를 부려본다.

그리그Edvard Grieg/1843-1907의 아침Morning mood/PeerGynt을 연다. 곡 배경인 모로코 사막해안의 아침보다 그의 고향 노르웨이의 구름 낀 피오르Fjord를 연상케 하는 곡이다. 플루트를 시작으로 클라리넷, 오보에, 바순이 번갈아 연주하는 목가적 정경이 흐른다. 고요하고 차가운 북유럽의 웅장한 선율이 비를 뚫고 나뭇잎에 묻은 먼지를 씻어 내린다. 빗줄기가 굵어진다. 또 걷자, 비에 쏠리는 어린 풀잎이 가련한 몸짓으로 떨고 있다. 산새들의 울음도 간간이 들려오지만 물기 낀 등산화 발소리에 멀어져만 간다. 누군가 빗줄기 저편에서 과거로 가는 시간을 배낭에 담아 내게로 걸어오는 상상을 한다. 쏜살같이 지나간 세월의 잔상이 왔다가 부딪쳐 그리움으로 산화散華된다.

여럿이 등산할 때는 앞서 빨리 가거나 자주 쉬는 것을 부도덕한 행위로 느꼈다. 행동은 결과를 위해 서둘러야 한다. 오르고 내려오는 과정을 보며 거리를 시간이라는 자로 재었다. 몇 시간

후의 미래로 열린 시각을 지키려 했었다. 그렇다, 단체 산행은 그래야만 했었다. 나는 지금 혼자다. 단체 산행의 구속에서 벗어나 빗길 산행을 즐기고 있다. 정상을 지나 하산 길로 접어든다. 등산객은 아무도 없다. 보이는 곳은 모두 젖어있다. 나도 젖었다.

이틀 동안 산행 중 처음 만나는 사람들이 보인다. 길옆에 행군 중인 열 명 남짓한 특수부대원들이 내게 인사를 건네며 지도를 보고 있다. 말을 건네본다. "어이, 길 모를 땐 물어 독도법(물어 독도법:행군 중 길을 잃거나 모를 때 마을에 가서 물어보는 행위/군인 속어) 최고다" 하며 말을 건넸다. 모두 어리둥절하다 나이가 들어 보이는 상사가 내게 "에이, 선배님은 6·25 때도 아니고 임진왜란 때 천리행군 하셨군요" 하며 웃는다. 그리고 GPS라며 생소한 물건을 보여준다('91년 당시). 우리나라에서 최초로 특수부대 팀에게만 지급된 것이라 자랑한다. 지금까지 컴퍼스와 고도계를 지도와 대조하며 산길을 찾던 내게 처음 보는 물건이다. 세상 참 좋아졌구나 하며 남아있는 비상식량을 건네주고 헤어지며 용하구곡으로 들어섰다.

온종일 걸어도 산과 물만 반기고 푸르던 나무들의 합창 소리는 삼십여 년이 지났으니 멀어져 있다. 많이도 변했다. 드문드문 이정표 노릇을 했던 큰 바위와 고사목을 대신해 곳곳에 안내판이 꽂혀있다. 수량이 풍부했던 계곡은 포장길 내느라 숨어 버리고 실개천이 되어버렸다. 여기저기 들어선 펜션은 고요를 비웃고 있다. 벽지라고 언제나 옛 모습 그대로 있어야 한다는 바람은 이기심일까.

淸明時節 雨紛紛 (청명시절 우분분)　청명이라 비는 부슬부슬
路上行人 欲斷魂 (노상행인 욕단혼)　길손은 외로움에 마음 아프네
借問酒家 何處有 (차문주가 하처유)　주막이 어데냐 물으니
牧童遙指 杏花村 (목동요지 행화촌)　목동이 손들어 살구꽃 핀
　　　　　　　　　　　　　　　　동네 가리키네.

길손이 된 마음 서글퍼 두목杜牧/唐, 803-852의 청명淸明을 읊어본다. 비는 그치지 않고 이리저리 뛰어다니며 바닥에 크고 작은 동그라미를 그리며 부서지고 있었다.

문맹탈출 대 감성탈출

이혜정
hjlee0602@yahoo.com

까막눈 시절이다.

신문에 가득 박힌 활자에는 어른만 아는 어마어마한 이야기들이 담겨있을 것만 같았다.

광고란 큰 활자들과 사진들은 또 뭘 얘기하는 것일까, 무척 궁금하던 초등학교 입학 전 일이었다.

'ㄱㄴㄷㄹ'과 'ㅑㅕㅖ'를 주구장창 무한 반복해서 쓰던 학습장을 끌어당겨다가, 조합시켜보니 그 글자라는 것이 탄생한다는 것을 '스스로' 깨우쳤다. 진도를 더디 나가는 엄마가 잠시 바쁜 틈을 타서였다. 맞추어진 글자를 더듬더듬 읽을 수가 있었고 제일 먼저 신문을 펼쳐보니 그림같이 보이던 활자들이 글자로 정리되어 보이기 시작했다. 그야말로 '유레카'이었다. 문맹탈출의 순간이었고 온몸이 짜릿짜릿했다. 뿌연 안개 속에 있던 내가 마치 알껍

데기를 깨고 세상에 나온 양 문명 세계에 눈이 부셨다. 감당하기 어려운 벅찬으로 숨이 막혔다. 이럴 수가! 이것이 내가 모르던 어른들의 세계구나 싶었다. 벽에 걸려있는 달력의 요일도 보였고 동네 가게들의 간판들도 보였고 과자봉지의 글씨도 읽을 수 있었고 비록 속도는 느렸지만, 손가락을 짚어가며 모든 것을 읽을 수 있었다. 엄마는 누가 내게 도움을 주었나, 주위 사람들을 문책(?) 했지만, 새로운 세상을 접한 나는 주위의 부산함도 개의치 않았다. 갑자기 할 수 있는 일이 엄청나게 많아졌다. 동화책도 스스로 읽을 수 있었고 여기저기 있는 표지판을 읽어가며 산만했던 주위를 정리하면서 평소 궁금했던 퍼즐을 맞춰갔다. 그런 지식으로의 초대가 동시에 고난과 근심의 시작인 것을 미처 알지 못했다. 아니 알 수가 없지 않은가. 고작 오육 세였으니.

  1982년 미국 땅에서 공부를 시작하던 때 내 귀는 수업의 내용을 간파할 수 없었다. 녹음기를 대동하고 착해 보이는 미국 애들의 노트를 빌려 복사하며 학습을 해 나갔다. 학부 때 한 번 배운 내용이면, 그나마 녹음기가 없어도 수업을 이해하고 따라갈 수 있었으나 대부분은 처음 접하는 것이었고 내 것으로 만들기 위해서는 창문에 동이 트는 것이 보일 때까지 복습과 숙제를 해야 했다. 모국어로 하는 강의를 수업 시간에 집중해서 잘 듣고 시험 전 하루 이틀 노트를 두세 번 보면 받던 A 학점이 그리웠다. 여기서 쉽게 A를 받을 수 있는 과목은 미적분과 통계학뿐이었다. 코스course work의 필수과목이었는데 이 시간에는 숨통이 좀 트였고 교수의 농담도 들리는 듯했고 그의 조크joke에 덩달아 하하 웃을 수도 있었다. 나의 유학 준비는 미흡하였고 그 대가는 잠자는 시간을 반납하며 혼자 생으로 공부해야 했다. 영어 듣기를 보완하려 날마다 오후 5시부터 7시까지 폭스티브이FoxTV에서 방영하는 30분짜리 시트콤 네 편(Who is the boss?/Family ties/Silver spoons / Friends), 7시에는 앵커 피터 제닝(Peter Jennings)의 ABC 방송국 뉴스를 시청하였다. 시트콤의 재미와 피터 제닝의 멋짐 때문에 이 듣기 학습을 꾸준히 지속할 수 있었다. 그런데 어느 날부터인가 티브이 보며 배꼽 잡고 웃을 수도 있었고 뉴스 내용도 육하원칙이 파악되었다. 이것은 내가 느낀 두 번째 문맹탈출이며 영어권 세상의 지평이 넓어짐을 경험한 또 한 번의 유레카였다. 이후 희로애락을 같이했던 녹음기는 옷장 깊숙이 넣어놓았고 노트 빌려주던 미국 애들에게 건네는 인사가 나도 모르게 다소 건방져졌다. 그러나 우습게도 귀가 좀 뚫린 후 들었던 마지막 과목은 B를 받았다. 더욱 한심한 것은 같이 듣던 학생의 70% 이상이 A 학점을 받은 때였다. 그 수업엔 비영어권 학생들도 절반 이상이나 되었는데. 지금도 생각하면 이불 킥이 나오는 일이다. 잘 안 들릴 때는 복습과 예습을 철저히 했었는데 조금 들리는 것 같으니, 공부를 소홀히 한 결과이다. 떠버리 교수님 덕분에 대학원생 성적이 거의 다 공개되어서 나의 B 학점에 모두 의아해했다. 가끔 나 자신이 미워지는 순간이 있는데 이때도 그중 하나다.

  난 자연계였는데 고등학교 때 불어를 제2외국어로 선택했고 대학을 가서는 약학전공의 특성 상 독어를 필수로 택해야 했다. '대학독어'를 수강하면서 또 한 번 까막눈의 비애를 맛봐야 했다. 시험도 독해 위주로 지문을 파악하고 답하는 거였다. 궁여지책으로 교과서에 까맣게 해석을 써놓고 무식하게 외웠다. 시험의 본문이 조금 달라지면 난 틀리는 것이다. 더욱 황당한 것은 문제가 독어로 쓰여 있어서 있는 눈치를 총동원해 문제를 이해하고 답을 해야 했다. 어찌어찌해서 B는 받았지만 생각하기 싫은 수업이다. 이런저런 경험으로 여러 나라 언어에 조금 익숙해져서 유럽, 일본, 중국, 그리고 영어권 나라들의 여행은 비교적 수월하게 다니는 편이다. 그런데 북유럽이나 전혀 소통되지 않는 나라들을 여행할 때면 다시금 답답해지고 시야가 좁아짐을 느낀다. 그래서 가끔 영어가 안 되는 분들은 외국 여행을 하면 얼마큼 이해하고 얼마나 즐길 수 있나 궁금했던 적이 있다. 보스턴에서 어떤 아주머니를 만나기 전까지는.

  이분은 초등만 졸업하고 미국으로 이민을 오셨다. 자제분들은 LA에 살고 있었고 그는 바느질을 아주 솜씨 있게 빨리 잘해서 한인들은 물론 미국인들에게도 인기가 좋은 수선집을 보스턴서 운영하고 있었다. 인건비를 줄이기 위해 사람을 쓰지 않고 본인이 하루 중 일정 시간은 수선물을 픽업도 하고 작업이 끝난 것을 자동차로 배달하곤 하였다. 체크카드를 쓸 수도, 읽을 수도 없어서 현금거래만 하였지만 놀랍게도 미국 사람들의 수선요청을 잘 이해하였다. 같은 교회에 같은 구역이라 가끔 차를 태워드리면서 소통하는 것을 볼 수 있어 물어보았다. 그는 크게 웃으며 본인은 수선 전문가라 그들이 옷을 내밀며 무엇이라 하면 뭘 원하는지 어떻게 고쳐 달라는 건지 한눈에 알 수 있어 아무 문제 없다고 했다. 어쩌다 잘못되었다는 컴플레인을 받지만 그러면 다시 해주겠다고 하면 대부분 흔쾌히 받아들인다는 것이다. 교회에서 주선해 여러 곳을 같이 그룹으로 여행 간 적도 있는데 문맹탈출한 나보다 훨씬 더 감성적으로 여행지 곳곳을 이해하고 느끼고 오히려 우리에게 본인이 보고 느낀 것을 설명해주는 것을 보고 깜짝 놀란 적이 한두 번이 아니다. 신은 누구에겐 문맹탈출의 기회를 주셔 좀 더 이성적으로 주위를 받아들이게 하시고 또 누구에게는 문명을 이해하고 받아들일 수 있는 탁월한 감성을 주셔서 더 행복하게 더 풍성하게 인생을 누릴 수 있게 하는구나 싶었다. 여러 언어를 조금씩 이해할 수 있다는 자만심에 감성탈출이 될 수 있는 내게 경각심을 주었다. 나의 지성과 감성을 종합해도 이분의 탁월한 감성에 기초한 이해력을 따라갈 수 없었다.

 끊임없는 독서와 자기 성찰로 인해 소통하려는 언어의 밀도가 높아지고 그 생각들이 한편으로 치우치지 않는 포괄적이고 아름답고 또 겸손한 글들을 생산해 낼 때 신이 허락하신 문맹탈출의 의미가 더욱 부가될 수 있을 것 같다. 자칫 우쭐한다거나 건방진 마음을 갖게 된다면 남들 다 받는 인생 A 학점을 못 받게 되는 수치를 맛볼 것 같아 근신하고 조신해야겠다. 성서시대 이후 신·구교에서 가장 위대한 신학자로 여겨지는 히포의 아우구스티누스가 '첫째도 겸손, 둘째도 겸손, 셋째도 겸손이다'라고 인생 지침을 말하였는데 자칫 자만하기 쉬운 내 마음에 꼭 새겨둬야 할 어록이다.

그 봄날이

정정애
wjddo416@hanmail.net

숲속에 옹기종기 자리 잡은 건물들이 동화책 속에 나올법한 그림 같은 풍경이다. 그 마을을 나이 든 나무들이 포근히 감싸고 있다. 수업을 마치고 집으로 돌아오던 어느 날, 벚꽃이 유난히 예쁘다는 친구의 권유로 몇 년 전 이곳에 왔었던 기억이 문득 떠오른다. 햇살이 따사로운 봄날 오후였다.

언덕을 오르면서 보이는 풍경은 친구가 전해주던 이야기보다 더 아름다웠다. 키가 크고 우람한 벚나무들이 가지를 사방으로 펼치고 있다. 고개를 들면 하늘은 온통 꽃으로 가득했다. 태양 아래서 빛나는 꽃들은 눈송이가 허공 중에 떠 있는 듯했고, 간간이 나풀거리며 낙화하는 꽃잎들은 아름다움의 절정을 이루었다.

그때였다. 우연히 지나가는 주민과 마주쳤다. 뭉뚱그려진 손, 그 사람 손에 손가락이 없었다. 순간 놀란 동공이 허공을 향하였다. 이곳 성나자로마을이 나병환자를 치유하던 곳이라는 것을 알고는 있었지만 그렇게 주민과 마주칠 거라고는 예상하지 못했다. 정작 지나가는 주민은 무심한데 멀어져가는 그 사람 뒷모습을 바라보는 나만 당황한 마음에서 쉽게 헤어나지 못했다. 잘못한 게 없는데도 마주친 그 사람에게 왠지 미안한 것 같아 마음이 복잡해졌다.

이곳 성나자로마을은 한국 최초의 천주교 구라사업기관이자 나환자 복지시설이다. 가톨릭구제회 한국지부장 캐롤시몬놀이 설립한 후, 대를 이어가며 여러 신부님과 수녀님들이 그리스도의 박애정신을 실천하여 국민을 나병으로부터 보호하고, 나병으로 인해 가족과 사회로부터 버림받은 나환자들을 무료로 진료하였다. 환자들에게 요양생활을 하게 하여 치유된 이는 사회로 복귀시켜 자립할 수 있도록 돕기 위한 목적으로 설립되었다고 한다. 아직도 이곳에는 사회로 복귀하지 못한 한센인이란 새로운 이름으로 불리는 완치된 분들이 지금도 60여 명이 살고 있다고 한다.

이청준 작가의 소록도를 배경으로 한 《당신들의 천국》에서 읽었던 이야기들이 생각난다. 나환자들의 비참한 삶을 토대로 그들이 겪어야 했던 죽을 만큼 고통스러웠던 장면들이 떠오른다. 사람이 무서운 게 아니고 병이 무서웠던 건데, 그들은 전염병이라는 이유로 사회에서, 그리고 가족에게서 격리되어 버림받은 삶을 평생 살아야만 했다.

60년대 초등학교에 다닐 무렵, 어른들은 밥상머리에서나 등교하는 자녀들 등 뒤에 대고 혼자 다니지 말고 진달래 활짝 핀 곳도, 보리밭도 가지 말라는 당부를 하셨다. 진달래꽃 속이나 보리밭에 문둥이가 숨어 있다가 아이들을 잡아먹는다는 기괴한 소문이 동네방네를 떠들썩하게 휩쓸며 퍼져나갔다. 나병환자의 또 다른 이름은 문둥이였다. 하굣길 마을 어귀에서 낯선 사람을 만나기라도 하면 아이들은 "으악" 소리를 지르며 냅다 달음박질로 도망을 쳤다. 아이들은 물론이거니와 어른들까지 공포 속으로 몰아넣었던 시절이었다.

그렇게 온 국민을 공포로 몰아넣었던 무섭기만 하던 나병환자들을 격리시키고 치유해 주었던 곳이 바로 이곳 천주교 성나자로마을이었다고 한다. 모두 두려워서 벌벌 떨며 피하는 전염병 환자를 신부님을 비롯한 성나자로마을에서 봉사하는 사람들은 어떻게 두려움 없이 보호하고 치료할 수 있었을까? 마음 졸이며 살아온 어린 날의 두려웠던 기억이 새삼스럽게 떠오른다. 보통 사람으로선 감히 흉내도 낼 수 없었던 일들을 실천한 이 사람들이야말로 진정한 영웅들이 아니었을까?

평범하던 나의 일상에 작은 파문을 일으킨 봄날이었다. 삶이 고되다고 생각하던 길목에서 진짜 아픈 삶을 보낸 사람과 맞닥뜨리고 나니, 일상이 힘겹다고 생각한 것조차도 사치였다는 것을 알게 하는 순간이었다. 어렸을 적에 겪은 일이라 무척이나 오래된 이야기로 기억이 가물가물했는데 성나자로마을 주민을 마주치고 나니, 아주 오래된 이야기도, 아주 먼 곳 이야기도 아닌 바로 이웃 동네의 현재 이야기였다.

　한센인들을 보호하던 성나자로마을도 흐르는 세월 속에서 변천을 거듭했나 보다. 시간은 이 마을을 조용하고 안락한 휴식의 공간으로 바꾸어 놓았다. 봄이면 벚꽃을 구경하려는 사람들이 심심치 않게 찾아든다. 또 고즈넉한 마을에서 차와 경치를 즐기려는 사람들이 삼삼오오 팀을 이루어 카페로 모여들고 있다. 언덕 위에 우뚝 선 성당만이 침묵으로, 지나간 모든 아픔은 끌어안은 채 마을을 지긋이 굽어보고 있다.

　어쩌다 보니 주거지를 옮겨와 자리 잡은 곳이 우연찮게 성나자로마을 이웃 동네이다. 해 질 녘 무심코 들어선 카페, 희미하던 기억 하나가 슬며시 떠오른다. 그날 햇살을 등지고 언덕을 내려가던 그 사람의 쓸쓸한 뒷모습과, 무심히 들려오던 뻐꾸기의 아릿한 울음소리가 긴 여운을 남기던 그 봄날이.

백발이 되어도

최선희
sunny2418@naver.com

백발이 보이면서 아프기도 하고 일도 많았다.

그중 요양병원 병동 간호사로 처음 들어간 것은 획기적인 일이었다. 오랜만에 만난 같은 과 선배가 요양병원에 다니기도 하지만, 간호사들이 모두 우리 또래들이고 우린 *전자의무기록EMR만 하면 된다고 해서 용기를 낸 것이다. *나이트night근무만 하는 간호사가 필요하다는 구직사이트 공고를 보고, 올빼미 체질인 나는 자신 있게 지원해서 취직되었다.

첫 요양병원은 병원으로 지어진 건물이 아니라, 한 병동이 3, 4층으로 나뉘어있었다. 4층에는 간호사스테이션이 있고, 뒤에는 준비실이 있어 저녁 10시 30분부터 다음 날 아침 7시 30분까지 야간 근무만 하면 되었다. 인계받은 환자를 한번 돌아보면서 취침

전 약을 돌리고, 약품 정리 후에 스테이션 청소, 그리고 기구 일부만 소독한 후 입원실을 모두 점검하며 잠든 환자를 간호했다.

회진하다 24시간 심전도 측정 상태의 환자를 돌볼 때였다. 심전도기에 맥박이 안 잡혀 빨간 불이 들어와 있는 걸 보고, '돌아가셨나' 하고 놀랐다. 무의식 상태로 파킨슨을 앓는 어르신의 심전도를 재기 위해 심장의 위치를 찾았으나, 제 위치에서 장기를 찾을 수가 없었다. 수동으로 혈압과 맥박을 재어보니 잡혔는데, 다만 잠자다가 접지가 떨어진 상태이고 대사기능이 떨어져 정상 수치보다 낮을 뿐이었다. 지방도 없고, 근육도, 인대도 힘이 없어져 반좌위 자세로 누워 있다 보니, 심장의 위치가 거의 상복부에 있었다. 그 모습에서 늙는다는 게 실감이 되었다. 물론 아픈 분이라서 그렇겠지만 늙는다는 게, 백발이 된다는 게, 결국 '사람은 이렇게 죽는 것일까' 하는 생각이 꼬리에 꼬리를 물었다.

두 번째로 옮겨간 요양병원에서는 3교대 근무하는 사이에 세 분이 돌아가시는 것을 직접 보았다. 감기 같이 가벼운 병으로 입원해도 식사량이 줄고 그 후유증으로 열이 오르고, 마지막에는 폐렴이 되는 경우가 많았다. 나중에는 혈압이 떨어지면서 심장이 멈추더니, 어느 순간 돌아가셨다.

어르신들은 돌아가실 때가 되면 눈이 맑아진다. 몸이 먼저 아프면서 정신이 죽음을 받아들이고 신체가 따라가는 것 같다. 욕심이 있고 집착이 있는 분들은 증상이 심해졌다가도 회복되기도 하니, 의지가 중요했다. 그래도 결국 1, 2주일이 지나면 때는 다 가온다. 누구나 그때는 꼭 온다는 생각이 무섭기조차 했다.

어쨌건 숨이 멈춰지는 모습을 보면, '참 허무하구나. 누구나 가긴 하지만 사람마다 다르구나. 어떻게 하면 존엄하게 죽을 수 있을까, 아니 무엇을 해야 죽음을 기꺼이 받아들일까' 하는 생각을 하게 되었다. 내가 출근하다 사고로 그만둘 때까지는….

사고로 무릎을 다쳤지만, 퇴행성관절염이라는 오진으로 몇 달 쉬다 일의 강도가 낮은 보건소 방문 건강 관리센터 방문간호사로 다시 일하기 시작했다. 이번에는 그래도 '재택방문이라 좀 낫겠지, 보건의료 예방 활동이니까' 하면서 건강 관리 방문간호를 했다.

독거노인, 병자나 장애인 가정, 이방인과 기초 생활 수급자 가정 방문간호로 의료혜택에서 소외되는 사람들이었다. 방문간호하다 보니 뜻밖에 경제적으로 어려워도 수술 후 집에서 혼자서 재활하는 강건한 모습을 보았다. 또 만성 질환으로 아프면서도 폐지를 주워 기부하는 할머니같이 생명의 강인함과 죽음을 향한 희망찬 발걸음을 보았다. 자식들이 자신을 버렸다고 울부짖는 할머니도 일상에서의 투병 생활을 이웃의 도움으로 이어가는 모습도 보았다. 긴병과 가난에는 효자가 따로 없지만, 이웃들은 서로 돌아가며 아픈 이에게 숟가락 하나 더 얹어 놓으며 주변 할머니를 돕기도 했다.

*세계보건기구(WHO)는 '건강이란 질병이 있어도 그 상태에서 최적의 기능을 하는 상태'라고 했다. 건강하게 살도록 돕기 위해 방문해서 식이 및 운동에 대해 교육하고, 먹는 약을 제대로 먹도록 교육하며, *바이탈 사인vital sign을 측정했다. 그러나 거의 3, 4달에 한 번 방문하기에 건강 관리 예방효과를 처음에는 의심했다.

봄이 되자 상반기, 하반기로 어르신들의 신청을 받아서 건강 교실을 열었다. 건강 검진 후에 6주 동안 매일 운동시키고 건강과 식이 교육, 우유 배부 등 건강 관리 뒤에 다시 신체 검진을 해보면 변화가 일어났다.

운동치료사와 영양사, 간호사가 힘이 들지만 99세까지 팔팔하게 사는 건강 관리 활동을 체험시킴으로써, 어르신들의 생각과 행동에 변화가 생겼다. 그 후에 하게 된 방문간호도 작은 도움이지만 기억과 습관을 만들어 주기에 보람찼다.

보조금과 기부, 병원마다 보건소와 사회복지사가 연결해 주는 작은 기부와 무료 진료, 수술은 매년 수십 건이 넘었다. 푸드 뱅크와 위생용품과 의료용품 기부까지 기부품 하나하나가 같이 살아갈 수 있는 선택을 하게 했다. 항상 선택하고 나눠줘야 하는 어려움이 있어도 그 필요 기준은 방문간호에서 찾게 했다.

그러던 중 그 전날, 컴퓨터를 기부받았다며 기뻐서 전화한 92세 할아버지가 홀로 밤새 돌아가셨다. 마지막까지 컴퓨터를 배우는 일이 생겨 희망차던 목소리였기에 그 죽음이 축복이라는 생각이 들었다. 여기에서도 자기만 챙겨달라고 욕심부리는 이도 있지만, 절망에 차서 포기에 가깝던 사람을 도와주는 사회 덕분에 한 걸음씩 힘을 내고 마지막까지 할 일을 찾기도 했다.

〈이사야〉서에 "너희가 늙어가도 나는 한결 같다. 너희가 백발이 되어도 나는 너희를 지고 간다. 내가 만들었으니 내가 안고 간다. 내가 지고 가고 내가 구해 낸다" 하신 성경 말씀은 지금도 우리 가운데에서 이루어지고 있다. 나를 지고 가는 힘을 느끼면서 허무함을 잊게 된다. 백발이 되어 죽음을 향해 가더라도 줄 수 있으면 나누어주고, 도움받을 수 있으면 도움받으면서 가는 길이 삶다운 삶을 살아가게 한다.

나 역시, 오늘 하루의 할 일을 찾고, 오늘을 희망차게 살아가게 된다면 백발이 되어도 감사하다.

*전자의무기록EMR: 환자의 진료행위를 중심으로 발생한 업무상의

자료나 진료 및 수술 기록을 전산 기반으로 입력, 정리, 보관하는 시스템.

*나이트night 근무: 야간 근무. 하루를 셋으로 나누어 오전 근무, 오후 근무, 야간 근무로 24시간 일을 하는 직업에서 야간 근무를 지칭.

*세계보건기구WHO: 국제 공중보건을 책임지는 유엔전문 기구이다. 14개국이 회원국이며 목적은 세계 인류가 가능한 한 최고의 건강수준에 도달하게 하는 것이다.

*바이탈 사인vital sign: 활력징후를 이르는 말로 호흡, 맥박, 체온, 혈압의 4가지를 말함.

사람 사는 풍경

사람

사는

풍경

김남순
김수금
류만영
박하영
손경란
손제하
송남섭
이정희
임우재
정정숙
조규호
조인순

또 엄마야!?

김남순
nsk3518@hanmail.net

나는 스스로를 '엄마 병 환자'라고 부른다.

어머니가 내 곁을 떠나 하늘나라로 가신 세월이 10년을 넘었다. 시쳇말로 10년이 지나면 강산도 변한다는데, 나의 엄마 병은 전혀 치유 가능성이 없다. 주변 지인들은 이런 나를 답답하고 딱하게도 볼 것 같다.

정신적으로, 물리적으로 평생을 어머니와 같이 살았기에 그런지도 모르겠다. 독신으로 배우자나 자녀도 없이 그저 어머니가 내 일상의 구심점이었다면 조금은 수긍이 될까?

세간에 유명한 어느 스님께서 법문 중에 얘기하셨듯이 세상에 똑같은 사람은 없다. 독신 여 교수 후배는 나를 어머니와 분리가 되지 않았다고 평가절하한다. 혼자 미국까지 가서 최신학문으로 그 어려운 Ph.D.까지 취득하여 국내대학에 자리 잡았으니, 모든 일상이 어머니에 의해 이루어지는 나를 이해할 수 없으리라.

그러나 나는 어머니가 돌아가신 뒤에도 살아가고 있다.
어머니 생전에 언젠가는 돌아가실 거라는 당연한 사실을 한 번도 상상한 적 없는데도. 어머니 가신 뒤 쓰러지지도 않았고 드러눕지도 않았다.
지금 새삼 생각해 보면, 차라리 어머니가 노환으로 아프기 시작하던 그 무렵에 더 절망했던 것 같다.
항상 건강하셔서 어머니의 보살핌과 배려가 없는 나의 생활은 있을 수가 없는데. 어머니의 노환으로 내가 어머니를 케어하는 위치로 바뀌어 갈 때의 그 황당함. 나는 이율배반적인 나의 본능적 이기심이 가장 미웠다. 간병에 올인하면서도 무심한 주변사람들의 '천사 같은 효녀' 운운의 칭찬은 나의 한계를 더 절감하게 만들었다. 나는 '사랑하는 사람을 위해 고생하는 것이 행복'이라는 사실을 어머니가 돌아가신 뒤에야 알게 되었다. 걸핏하면 눈물부터 쏟는 약한 심성 탓도 있지만, 돌아가신 후 나만큼 어머니를 그리워하면서 눈물을 쏟고 다닌 사람도 많지는 않을 것이다. 그러나 선인들의 말씀처럼 세월이 약이라고 요즈음은 잘 울지 않는다. 다만 불효의 죄책감 같은 건 아직도 가슴을 많이 아프게 한다. 모든 게 부질없다고 자위하려 하지만 잘 안 된다.
톨스토이는 자기만을 위한 생은 죄악이라 했는데, 아쉬운 대로

12년간의 엄마 간병은 약간의 면죄부가 될 수 있을까.

어머니 돌아가신 후 나의 버킷리스트 첫 번째가 어머니를 위한 글을 쓰는 것이었다. 나의 분신인 어머니가 내게 주신 사랑을 조금이나마 갚을 수 있는 방법은 그것뿐이라고 생각했기에.

살아생전 인생의 어떤 시련에도 좌절하시지 않던 어머니.
항상 나의 편에서 나를 격려하시던 어머니.
앞으로 살아가는 동안 지상에서 두 번 다시 만날 수 없는 내 인생의 동반자.

나는 어머니가 돌아가신 10년 동안의 그리움과 불효에 대한 죄책감을 겨우 3권의 책으로 출판했다. 어머니가 돌아가셔 옆에 계시지 않는 10년의 일상에도 순간, 순간 어머니와 같이 호흡하고 있으니까.
세 번째 책을 받은 친구들의 반응이다.
"또 엄마야!?"
어쩌지?
어머니 이야기 아니면 할 얘기가 없는데….
나는 어머니에 관한 두 번째 책에서 어느 화가가 그린 그의 어머니 초상화를 실었다. 그 화가는 40년 전에 돌아가신 어머니가 그리워서 추억을 더듬어 어머니 모습을 그렸다.

파우스트는 영원히 여성적인 것이 우리를 이끈다고 했는데. 모성의 본질은 인류가 지상에 존재하는 궁극적인 근원이 될 수 있는 해답이 아닐까. 비록 AI가 화두가 되는 지금이지만, 시간은 숙명적으로 흘러가겠지. 그리고 역사는 계속 진화할 것이고.

나는 한동안은 어머니에 관한 그리움을 내 가장 깊은 심중에 묻어 감출 것이다.

그리고 '어머니는 선배님의 우주이지요!'라는 말을 해 준 후배를 보석같이 간직하며 살아갈 것이다.

큰 별의 소박한 꿈

김수금
skkim8661@daum.net

소년의 꿈은 평범했다.

세상을 호령하고 싶은 크나큰 포부에 대한 욕심도 없었다. 자연과 더불어 살고 싶은 소박한 꿈만이 전부였다. 흙을 밟으면 실과의 열매를 한 아름 품고 싶은 천진함과 내적 순수함을 그리워했다.

선생님은 인연을 소중하게 생각한다. 귀한 만남은 큰 축복이다. 좋은 영향력을 끼치면 지대한 관심을 나눌 수 있어 인생의 전환점이 된다. 누구나 만남의 축복을 누리는 것은 아니다. 나 역시 선생님을 뵌 것이 인생의 큰 축복이다. 이제 수필의 걸음마를 배우는 과정에서 내면의 씨앗이 싹을 틔우려고 몸부림치고 있다.

선생님은 인자함과 성실함, 수수함, 애절한 정이 흘러넘친다.

비밀의 정원에서 꿈꾸는 난의 향기라 할까? 사색의 혼에 은은한 기품이 배어있다. 수필이 춤을 추게 하는 기교가 애정을 담아내는 듯하다.

선생님은 올곧은 성격에 굳은 의지가 있다. 거칠고 황량한 수필 세계의 정의로운 디딤돌의 역할을 감내했다. 새로운 변화를 만들고, 장르의 새 기틀을 열어 우리나라의 문학에 독보적인 존재로 거듭났다.

선생님에게 글 사랑은 살아온 세월만큼 인생에 환희와 격동의 시대였다. 끓는 가슴으로 생명을 사랑하듯, 글을 사랑하고 후학을 키웠다. 수필 세계에 온몸과 영혼을 불태우셨다. 수필의 불꽃은 영원히 꺼지지 않는 향연이다. 향연의 꽃밭에서 누리는 나는 선생님의 감미로운 시어에 놀랍도록 가슴이 저미고 애달픈 진실 앞에 목 놓아 서러움을 삼킨다.

수필은 삶이다. 인생의 길을 말한다. 과거와 현재와 미래를 찬란히 엮어가는 길이다. 덧없이 흘러가는 길에 수필의 대로를 열어가는 선생님에게는 꾸밈없는 청바지의 인내가 향기롭다. 청바지는 격식을 차리지 않는다. 소탈한 이미지에 활동하는 범위는 끝이 없다. 한계를 만들지 않고 새로운 세계를 지향하며 도전하고, 모험하는 개척정신이다.

그 정신은 수필을 조화롭게 만들며 문학세계에 신선한 바람과 발자취를 남겼다. 지혜와 인품을 갖추신 조용한 분이다. 그러나

칼같이 단호하며 추진력과 판단력, 미래를 예측할 수 있는 예지력, 웅장한 바위 같은 힘이 미래를 향한 수필 세계의 새로운 장을 열었다.

선생님은 수필에 대한 욕망은 끝이 없지만, 욕심은 없으신 분이다. 후학을 위해 준비하신 총망라한 자료들을 자식에게 남기지 않고 사회에 기증하셨다. 수필을 사랑하는 이들에게 흔적과 뜻을 함께하는 것이 평소의 신념이었다.

선생님은 많은 사람을 아우른다. 시대의 화합을 중요시하며 사람의 가치를 존중한다. 고정관념은 언제나 새로운 것과 융합할 수 있기에 고즈넉한 삶의 여유는 수필을 더욱 빛나게 돋아난다.

새로운 역사의 지평을 열어 놓으신 수필의 거목.

미수를 맞이하신 윤재천 선생님!

큰 별은 시대를 넘어 영원한 빛을 발하리라.

잃어버린 시간을 찾아서

류만영
ryumy60@hanmail.net

내 몸이 수레에 실려 어디론가 가고 있다. 이리저리 몸이 흔들리며 긴 통로를 따라 한참을 가고 있다. 덜컹덜컹, 나는 지금 어디로 가고 있는가. 눈을 떠보아도 보이는 것은 어두움뿐이고, 차가운 바람이 몸을 스친다. 한참을 가더니 실내의 따스함이 느껴지고, 이내 몸 전체를 덮고 있던 담요를 걷어내 준다. 아내의 얼굴이 보인다. 죽지는 않았구나! 검사를 받느라 벗었던 옷을 주워 입고, 아내의 손을 의지해 병원 응급실을 나섰다. 낯익은 병원 건물이다. 하지만 내가 왜 여기 왔는지 모르겠다.

버스를 타고 집에 오니 밤 12시, 엄마 전화를 받고 놀라 달려온 딸이 많이 울었는지 눈이 퉁퉁 부어있다. 그 모습을 보니 나도 눈에서 눈물이 흐르고, 아내도 덩달아 눈물을 흘린다. "다들 지쳤으니 아무 말도 하지 말고 어서 자자"라는 아내의 말에 간신히 이만 닦고 잠자리에 누웠다.

 아침에 잠을 자고 일어나니 아내가 "이틀 전 예비 며느리 다녀간 거 기억해?"라고 묻는다. 기억이 가물가물하다. 다녀간 것도 같고, 꿈 같기도 하다. 어제 집에서 점심을 먹은 후, 은행 일을 보고 지인들에게 아들 결혼식 청첩장을 건네려고 여러 곳을 다녔을 터인데, 은행 다녀온 것만 어렴풋하게 기억나고 그 이후로는 기억이 나지 않는다.

 은행에서 나온 후 병원 응급실에서 정신 차릴 때까지 일곱여 시간 넘게 기억이 사라졌다. 그동안 무슨 일이 일어난 것일까? 그저 답답할 뿐이다. 아내가 어제의 일을 이야기하는데, 나는 전혀 기억이 없으니 그 시간은 나의 삶에서 잃어버린 시간이다. 그 시간이 궁금해 견딜 수가 없었다. 우선 내 전화기에서 어제 아내와 통화한 내용을 들어 보기로 했다. 한 40분 정도를 통화하는데 내용은 이랬다.

 "내가 왜 여기 와 있지?" "통장에 왜 돈이 들어가 있지?" 두 문장을 끝없이 되묻고 있다. 아내가 나에게 설명을 해 주면, 듣고 나서는 두 문장을 또 되묻는다. 그렇게 반복되는 대화로 40분이 흐르고, 아내는 안 되겠다고 생각했는지 나에게 지금 어디에 있는지 묻는다. 있는 곳을 제대로 설명하고는 있지만 내 기억 속에는 없다.

 사방은 어둑해졌고, 아내는 나를 찾아왔다. 대리 기사를 부르자는 아내의 말에 운전할 수 있다며 손수 차를 몰고 집으로 돌아왔다. 평소에 겁이 많은 아내는 정신 나간 사람이 운전하는 차에 탄 후, 공포심이 극에 달해 오래전 자동차 내비게이션의 '현영' 목소리처럼 톤을 높여 수다스럽게 길 안내를 한다. 아내가 얼마나 무서웠을지 짐작이 간다.

집에 돌아와서도 오늘 무슨 일이 있었는지 통장에 돈이 왜 들어왔는지 계속 묻는다. 덜컥 겁이 난 아내는 119에 급히 전화했고, 나는 구급차에 실려 근처 병원 응급실로 실려 갔던 것이다. 아마 머리에 혈관이 터져 뇌에 이상이 생겼다고 짐작한 모양이다. 의사는 뇌를 촬영해 확인한 후 출혈 증세는 없으니 일단 퇴원하고, 며칠 후에 정밀 검사를 다시 받아보라고 한다. 이렇게 해서 밤늦은 시간이 돼서야 집에 돌아올 수 있었다.

아내의 설명과 전화 통화 내용을 들으니, 어제의 상황이 일부는 메꾸어졌는데, 혼자서 차를 운전해 지인들을 만나는 과정이 궁금했다. 아파트 주차장에 내려가 보니 자동차는 신기하게도 주차선 가운데에 반듯하게 주차돼 있다. 자동차의 블랙박스를 확인하고 나니 어제의 운행 기록이 모두 확인이 됐다. 그렇게 돌아다녔구나! 비어있던 시간이 마저 채워진다. 마지막으로 '청첩장이 제대로 전해진 것인가?' 하는 의문이 들었다. 아내는 지인들에게 전화해 적당히 둘러대며 수령을 확인하고, 예식장에서 보자며 에둘러 인사하듯 마무리한다.

그렇게 잃어버린 시간은 모두 채워졌다. 답답하던 마음이 한결 개운해진다. 그러곤 고생시킨 아내와 딸에게 미안해 한마디 건넨다. "만약에 내가 늙어서 지금처럼 정신없는 상태가 되면, 미안해하지 말고 바로 요양원으로 보내. 어차피 기억하지 못하니 아무 것도 몰라"라고. 아내는 정색하며, "끝까지 돌보아야지 무슨 그런 소리를 해"라고 정색하며 말한다. 아내는 그런 사람이다. 가족에게 늘 헌신적이다. 지금도 거동이 불편해 혼자 생활이 어려운 친정엄마를 처남들과 힘을 합해 24시간 돌보고 있다.

  얼마 후 MRI, MRA, 뇌파검사 결과가 나왔다. 뇌에 이상은 없고, 아마 과로나 스트레스로 인해 '일시적 기억 상실증'이 온 것 같다며 좀 쉬면 괜찮을 거라 한다. 아들 결혼식과 가을 추수가 겹쳐, 수확을 제때 못할까 농사일에 며칠간 무리하고 결혼식 준비에 신경을 썼더니 사단이 난 모양이다. 2년마다 하는 정기건강검진에서는 수치가 항상 정상과 표준으로 나와 나름 건강하다고 생각했는데….

  이런 일을 겪고 나니 새삼 아내, 그리고 나의 건강을 생각한다. 나를 믿고 의지하며 살아온 아내를 위해서라도 건강하게 살아야겠다. 그렇게 해서 생의 마지막 순간까지 그녀의 버팀목이 되어야겠다고 마음속으로 다짐해 본다. 그것이 아내에게 주는 마지막 선물이고, 그간의 희생에 대한 보답이 될 것이다.

목포는 항구다

박하영
hayoung718@hanmail.net

    목포행 완행 열차, 오랫동안 귀에 익은 소리다.
    어렸을 적 언니가 즐겨 부르던 가락이 슬픈 노래이기도 하다.
    대학 친구들 모임에서 이번에 떠나기로 한 곳은 바로 항구도시 목포다. 옛날 같으면 서울에서 목포까지 여섯 시간 이상이 걸렸지만 지금은 수서에서 SRT를 타면 2시간 20분이면 목포에 도착하니 얼마나 빨라진 세상인지 모른다.
    목포는 내 고향에서 가까운 곳이기에 더욱 가슴이 설렌다.
    내가 처음으로 목포에 갔던 적은 고1 때다. 눈이 나빠져서 더 이상 칠판 글씨를 못 보게 되자 아버지께서 안경을 맞춰 주겠다고 처음으로 데리고 간 곳이 목포였다. 나는 안경을 맞춰 쓰고 깜짝 놀라 소리쳤다. "세상이 너무 복잡해요." 그러자 아버지께서는 웃으시며 "네 눈이 안 보여서 그렇지. 원래 목포는 이렇게 번잡하단다"고 말씀해 주시던 기억이 엊그제 같은데 이미 아버지는 먼 길 떠나신지 까마득하다.

목포하면 생각나는 건 항구도시요 예향의 도시라는 것, 그곳에 가면 뭔가 새로운 세계가 펼쳐질 것 같은 기대감, 구수한 남도 사투리와 끈끈한 인정이 물씬 풍길 거라는 믿음이 남아있는 곳이다. 싱그러운 갯비린 내가 풍겨 나오고 먹거리가 풍부해 감칠맛 나는 음식들이 식당마다 넘쳐날 것 같은 기대를 하며 목포에 도착했다.

이번 여행은 목포를 골목마다 샅샅이 돌아보겠다는 생각으로 모든 걸 놓아버리고 가볍고 편안하게 온 친구들이다. 차도 없이 걸어서 골목 투어를 하자고 했던 터라 역전에서 걸어서 예약해 놓은 게스트 하우스로 이동했다. 마인계터로에 있는 수다방 게스트 하우스까지 10여 분 걸렸다. 친절하고 상냥한 주인 아줌마를 만나 숙소를 정하고 낙지로 유명하다는 독천 식당으로 점심을 먹으러 갔다. 기대했던 만큼 싱싱한 낙지 연포탕을 먹고 돌아왔다. 역시 세발낙지 맛은 그 유명세를 타기에 알맞았다. 숙소로 돌아와 잠깐 휴식을 취한 뒤 해설사를 따라 골목투어에 나섰다. 해설사는 우리 또래보다 젊어 보이는 인상 좋은 아줌마였다. 친근감이 가고 다방면으로 많이 알고 설명도 곧잘 해주셨다. 우리 숙소가 위치한 곳이 만인계터라고 한다. 지금은 발음하기 편하게 마인계터로 부른다. 1897년 목포 개항 후 성행했던 만인계는 사람들에게 계표를 판매한 후 추첨을 통해 순위별로 배당금을 나눠주는 일종의 로또 복권 같은 거였다고 한다. 그 수익금으로 목포 원도심의 도시건설에 활용해서 오늘의 목포시로 발전했다 하니 남다른 의미가 있다고 할 것이다.

숙소 바로 뒤쪽에 노라노 미술관이 있었는데 그곳은 원래 조선 시대 통신용으로 사용하던 마방골이 있었던 곳으로 1897년 목포 최초의 우체국인 셈이라고 한다. 노라노 패션 양재학원으로 사용하다가 빈 건물로 방치되던 곳을 주민과 예술인들이 뜻을 모아 공공 미술관으로 자리하게 되어 너무 자랑스럽다고 한다.

다음은 최초 목포 경찰서 터인 구종명비를 둘러보았다. 총순 구종명 영세 불망비라고 새겨진 비석이 세워져 있다. 일제 강점기에 군수를 지낸 구종명은 친일 인명사전에 등재되어 있으나 조선인들의 방패막이가 되어 앞장서 조선인을 도왔다 한다. 역사의 아이러니를 보여주는 곳이다.

그 앞에 목포청년회관 건물이 그대로 남아 있다. 일제 때 목포 청년들의 문화 사랑방이자 최초의 시민회관 성격을 지닌 근대 건축물이라고 한다. 목포청년회에서 성금을 모아 1925년에 완공되었고 그곳에서 민족운동 중심지 역할을 했던 공간이라고 한다. 박화성의 〈헐어진 청년회관〉이 만들어진 배경이기도 한다. 거기서 우측으로 50m 걸어가면 콩나물 동네 골목이 나온다. 한국전쟁 이후 곤궁한 삶을 이겨내기 위해 이곳에서 콩나물을 재배

하여 인근 중앙시장에 팔아서 살았던 곳이라 해서 콩나물 공장 혹은 콩나물 동네로 불리웠다고 한다. 그 당시 힘들게 살았던 주민들의 애환이 서려있는 곳이다.

정광정혜원이란 일본식 목조건물로 된 사찰이 남아 있다고 해서 그쪽으로 발길을 옮겼다. 절 입구에 젊은 스님과 학생의 동상이 앉아 있었는데 그 두 사람이 법정 스님과 고은 시인이라고 했다. 어느 분이 법정 스님이겠느냐고 해설사가 우리에게 묻는다. 우린 승복을 입고 있는 분이 당연 법정스님이라고 했더니 틀렸다고 한다. 한국 전쟁 후 그 당시 승려였던 고은이 정혜원으로 포교활동을 왔다가 대학생이던 박재철을 만나 불교에 귀의하는 데 도움을 주고 수필을 쓰도록 해서 현대문학에 발표하도록 주선해 주었다고 한다. 그분이 바로 법정스님이고 고은은 오늘 날 노벨문학상에 오르내리는 시인이 되었다는 사실이 정광정혜원 앞마당에 역사로 남게 되었다. 이 절의 특징은 건물 안쪽에 작은 정원이 있어 공간이 환하게 트여 있다는 사실이다. 우리나라 어디에서도 찾아볼 수 없는 귀한 공간이라고 한다. 햇빛이 가득 쏟아져 들어온다.

목포역 앞쪽에 발달한 차 없는 거리로 갔다. 다양한 브랜드의 의류 상가들이 주로 많았고 그 중에 유명한 빵집이 있는데 코롬방 제과점이라고 한다. 우리 일행은 맛있다는 그곳 빵집에 들러 빵을 사서 맛보기도 했다. 손님들이 줄지어 빵을 사갔다. 전국 5

대 빵집 중의 하나라고 한다.

　다음은 동본원사로 갔다. 가장 먼저 목포에 진출한 일본 불교 사원이라고 한다. 제일 번화가인 이곳은 개항 당시 일본인과 조선인이 만나는 오거리에 위치하고 있다. 광복 후 정광사의 관리를 받다가 중앙교회 건물로 사용하기도 했고, 한때는 이 건물을 철거하자는 사람들도 있어 의견이 분분했지만 현재는 예향 목포 시민들을 위한 오거리 문화센터로 사용하고 있다고 한다. 조그만 건물이지만 아주 아담하고 멋진 이국적인 건물이라는 생각이 들었다. 건물 마당에는 이곳이 5·18 민주화 운동과 관련된 사적지임을 알리는 기념비가 세워져 있었다.

　골목투어를 마치고 저녁은 횟집으로 갔다. 항구도시에 왔으니 당연히 회를 먹자는 의견들이 많아서 택시를 타고 바닷가 쪽으로 갔다. 아직 어두워지지 않아서 그쪽에 있는 천연 기념물 500호로 지정된 갓바위를 구경하기로 했다. 바다 위로 다리를 놓아 걸어서 구경하기 좋았다. 갓을 쓴 두 바위가 어쩌면 그렇게 사람처럼 다정하게 서 있는지 어두워지자 조명이 켜지니 더욱 아름다워 보인다. 갓바위는 밤에 봐야 훨씬 분위기 있고 로맨틱해 보인다. 바닷길 따라 나오니 바다 위에 한창 폭죽을 터뜨리고 있다. 환호성을 지르며 사람들이 해변 쪽으로 모여든다. 황홀한 불꽃이 하늘 높이 '목포는 항구다'라고 수를 놓고 있는 것 같다. 모처럼 깔끔하고 푸짐한 회정식을 먹고 일행들은 택시를 타고 숙소가 가까운 마인계터로 왔다. 차 없는 거리로 들어서니 휘황한 불빛이 색색이 돌아가며 여행객의 마음을 술렁이게 한다. 날마다 되풀이되는 일상 속에서 잠시 튕겨져 나온 우리들이지만 지금 우리의 나이가 어디까지 와 있는가 생각해보면 참 기분 좋은 일탈이라고 말하고 싶다. 거리에서 흘러나오는 라이브 카페에서 음악 감상을 하며 잠시 수다를 떨다 갔으면 좋았을 걸 피곤하다고 숙소로 돌아왔다.

처음 이용해보는 게스트 하우스의 칸으로 막아져 있는 이층 침대에 누워서 생각해 보니 오늘 하루는 과거 일제 강점기로 돌아갔다 온 느낌이 든다. 목포에서 느껴보는 그 당시의 시민들의 궁핍함과 자유를 억누르는 핍박한 생활을 이겨 내느라 얼마나 힘들었을까 내 가슴까지 먹먹해진다.

내일은 유달산과 노적봉을 돌아서 구 일본 영사관, 성옥 기념관, 목포문화예술관, 국립해양유물전시관, 김대중 노벨평화기념관까지 둘러볼 예정이다.

전설 같은 역사의 흔적이 곳곳에 남아 있는 예향과 낭만의 도시요 항구도시인 목포의 첫날밤은 소록소록 깊어가고 있다.

14획의 글자

손경란
7879chang@daum.net

행복이 무엇인가.

추상적이고 사적인 감정이다.

2,600년 전에 살았던 부처는,

"내 행동을 누구도 비난할 리 없다고 당당히 말할 수 있을 만큼, 아무것도 속이지 않고 행동하는 것이 행복"《초역, 부처의 말》p.150)이라고 말했다. 부처의 말에 따른다면 나는 과연 지금 행복한가?

한자에 盡이라는 14획의 글자가 있다. '다하다'는 뜻으로 '진'이라고 읽는다.

흔히 쓰는 '盡人事待天命진인사대천명'이라는 성어는, '노력(정성)을 다하고 하늘의 뜻을 기다린다'는 뜻이다.

盡은 '다하다'라는 뜻 외에 '없어지다, 줄다, 끝나다'라는 의미도 지니고 있다.

최선을 다해 살아온 줄 알았다.
꼭 보상을 원하지는 않았어도 그래도 알아주길 바랐다.
물론 노력과 결과가 100%로 비례하는 것은 아님을 알고 있지만, 간절했던 성심이 하늘에 닿지 않음에 절망했다. 최선을 다했다는 믿음을 가지고 고개를 드는 순간, 세상은 내게 아직은 아니라고 하며 냉담했다. 盡은 아마도 나의 모든 것을 소진시키려 시험하는 것 같았다. 다하고 다하다가 소멸하기를 바라는 것 같았다. 텅 빈 공허가 남았다.

인간의 생은 유한하다.
인간이 어느 한 가지 일에 몰두해서 모든 것을 송두리째 바친다는 것은, 결국 다른 기회는 포기해야 한다는 뜻이 된다. 두 가지 이상의 일을 하면서 최선이라고 말할 수는 없기 때문이다.

'최선을 다했지만 결코 그 최선에 닿을 수 없다'는 이중적인 단어가 盡이다.

어떤 일들은 최선을 다한 나의 盡과는 상관없이 다른 곳에서 이미 결정되기도 한다. 신에게 간절하게 애원한 시간이 있었다. 사그라들고 있는 아기의 생명줄을 이어달라고 진심을 바친 시간이었다. 그러나 다른 곳에서 이미 아기의 생은 마감이 결정되고 있었다.

미력한 것이 인간이다.

구원의 끈이 단단할 거라는 믿음으로 손 내밀지만, 결국 허공을 향한 헛된 미련은 빈손을 거두게 된다. 그래도 내가 盡을 행했던 그 순간의 간절했던 진정은 사랑의 증명이 충분히 되지 않았을까.

生에 盡을 다했다고 만족하고 행복하게 살았다는 의미가 되는 것은 아니다.

그동안 조연의 삶을 살아냈다면 이제는 주인공 역할도 한 번쯤은 해봐야 하지 않을까.

盡을 다해 삶을 주도하는 주인공 역할이 해보고 싶다.

질서를 뒤트는 삐딱한 시선으로 글도 써보고 싶다.

빈틈없이 실수하지 않으려 자신을 재촉하고 억누르는 주인공은 사양하고 싶다.

수고하며 살아 온 나를 찬찬히 등 두드려주며 위로해주고 싶다.

한발 멀리 떨어져 관조자의 태도로 세상을 바라보고 싶다.

수없이 펼쳐진 배역 중에서 어느 역할을 맡게 될까.

아니, 어느 역할을 선택할까.

'아무것도 속이지 않고 행동하는 것이 행복'이라는 말처럼, 이제 펼쳐진 길 앞에 서서 내가 진정 캐스팅하고 싶은 역할을 찾아내어 〈참〉으로 행복해지는 조건을 만들고 싶다.

여행지에서 생긴 일

손제하
son089@hanmail.net

    '여행은 가슴 떨릴 때 하라' 지극히 맞는 말이다. 그때만 해도 우리는 젊었다. 새길을 떠나면 새 인연을 만나고 생면부지의 사람과 좋은 친구가 될 수도 있다. 자아를 찾아 나선 이번 여행에서 무엇을 얼마나 얻어올까 기대에 찬 가슴이 부푼다.

    나는 이스탄불로 날아가는 비행기 창가 좌석에 앉았다. 하늘에서 내려다보는 푸른 초원에는 한 무리의 양 떼가 고물고물 기어간다. 목화솜같이 몽글몽글한 뭉게구름이 붉게 타는 저녁노을을 받아 눈이 부신다.

    어디선가 나긋나긋한 여인의 목소리가 나의 시선을 돌려놓는다. 바로 옆자리 앞, 중년을 한참 넘긴 남녀의 사랑놀음에 닭살이 돋는다. 남자의 긴 팔이 여자의 가는 허리를 휘어 감는다. 얼굴 가득 미소를 흘리는 여인이 남자의 반대편 손을 자기 얼굴에 비벼대며 열띤 애무를 하고 있다. 초콜릿을 까서 남자의 입에 살짝 넣어주는 하얀 손에는 주렁주렁 보석이 현란하다. 남의 이목은 안중에도 없는 저 남자는 혹여 깊이 숨겨둔 애첩을 모시고 나온 걸까? 그들이 예쁜 신혼부부였다면 바라보는 것만으로도 사랑스러워 나도 함께 행복했을 것이다.

이번 동유럽 여행은 대구에서 다섯 쌍, 서울에서 세 쌍이 함께 출발한 것이다. 옆자리 그들, 우리와 한 팀으로 8박 9일의 여행을 같이 즐길 동행자였을 줄이야 상상 밖이었다. 참 묘한 기분이다.

그들이 아침마다 갈아입고 나오는 옷들은 하나같이 최고급 유명 브랜드 의상이다. 초장부터 대구 촌사람의 기를 꺾으려고 작정을 했나 보다. 언제 어느 장소에서나 오직 남자의 손을 꼭 잡고 둘이서만 소곤거리는 모습이 기내에서 보던 그대로다. 한 주일이 넘어가도 우리들과는 대화 한 마디 나눈 적이 없고, 눈길 한 번 주는 법도 없었다면 누구라도 거짓말이라 하겠지. 그러나 엄연한 사실이다.

눈만 뜨면 보는 얼굴, 같이 식사하고 같이 관광을 하면서 눈인사라도 나누는 게 예의가 아닐까. 우리들의 시선은 완전히 무시하는 그녀가 날마다 앞장을 서서 가이드를 독차지하고 안하무인 격으로 도도하게 행동하는데 우리가 비집고 들어갈 틈을 주지 않는다. 흡사 우리들은 그녀 뒤를 졸졸 따라가는 영락없는 패잔병 꼴이었다. 먼 거리 이동이 있을 땐, 그녀의 어마어마한 대형

가방 세 개는 언제나 수족처럼 부리는 가이드의 몫이었다. 첫 만남부터 특별한 존재로 보였던 그들은 서울에서도 내로라하는 졸부쯤으로 짐작되었다.

내로남불의 이상한 심리가 서서히 고개를 치켜들었다. "내일은 또 무슨 옷을 입고 나올까?" 우리는 수군수군 흉을 보기 시작했다. 그들의 정체가 궁금하여 호기심을 넘어 집착에 가까웠을 즈음, 그녀 생일 축전이 잘못 전송되어 우리 방으로 날아왔다.

그녀는 서울 모 사립대학 재단 이사장이었다. 뜻밖이다. 모든 사람을 포용하고 덕을 베풀어야 할 사람, 인격적으로 만인의 존경을 받아야 할 교육에 종사하는 인물이 아닌가? 나는 크게 실망했다. 외국 나들이에 옷 자랑하려고 나온 것은 아닐진대 그만한 위치에 있는 사람이 좀 더 검소했으면 싶었다. 더 아쉬운 것은 배려를 모르는 그녀의 오만이다. 남편의 손을 잡고도 우리들과 눈인사 정도는 할 수 있었을 텐데…. 여행 마지막 전날 밤, 나일강 크루즈를 할 때, 그녀는 자기의 생일 턱을 내겠다고 처음으로 말문을 열었다. 그 냉랭한 여자의 선심에 우리들은 놀라지 않을 수 없었다. 별식을 나누던 불빛 찬란한 선상에서 뜻밖의 고백을 듣게 되었다.

남편이 눈이 잘 보이지 않는단다. 실명을 막으려고 첨단 수술을 받았으나 아직도 걸핏하면 넘어지기 때문에 꼭 붙잡아 주어야 한다는 말이 왜 그렇게 슬프게 들렸는지 숙연해졌다.

아뿔싸!! 내가 속단을 했구나. 겉모습만 보고 섣부른 지레짐작으로 엄청난 오해를 했다. 남의 안타까운 사정을 모르고 나의 잣대로만 판단했으니 미안한 생각뿐이다. 좀 더 너그러운 마음으로 곱게 보아주지 못한 게 후회가 된다.

오해는 무서운 바람이다. 바람 한 줄기 태풍처럼 지나갔다. 그녀가 남편을 항상 보호해야 하는 딱한 입장을 우리가 진즉에 알았다면 오해를 할 턱도 없고 비난했을 리도 없다. 즐거웠어야 할 여행길에 껄끄러웠던 기분도, 마음 상할 이유도 없지 않았을까? 사람과 사람 사이에 소통의 중요함, 그 깊은 의미를 다시 깨닫는 날이다.

지성과 교양, 자존심까지 대단한 그녀가 마지막으로 배려한 대화 소통이 우리들의 스트레스를 날려 주었다. 은쟁반에 옥구슬 구르는 듯, 명랑한 그녀의 음성에 십 년 묵은 체증이 확 내려갔다고나 할까.

말 한마디로 천 냥 빚도 갚는다는 옛말처럼.

사람 사는 풍경

송남섭
sns1991@hanmail.net

이동식 작은 수레를 끌어다 놓고 짐을 싸기 시작했다. 노란 차조와 늘보리를 섞은 쌀에 지난해 농사지은 찰옥수수와 완두콩을 넉넉히 넣고 밥을 지었다. 찜솥에 칼집을 낸 돼지고기를 덩어리째 넣고 다진 마늘과 후추를 뿌린다. 그 위에 잘 익은 묵은 김치를 포기째 올린 다음 들기름을 넉넉히 두르고 뚜껑을 덮었다. 밑반찬 두 가지와 초장, 깨소금, 물을 챙겨 수레에 담으면 농장을 향한 출발준비 끝이다.

농장에 도착하니 일찍 오셨는지 밭가에 송 선배님 차가 세워져 있다. 송 선배님 부부는 무언가 나눠주기 위해 태어난 분들 같다. 일하다 잠깐 쉬거나 점심때가 되면 이런저런 이유를 만들어 먹을 것을 내놓는다.

영주 사는 언니가 보내온 기정떡이 어릴 때 먹던 시골 맛이더라. 달지 않고 맛있어.

며칠 전 경동시장 들렀다가 많이 사와서 무친건데 먹어봐. 더덕 향이 진하고 맛있어.

이것은 선이 아빠가 캠핑요리 배우러 가서 돼지고기짜글이 만든 거래 맛있어 먹어봐.

이것 봐. 산딸기가 예쁘게 많이 열렸지. 향도 좋고 달다. 맛있어 먹어봐.

30대 초반이었다. 아파트 한 통로에서 선후배 사이로 세 가정이 아이들 키우며 우왕좌왕 바쁘게 지낼 때였다. 그즈음 송 선배님이 무언가 좋은 일이 생겼다며 아이들은 남편들이 돌보라 하고 여자 셋에게 정동진행 밤 열차표를 들려주었다. 비록 1박 2일 기차여행이라 해도 박봉을 받는 처지는 비슷한데 세 사람 여행을 보내주기란 쉽지 않은 마음이었다. 우리는 생각지도 못한 여행에 들떠 청량리에서 밤 열차를 타고 자는 둥 마는 둥 정동진에 내려 아침 바닷가를 거닐었다. 그리고 마을을 이리저리 기웃거리다 바닷가 작은 횟집 주인아주머니의 반가운 손짓에 이끌리듯 들어갔다. 잘 먹을 줄도 모르는 회를 한 접시 시켜놓고 용기 있게 소주 한잔을 마셨다가 얼굴이 붉어져 고개도 못 들고 기차에 올랐던 기억이 지금도 생생하다. 한두 살 터울로 더불어 자랐던 아이들이 어느덧 마흔 줄에 올랐으니 긴 세월 기쁨과 어려움을 함께 겪은 진정 가족과 같은 사람들이다.

집에서 멀지 않은 거리에 작은 주말농장이 있었으면 하고 농담처럼 나누던 말이 씨가 되어 은퇴 후 우리는 땅을 이웃하여 다시 만났다. 첫 해는 농사일도 모르면서 가족, 지인들과 나눠먹자며 힘을 모아 송 선배님 밭에 고구마 700포기를 심었다. 건강하게 자란 고구마순이 땅 위를 빼곡하게 뒤덮자 우리는 나누어 줄 꿈에 부풀어 지인과 주변에 널리 알렸다.

수확의 시기가 되자 고구마의 무게를 생각해 양쪽 가족들까지 동원하여 고구마를 캐기 시작했다. 맨 위의 밭고랑부터 캐기 시작한 것은 천만 다행이었다. 짧지만 첫 줄에서 올라온 고구마는 튼실하고 아주 예뻤다. 다음 줄부터 고구마가 얼굴을 내밀 때마다 우리는 두 눈을 의심하기 시작했다. 고구마 줄기를 걷어내고 땅을 뒤집으면 빨간 고구마들이 제주도 돌처럼 움푹움푹 무엇엔가 속살을 파 먹힌 채 나타났다. 누구의 소행인지는 우윳빛을 띠고 포동포동 밤톨처럼 굴러다니는 굼벵이를 통해 금방 알 수 있었다. 지나가는 마을 사람들이 굼벵이를 잡아 파는 게 고구마 값보다 낫겠다고 할 정도였으니 살아오면서 그렇게 많은 굼벵이는 처음 본 것 같다.

성한 것 하나 없는 고구마는 쌓아둘 곳이 없을 만큼 넘쳐났고 누구에게도 나눠줄 수가 없었다. 도려내고 먹을 것이 남은 것들만 골라 창고에 쌓아두었는데 상처 난 곳이 금방 썩어 결국에는 다 버리고 말았다. 나중에 알게 된 것은 씨앗을 파종하기 전에 땅에 벌레 퇴치용 약을 뿌려야 한다는 것이었다. 땅속에도 약을 뿌려줘야 한다니 무공해 의미가 없는 것 같아 약을 조금만 뿌리고 뿌리채소는 당분간 선별해 심기로 했다.

씨앗 값만 많이 들고 소득 없이 고생만 했던 경험이 있어 두 번째 해는 토양에 적합한 채소들만 골라 심고 나머지 땅에는 꽃을 심었다. 꽃잔디, 백일홍, 작약, 나리, 채송화, 튤립, 수선화, 유채, 메밀, 메리골드, 코스모스, 해바라기 등 그 외에도 다양한 씨앗이나 모종을 사다 심었다. 주민들은 또 좋은 땅에 곡식을 심어야지 아깝게 꽃을 심느냐고 한마디씩 건넸지만 꽃이 예쁘다고 지나가는 사람들이 사진을 찍더라는 소식도 들려왔다.

그렇게 또 해가 지나 주말농장 3년차가 되었고 밭에는 이제 없는 것이 없다. 겨울이 지나고 봄볕이 조금만 비춰도 땅속의 생명들은 순서를 잊지 않고 서로 얼굴을 내민다. 냉이와 달래, 머위, 부추, 쪽파, 돌나물, 쑥이 나오고 이어 꽃나물, 도라지, 더덕, 미나리, 당귀, 취나물, 방풍나물, 두릅 등 여린 새싹들이 올라온다. 모두 긴 겨울 추위를 견뎌낸 것들이다. 양은 적어도 종류가 많다 보니 집으로 돌아오면 나물의 생김대로 반찬을 만들어 빈공간이 부족한 냉장고는 몸살을 앓는다.

마당에 돗자리를 깔고 가스레인지에 불을 붙여 찜솥을 올려놓았다. 밭에서 부추와 미나리, 돌나물을 뜯어 씻은 다음 초장과 깨소금을 위에 뿌렸다. 우리의 기척을 느낀 송 선배님이 오시더니 먼저 점심을 먹고 일을 시작하자며 보따리를 내려놓는다. 더덕구이, 과일, 떡이 합쳐지니 오늘도 진수성찬이다. 한두 가지 간단히 가져와서 먹자는 말은 매번 서로 주고 싶은 마음을 이기지 못한다. 파릇파릇 새싹 올라오고 꽃피는 요즘이 제일 행복하다는 선배 부부와 소풍 나온 듯 음식 펼쳐놓고 먹는 요즘이 나에게도 가장 여유롭고 행복한 시간이다. 라일락, 구스베리, 블루베리, 산딸기 나무에도 새잎이 돋아났다. 머지않아 뽕잎, 가죽나무, 대추나무에도 새 잎이 돋겠지. 여유로움 속 바쁜 하루가 또 지나가고 있다.

나의 몸에게

이정희
jhlee@hanmail.net

우리는 몸을 지니고 있다. 소중한 몸, 나와 함께 살아가고 있는 몸. 가슴에 손을 얹고 말을 건넨다. "몸 너 잘 지내고 있니?" "어디 불편한 데는 없고?" "숨 쉬고 소화 시키고 배설하는데 별 일은 없니?" "말해 봐, 몸의 주인으로서 잘 하고 있는 걸까?, 아니면 못하고 있는 걸까?" 나는 너무 무심한 건 아닌지? 마치 모든 게 당연한 것처럼…. 네가 가끔 신호를 보낼 때 몸의 열이 나고 몸살을 앓을 때, 소화가 안 되고 머리가 띵할 때, 이럴 때에만 신경을 쓰고 미리 알아차리지 못해서 미안해. 그동안 무리한 짓을 많이 했었을 거야. 너에게 무심했던 나.

오늘은 너와 대화를 나누어 보려고 해. 바닥에 몸을 맡기고 편안하게 누워, 몸의 중심인 척추를 가운데 두고 좌우 대칭으로 두 팔 벌려 들숨과 날숨으로 긴 호흡을 하면 긴장이 풀리면서 살아 있음을 느껴, 그리고 눈을 감고 깊숙이 머리부터 발끝까지 들어가 보면 너의 내면이 보일 듯해. 마치 의사가 청진기를 대는 것처럼.

저 발 아래 작은 뼈들, 정강이 뼈, 무릎 관절, 그리고 허벅지 근육과 혈관들, 골반 안의 여러 장기들, 생식기까지 무리 없이 제 기능을 수행하고 있는 듯해. 상체와 하체를 연결하는 고관절은 우리 인간만의 특별한 접합이래 우리가 두 발로 서서 먼 곳을 바라보고 걷고 뛰고 할 수 있는 건 네 발의 동물들과는 다르지, 그리고 12개의 척추, 5개의 요추 중 4, 5번이 눌리면 디스크가 와, 중력으로 인해 눌리는 상체를 위로 끌어올리려고 노력해 봐, 그러면 몸을 바르게 쓰게 되고 자세도 좋아져. 무용수들의 몸이 아름다운 건 늘 바른 자세로 훈련을 하고 있기 때문이야.

그리고 위장 위에는 심장이 열심히 펌프질을 하고 있네, 흉각 속에서 하트 모양을 하고 있어, 몸에서 가장 아름다운 기관이야 그래서 사랑하는 사람끼리 하트를 날리나 봐, 가슴과 가슴을 맞대면 마음의 안정이 오고 사랑을 느껴. 허그라는 거 살면서 많이 하면 좋아 성장하는 아이들에게 많이 안아 주어야 해. 그리고 심장은 혈액을 만들어 내고 손끝부터 발끝까지 혈액을 순환시키는 곳, 그곳은 한 순간도 멈춤이 없는 곳, 심장이 멈추는 날 우리의 생명도 끝나는 것. 얼마나 소중한 곳이며 행위일까? 일생동안 30억 번이나 뛰고 있대, 놀라운 곳이야.

견갑골이 아름다운 팔 움직임을 관장하고 심장과 가까운 곳에서 감정의 표현을 돕고 있는 곳. 쇄골 위에 7개의 목뼈 경추는 두개골을 받치고 있지, 하나님이 창조하신 인간의 신체 그 안에 인간의 정신과 영혼이 깃들어 있는 아름다운 우리 몸.

손끝이 닿는 곳에 잠시 멈춰봐, 그곳에 아픔이 있었던 곳인가봐, 그래 너의 손으로 체온을 전달해 그리고 살살 문질러 주면서 대화를 시작해, 어렸을 때 할머니가 "내 손이 약손이다 내 손이 약손이다" 하시며 배를 문질러 주시던 것처럼, 그리고 내면의 소리를 들어봐 그는 말할 거야 그렇게 몸과 소통하면서 너의 소중한 몸에게 사랑을 전해.

다시 가슴에 손을 얹었어, 가슴이 뛰고 있음을 느껴, 심장박동 소리가 점점 크게 들리고 있어 이렇게 규칙적으로 뛰고 있는 심장을 첨 느끼는 것 같아. 너는 뛰고 나는 느껴, 이것이 살아 있다는 증표일까? 그리고 가슴을 꾸욱 눌렀더니 그 안에 여러 감정들이 살고 있었네, 기쁨, 슬픔, 노여움 그리고 사랑까지도 깊게 간직하고 있었네. '우리 몸은 기억의 창고'라더니 여러 감정들이 겹겹이 숨어 있었네, 말해봐. 무슨 일들이 있었는지~~~.

혹시, 너…, 울고 있니? 왜 눈물이 나는 걸까? 너에게 깊은 그 무엇이 있었니? 양옆으로 눈물이 흐르네, 그동안 무슨 일들이 그렇게 쌓여 있었구나 "몸은 거짓말을 하지 않는다"는데…, 왜? 말 못할 어떤 사연들이 있었던 거니? 그 노여움은 뭐고 그 아픔은 뭐였을까? 흐르는 눈물의 의미를 알고 싶어.

내가 가슴을 어루만져 줄까? 문질러 줄까? 안아 줄까? 울고 싶으면 실컷 울어봐, 그것이 너의 마음을 풀어질 수만 있다면, 오늘 너의 가슴속에 깊이 묶어 있던 그 감정들을 쏟아 내, 다 받아 줄게. 그 눈물로 너의 상처가 치유될 수 있다면…,

오늘 난 내 가슴에 손을 얹고 내면의 소리를 듣고 있다, 무의식과 의식 속에 쌓여 있는 내 삶의 기억들을…, 많은 세월 속에 묻어 두었던 그 무엇을 몸은 알고 있어, 내가 잊고 있었던 것까지 기억하고 있는 몸, 내 안에 세포들이 살고 있고 나를 위해 싸우고 있는 바이러스들, 위험한 상황이 다가올 때 즉각적으로 보호하고 반응하는 여러 감각들, 촉각, 미각, 후각, 시각, 청각 몸의 중심을 잡아 주는 달팽이관의 작은 돌이 이탈되면 중심을 잃고 지구가 빙그르 도는 것처럼 어지럼증이 온대, 놀라워 이 생명의 신비를 무엇으로 표현할 수 있을까?

지금 내가 숨 쉬고 살아 있는 이 순간을 어떻게 표현할지 가슴이 벅차올라 눈물이 나오려고 해, 지금까지 살아온 기적 같은 시간들, 많은 세월이 흘러 이제 한 사람의 생명도 나이를 먹어 가고 있고 죽음을 향해가고 있는 이 생명의 순환을….

지금껏 건강을 지켜준 너에게, 그저 감사와 고마움의 눈물이겠지…,

자! 이제 눈을 떠. 그리고 하늘을 봐. 무엇이 보이니? 마치 아무도 없는 곳에 홀로 떠 있는 기분이야 우주와 나, 둘만이 존재하는 것 같아, 나는 어디서 왔고 어디로 가고 있는지 이 평범한 진리를 알고 싶어져…. 그래, 두 팔을 벌려 우주를 안듯 너의 몸을 안아봐, 이 우주 안에 네가 있고 네 안에 우주가 있다는 걸, 하나뿐인 너, 아주 소중한 존재, 사랑스런 존재라는 걸 느끼고 있니? 네가 있음에 내가 존재한다는 것, 신비로워! 그리고 지금껏 한번도 표현한 적 없는 너에게, 오늘은 사랑한다고 전하고 싶어, 꼬옥 안아줘, 사랑해! 내 생명이 다하는 날까지 함께 살아갈 소우주 나의 몸에게.

남편, 간첩 리철진 되다

임우재
dladnwo57@naver.com

사람이 궁하면 없던 생각도 하게 마련이다. 한순간 나의 실수로 가족 모두에게 큰 고통을 안겨 준 적이 있었다. 중복되는 얘기지만 조금은 짚고 넘어가야 할 거 같다. 은행에서 빌린 돈을 지인에게 잠깐 빌려줬다가 사고가 났다. 눈덩이처럼 이자가 불어났다. 원금은 고사하고 이자도 빌려서 갚아야 하는 악순환이 연속이었다. 빚은 복리로 점점 불어나고 부모님께 물려받은 집 하나마저 날릴 위기에 처했다. 그 집만은 지키고 싶었다. 닥치는 대로 일을 해서라도 위기에서 벗어나야 했다.

지금 생각하면 우습지만 그때는 하늘에서 금덩이라도 떨어지길 바랐다. 아니, 일확천금이 절실했다. 그렇지만 현실은 냉엄했다. 무려 그 기간이 수년이나 걸렸다. 남편 혼자 벌이로는 감당이 안 됐다. 한 푼이라도 보태려고 신축 아파트 현장에서 일을 했다.

방학을 맞은 아들도 거들었다. 점심은 함바식당에서 해결했다. 아침에 일을 시작하면 점심시간부터 기다렸다. 밥 먹고 남는 자투리 시간이야말로 꿀 같은 휴식 시간이었다. 게다가 밥시간에는 아들과 마주 보며 말을 할 수 있으니 더 기다렸던 거 같다.

그날도 점심시간이 다 될 때였다. 남편이 가쁜 숨을 몰아쉬면서 흥분한 목소리로 전화를 걸어왔다.

"여보! 놀라지 말아."

"복권이 당첨됐어."

"예?"

"당신 이제 고생 끝이야."

남편의 흥분된 목소리를 듣는 순간 전화기를 든 손이 떨리고 가슴에서는 쿵쾅! 쿵쾅! 북 치는 소리가 요동쳤다.

"점심시간에 식당 앞에서 봐."

일이 손에 잡힐 리 없었다. 남은 점심시간까지 일각이 여삼추였다.

드디어 점심시간. 5분 거리의 식당까지 무슨 정신으로 갔는지 모르겠다. 축지법을 썼는지 구름 위를 날았는지. 온전한 정신이 아닌 것은 분명했다.

일을 하다 말고 한걸음에 달려온 남편을 봤다. 얼굴은 벌겋게 달아올랐고 숨도 가파르고 몹시 흥분된 모습이었다. 나도 흥분이 가라앉지 않았다. 영문을 모르는 아들을 자동차 뒷좌석으로 앉히고 남편과 나도 뒷좌석에 나란히 앉았다. 누가 알면 복권을 채갈까 봐 주위를 살피기까지 하면서.

흥분된 남편이 자초지종을 털어놨다. 부산에 사는 제부가 제주에 왔을 때 둘이 술 한잔 거나하게 마시고 술집을 나섰다. 담배를 사려고 들른 편의점에서 즉석 복권이 눈에 띄었다고 했다. 호기심에서 너도나도 즉석 복권 열 장씩 샀다는 게다. 이삼 일은 복권 산 것을 잊어버리고 있었다. 그러다가 주머니에서 복권을 발견하고 동전으로 긁기 시작했다.

긁는 족족 삼천만 원, 이천만 원, 오천만 원 심지어 일억까지 열 장 모두 당첨되었다는 것이다. 액수를 합치면 어마어마한 금액이었다. 이 돈이면 빚을 갚고도 아이들에게 학비며 용돈도 넉넉히 줄 수 있고, 가족이 고생을 안 해도 되겠구나 싶었다. 일확천금, 아니 돈벼락을 맞았다고 믿은 남편은 어느 조상이 도왔다고 마음속으로 감사하고 또 감사했다. 나도 마찬가지였다.

정신은 몽롱, 몸은 천국, 복권을 쥔 남편 손이 떨고 있었다. 확인하려고 복권을 받아 든 아들도 떨고 나도 떨었다. 아니, 세상이 떨고 있었다.

드디어 개봉박두. 남편과 나는 아들 입만 쳐다보면서 환호할 준비를 하고 있었다. 아들이 후들후들 떨리는 손으로 한 장 한 장 넘기는데 표정이 굳어졌다.

"이것도 꽝, 이것도 꽝, 이것도 꽝."

"한 장도 당첨된 게 없는데요."

"뭔 소리냐. 거기 숫자들 잘 확인해 봐라."

"아빠, 같은 숫자 세 개가 나와야 당첨된 거예요."

"한 장도 맞는 게 없어?"

"없어!"

넋 나간 표정으로 툭 쏘아붙이는 아들.

나와 남편이 동시에 아들 손에서 복권을 낚아챘다. 어떤 거는 이천만 원 하나, 어떤 거는 삼천만 원 둘, 어떤 거는 일억 하나. 세 개는 고사하고 둘 이상 같은 숫자도 몇 장 안 됐다. 좀 전까지만 해도 온통 내 세상이었는데. 한순간, 깊은 낭떠러지로 떨어지고 말았다.

"아! 이럴 수가."

조상님께 드린 기도가 헛되었고 세상에게 조롱당한 것 같았다. 몇 시간의 환상. 우리 셋은 영혼마저 빠져나가 버렸다. 그리고 육신은 빈 껍데기가 되어 바스러지고 있었다.

남편은 그때까지 복권을 산 적이 없었다. 어떻게 맞춰보는 것은 더욱 몰랐다. 열 장을 긁을 때마다 삼천, 삼천, 오천, 이천, 일억 이라고 나오니까 그게 다 당첨 금액인 줄 알았던 게다. 내가 있는 곳까지 오는 동안 남편도 기와집을 열두 채도 더 지으면서 왔다고 했다.

"아빠! 간첩 리철진 같아요."

아들이 쓰린 가슴을 간신히 부여잡고 던진 한마디였다. '간첩 리철진'이라는 영화가 한창 상영 중이었다. 북한의 식량난 해결을 위해 남파된 공작원 리철진이 남한에서의 물정을 모르고 벌이는 사건을 다룬 영화다. 아들은 아빠가 이렇게까지 세상 물정을 모르나 싶은 순간이었다. 나와 남편과 아들은 복권 때문에 일어난 촌극을 간첩 리철진에 빗대면서 한나절의 꿈을 날려버렸다. 참으로 허망했다. 가슴이 아팠다.

서울에서 공부하는 딸도 이 말을 듣고 웃어야 할지 울어야 할지 착잡해하고 있었다. 그러던 어느 날. 딸아이 대학 1학년 때. 기숙사 생활하던 아이가 들뜬 목소리로 전화를 걸어왔다.

"엄마, 복권 사세요."
"어젯밤 꿈에 외할아버지께서 번호 알려주셨어요."
"그런데 번호가 이상해요."
"1. 2. 3. 땡. 땡. 땡."

내가 생각해도 도무지 될 것 같지 않은 번호였다. 개꿈을 꿨구나 싶었다. 딸아이와 나는 흘려듣고 말았다. 복권은 아무나 사는 게 아닌 걸로 단정지었다.

그런데 "아뿔싸!" 그 번호가 1등으로 당첨이 된 것이다. 나와 딸아이는 눈앞에서 기회를 놓쳐버린 안타까움으로 한동안 냉가슴을 앓았다. 잠도 안 왔다.

그로부터 이십여 년이 흐른 얼마 전이다.

"엄마, 외할아버지가 꿈에서 로또 번호를 다시 알려주셨어요."
"엄마도 사고 나도 사고. 당첨되면 두 배가 되겠네요."

남이 들으면 웃을 일이다. 거짓말이라고 비웃을지도 모를 일이지만 실제 상황이다. 그것도 두 번이나 로또 번호를 알려주시는 할아버지. 하늘에서도 고생했던 자손들을 잊지 못함인가.

외할아버지는 나의 아버지이기도 하다. 이번에는 아버지가 주신 기회를 놓치고 싶지 않았다. 딸아이는 서울에서, 나는 제주에서 멀지 않은 곳에 새로 생긴 복권방으로 달려갔다. 큰길에서 잘 보이도록 몇 회에 1등 당첨이 나온 곳이라고 간판까지 세우고 사람들의 눈길을 끌고 있었다.

이번에는 여섯 개의 번호 중 하나가 기억이 흐릿하다고 했다. 이를테면 3.6.9.땡땡 다음에 32인지 34인지 25인지 헷갈린다는 게다. 그래서 앞의 다섯 번호는 그대로 두고 마지막 숫자만 바꿔서 5개 조를 샀다.

복권방을 나오는데 꼭 1등이라도 된 것처럼 두근거렸다. 나도 예전의 남편처럼 모래성을 쌓기 시작했다. 딸아이에게는 집을 늘려가라고 보태주고, 아들은 독립시키고, 친구들에게도 한 턱 쏘면 하하! 호호! 좋아서 야단법석이겠지. 그리고 불우 이웃에게도 일부 기부하리라. 그래도 돈이 남으면 허리 아파서 먼 여행을 꺼리는 남편을 위하여 비즈니스를 타고 세계여행을 해야겠다. 루브르 박물관, 대영박물관, 이집트까지. 이곳은 패키지로 다녀와서 아쉬움이 남았던 곳이다. 기회가 되면 꼭 다시 들러보고 싶은 곳이기도 하다.

토요일까지 하루에도 수십 번씩 집 짓고 허물기를 반복했다. 마침내 로또 발표날. 잔뜩 기대하고 번호를 맞춰보는데 하나도 안 맞았다.

다음 주. 오천 원을 다시 투자했다. 그런데 또 꽝이었다. 가까운 이들에게 얘기했더니 당분간은 계속 사보라고 했다. 아버지는 살아계실 때 당신은 정작 복권을 모르고 사셨다. 요행을 바라지도 않으셨다. 그런데 어떻게 딸아이가 할아버지 꿈을 꾸게 된 것인지 모르겠다.

애서린스키 미국 시카고대 생리학 박사가 꿈에 관해 연구한 바에 의하면, 꿈꾸는 동안 뇌는 낮의 기억을 장기 기억으로 바꾸고 무의식적으로 가졌던 불안 등의 감정도 처리 해준다고 한다. 무의식적으로 특정 생각을 많이 하면 같은 꿈을 반복해서 꿀 수 있다고도 한다.

애서린스키 박사의 연구대로라면 우리 모녀가 평소 돈에 대한 트라우마 경험이 기억으로 저장되어 뇌에서 활성화되어 나오는 것으로 해석된다.

그러니 얼마나 간절했으면 두 번씩이나 할아버지를 통해서 복권 번호를 받을까 싶으니 잠재된 내면의 마음을 들켜버린 느낌이다.

그래도 꿈을 믿고 싶다. 꿈자리가 사나우면 조심하고, 좋은 꿈이면 좋은 일이라도 생길 것처럼 들뜬다. 가끔은 꿈이 이루어지기도 한다는데 그러면 예전에 꿈에서 만난 번호가 1등 당첨된 것은 얼마나 간절하고, 간절해서였을까.

지금은 무시무시했던 빚에서도 벗어나 정상을 회복한 지 오래다. 그때 건설 현장에서 일했던 경험을 살려 인테리어 사업에 뛰어들었던 게 우리를 살렸다.

이제는 예전만큼 절실하게 당첨을 바라는 심정은 아니다. 그래도 선명하게 박히는 숫자에 작은 미련이 남는다. 한번 놓친 기회가 아직 가시지 않은 탓도 있다. 간혹 세 개의 숫자를 맞혀서 그냥 복권 한 장이 생기는 날은 설렘이 배가된다. 그래도 당첨이라는 행운이 주어 진다면 나쁠 건 없다는 생각이다. 왜냐면 돈이 많아서 아름답게 쓸 수 있다면 없어서는 안 될 꼭 필요한 도구라고 생각한다.

남편의 간첩 리철진 사건부터 당첨 번호를 알려주시는 할아버지의 꿈 이야기는 한나절의 환상이었지만 잠시라도 좋은 상상을 할 수 있게 해줘서 나쁘지만은 않았다.

복권방 주인이 로또 용지를 건네면서 하는 말이 귀에 익숙해졌다.

"당첨되세요."

내가 주인공이 된 거 같다. 한 주일 동안 빌딩도 지어보고 고액

기부자에 이름도 올려보고 상상만으로도 기분이 좋아진다.
예전의 간첩 리철진이 많이 발전했다.

멋지다 내 외손주

정정숙
chungsonge@naver.com

 딸네 김치 담그는 날이다. 우리 집에서 멀지 않은 곳에 거주하는 딸의 지인 수운 씨를 만나 그녀의 차에 동승해서 딸네 집에 들렀다. 집안으로 들어섰을 때 커다란 양은대야를 앞에 두고 김치 속이 될 양념을 버무리고 있는 딸 친구의 뒷모습이 보인다.
 "이 집 김치는 혜영이 없으면 못 담그겠네."
 혜영이는 딸네가 일 년에 몇 차례 김치를 담는 날이면 매번 도와주러 오는 딸의 오랜 친구다. 오래전부터 김치 담그는 날이면 보게 되는 눈에 익은 모습에 고마워서 전하는 나의 인기척에 그녀가 돌아보며 살갑게 인사를 한다.
 "어머니 어서 오세요."
 나를 향해 돌아보는 그녀의 얼굴 가득 배추꽃 같은 풋풋한 미소가 어려 있다.

"그래서 혜영이가 올 수 있는 날만 김치 담그는 거야."

양념에 들어갈 찹쌀죽을 식히는 딸의 웃음기 섞인 농담 한마디가 집안 분위기를 유쾌하게 만든다.

혜영이와 수운 씨는 딸아이가 20대 초반에 만나 환갑이 갓 지난 지금까지 별 탈 없이 무난하게 만나는 우정友情의 친구들이다. 서로가 필요할 때마다 열성적으로 도우며 지내는 자매 같은 동갑내기다. 수운 씨가 코트를 벗어 거실 소파에 걸쳐놓는다. 먼저 혜영이가 벗어 놓은 빨간 모직 코트에서 화려함을 좋아하는 그녀의 취향이 엿보인다.

"어머니 김치속 양념 간 좀 봐주세요."

빨갛게 양념 범벅이 된 투박한 고무장갑을 낀 손으로 김치 양념을 내민다. 매콤하고 짭짤하니 내 입에는 간이 맞았다. 나이가 들어가니 입맛도 변한다. 젊은이 셋도 모두 만족한 맛이다.

딸은 오이소박이 담을 오이를 손질한다. 혜영이와 수운 씨의 수십 년간 익혀온 숙련된 살림 솜씨가 절인 배추 40kg을 재빠르게 맛깔난 김치로 완성해 놓았다. 김치를 담글 때 절인 배추 꼭지 따는 건 내 몫인데 그나마도 오늘은 내게 주어진 일이 아무것도 없다.

김치 담그기가 끝난 후, 세 사람의 손맛 가득한 점심상이 차려졌다. 늘 혼자 차려 먹던 혼밥이 오늘은 딸과 친구들과 함께한 터여서 그야말로 밥맛이 꿀맛이다. 이어 점심 그릇이 치워진 자리에 다과가 차려졌다. 한 입 깨물면 부드럽고 달달한 곶감과 동그란 빵에서 터져 나오는 시원하고 달콤한 아이스크림 빵이 입안에서 축제를 벌인다. 커피 향 가득한 커피 한 모금의 맛을 더하면 이것이야말로 진정 행복이 아닌가 싶다. 거기다 딸과 친구들의 아기자기한 대화를 듣고만 있어도 행복한 웃음이 몽글몽글 솟아난다.

한참을 젊은이들의 대화에 취해 있는데 느닷없이 현관 초인종 소리가 끼어든다. 혜영이가 현관문 밖에 배달원이 두고 간 속이 훤히 비치는 비닐봉투를 들고 와서 궁금증에 무엇인가 확인을 한다. "영미야 빙수 시켰니?"라며 식탁 위에 올려놓고서 제집처럼 빙수를 나누어 담을 작고 예쁜 그릇을 챙긴다. "어머, 찹쌀떡도 있네." 빙수 그릇 뚜껑 안에 4개의 꼬마 찹쌀떡이 앙증맞게 자리 잡고 있다. 점심때 먹은 짭짤하고 칼칼한 김치의 화끈한 맛을 차디찬 빙수 한입에 입안은 얼음꽃이 피어난다.

화기애애한 순간에 또 한 번 퀵서비스가 배달해 놓고 간 음식에 먹는 재미로 산다는 말이 실감 나게 와 닿았다. 종이 상자 속에 고소한 맛부터 풍기는 치킨, 바싹하게 튀긴 감칠맛 나는 감자튀김이 육십 대를 갓 맞이한 여인들의 입맛을 저격했다. 지금 여든아홉의 내가 맞은 60대 때와는 많이 다른 행복한 지금의 생활 풍경이다.

집으로 돌아와 하루의 피곤을 푸는 늦은 저녁 시간이다. 호주로 출장 중인 외손자가 생각나서 전화기를 들었다. 외손주는 대기업 L사에 다닌다. 그는 유럽과 아시아로 출장이 잦다. 수화기 너머로 손주의 다정다감한 목소리가 들리자 얼른 오늘의 고마운 마음을 전한다.

"할미 귀한 손주 또 출장 중이구나. 많이 피곤하지? 오늘 치킨과 빙수 정말 깜짝 선물로 받았네! 네 엄마 일손 도운 엄마 친구들도 할미 외손주 기특한 마음씀씀이에 감동을 하더구나. 고마워. 건강하게 일 잘 보고 와. 사랑해."

"하하하, 보고 싶은 할머니 출장에서 돌아가면 같이 맛있는 거 먹으러 가요. 잘 마무리하고 돌아갈게요. 사랑해요 할머니."

"에구에구, 할미 손주 사랑하고 사랑해."

한참을 외손주와 사랑 넘치는 대화를 주고받았다.

세상 참 좋아졌다. 비행시간 10시간 이상을 가야 하는 먼 타국에서 빙수고 치킨이고 배달을 시킬 수 있다니 문명의 발달이 좋긴 좋다. 행복한 하루의 시간을 마무리하고 오늘 밤은 손주랑 꿈속에서 놀아야겠다. 손주는 존재만으로도 삶의 꽃이고 활력소다.

어느 특별한 하루가 이런 게 아닐까.

문학의 편향성에 관하여

조규호
jogyuho@naver.com

 포리스트 카터의 자전적 산문집 《내 영혼이 따뜻했던 날들》은 독자들에게 잔잔한 감동을 안겨준다. 체로키 인디언 혈통인 그는 1830년 〈인디언 이주법〉에 따라 동족이 오클라호마 지역으로 강제 이주하던 당시의 장면을 증조할아버지의 회고를 빌어 전한다.

 사람들은 이 행렬을 '눈물의 여로'라 부른다. 체로키들이 울었기 때문이 아니다. 낭만적으로 들리기 때문에, 또 그 행렬을 옆에서 구경하던 사람들의 슬픔을 표현해 주기 때문에, 그들은 이 행렬을 그렇게 불렀다. 하지만 죽음의 행진은 절대 낭만적일 수 없었다.
 과연 누가 어미의 팔에 안긴 채 뻣뻣하게 죽어 있는 아기, 어미가 걸어가는 동안 감기지 않은 눈으로 흔들거리는 하늘을 노려보고 있는 아기를 소재로 시를 지을 수 있겠는가? 과연 누가 밤이 되면 아내의 주검을 내려놓고, 온밤 내내 그 옆에 누워 있다가 아침이 되면 일어나 그 주검을 옮겨가야 하는 남편과, 장남에게 막내의 시신을 안고 가라고 말해야 하는 아버지…그리고 쳐다보지도…말하지도…울지도…고향 산을 떠올리지도 않는 이들을 소재로 노래를 할 수 있겠는가? 그것은 절대 아름다운 노래가 될 수 없을 것이다. 그래서 사람들은 그 행렬을 '눈물의 여로'라 불렀다.

체로키족은 미국 동부 애팔래치아산맥 속에서 조상 대대로 텃밭을 일구며 평온하게 살고 있었다. 그런데 어느 날 백인들이 총칼을 들고 나타나, 그 땅을 백인에게 나눠준다며 체로키족을 1,300km 떨어진 중부 오클라호마주로 강제 이주하도록 명령했다. 인디언들은 마차를 마다하고 걸어서 행군했다. 눈물을 흘리지도 않고 앞만 보고 침묵으로 걸어가는 것이 그들의 유일한 저항이었다. 생각해 보라. 대대손손 살고 있던 땅을 무력에 의해 빼앗기고 척박한 대지로 내쫓기는 그들의 심정을.

역사가 남긴 기록에 따르면, 당시 행군에 나선 1만 3천여 명 가운데 추위와 배고픔, 질병과 사고 등으로 4,600여 명이 죽음의 강을 건넜다고 한다.

작가는 역사적 사실을 피해자의 감정을 직접 드러내지 않고 담담히 언급하고 있다. 감정이 절제된 제삼자적 입장에서 서술이 역사의 진실성을 담보한다. 하지만, 독자들은 가슴 깊은 곳에서 솟아나는 분노와 안타까움을 느끼고, 백인들의 무자비한 인디언 탄압의 실상을 현대적 시각에서 재조명하게 된다.

역사는 승자의 기록이다.
하지만, 승자의 발아래에는 어김없이 패자가 신음하고 있다.
문학은 승자를 찬미하기보다는, 패자의 사연에 관심을 느낀다. 그것이 문학의 숙명으로 보인다. 승자는 이지적이고 의기양양하다. 동물적 근성은 날카로울지 몰라도 감성은 메말라 있다. 거기에 감성이, 예술이 끼어들 여지가 있겠는가. 따가운 햇살 아래에서는 모든 생명이 말라 죽게 마련이다.
반면에 패자는 말이 없다. 말하려야 할 수가 없다. 말해도 들어줄 사람도 없고, 잘못 말했다가는 목숨이 위태롭기 때문이다. 그들의 가슴에는 분노와 원망이 멍울져 있다. 문학은 역사의 뒤안길에 묻혀버린 패자의 이야기를 끄집어내어 그들의 아픔과 고통을 재현해 보인다. 패자들은 재현된 이야기를 통해 일말의 카타르시스, 마음의 위로를 얻는다. 한때 승자의 편에 섰던 사람들도 작품을 통해 패자의 아픈 상처를 차분한 마음으로 들여다보고는 인간성 상실의 과거를 반성하고 교훈을 얻는다.
이 이야기가 오늘날 미국인뿐 아니라 세계인의 가슴을 애잔하게 적셔주는 힘이 바로 패자의 아픔을 담담하게 스케치했기 때문이다.

최근 소설가 한강이 노벨문학상을 수상하게 되어 문학계가 들썩인다.

많은 사람이 그녀의 수상을 기뻐하는 가운데에서도, 일각에서는 그녀의 작품이 좌편향적이라며 비판적으로 보는 시각이 있다.

그녀의 작품은 대부분 사회적 약자, 대중 앞에 나서기를 꺼리는 군상들을 그리고 있다. 대부분 어둡고 우울하고 창백한 캐릭터다. 그녀는 광주 5·18과 제주 4·3 사건을 재구성하면서 당시 피해자들의 시점에서 이야기를 전개한다.

그녀는 《채식주의자》로 2016년 인터내셔널 부커상을 수상한 후, 한 방송 인터뷰에서 "나는 폭력을 극도로 싫어한다. 폭력을 멈추려면 폭력 속으로 파고들어 올 수밖에는 없었다"라며, 자기 소설이 어두운 색채를 띠는 이유를 설명했다.

나는, 그녀가 한 사람의 삶을 소중하게 여기고, 사회적 약자의 편에서 그들의 아픔과 고통을 들춰내는 것을 두고, 그녀를 나무랄 일은 아니라고 생각한다. 그런 의미에서 나는 한강의 소설이 좌편향적이라는 비판은 다른 차원에서 재조명되어야 한다고 본다.

문학이 대중에게 미치는 영향력 때문에, 어느 국가에서나 그 국가의 체제나 이념에 반하는 작가는 탄압을 받는 경우가 많았다. 러시아의 반체제 작가 솔제니친이 대표적 사례다. 1970년 솔제니친이 노벨문학상을 수상하자, 국가(구, 소련)는 그를 투옥하여 수상식장에 참석할 수 없게 했다. 그 후 그는 독일로 추방된 후 1976년 미국으로 건너가서 은거했다가, 냉전이 종식된 후인 1994년에야 고국으로 돌아갈 수 있었다.

최근의 노벨문학상 수상 작가 중에도 자국에서는 인정받지 못하는 사람이 있다. 2023년 노르웨이의 욘 포세는 전체 인구의 10%(50만 명)만 사용하는 소수민의 언어로 글을 썼다는 이유로, 2019년 수상자 오스트리아 출신 페터 힌트케는 우익 정권의 이념적 기반을 제공하였다는 이유로, 2006년 튀르키예의 오르한 파무크는 소수 쿠르드족에 대한 대학살 문제를 제기했다는 이유로, 각각 자국민들로부터 비판을 받았다. 작가들이 전 국민의 공감을 끌어내는 작품을 쓰기가 쉽지 않음에 틀림없다.

우리나라 문학의 이념 편향성 문제는, 해방 후 혼란기의 지리산 일대 빨치산의 이야기를 다룬 조정래의 《태백산맥》이 대표적이다. 소설의 내용이 자유민주주의를 지키려던 민주투사와 국군들의 피와 땀에 대한 언급과 위로보다는, 공산주의 추종자들이 겪은 아픔과 고난에만 초점을 맞춘 점 때문에 좌편향 의심을 받아 소송으로 이어지기도 했다. 빨치산 사건은 동학혁명과 함께 우리나라의 근현대사에서 농민 등 하층민이 지주 계층에 저항하는 운동이었다. 그들의 저항운동은 현재 자유민주주의 수호자들에 의해 실패로 막을 내렸지만, 작가는 무산계급의 몸부림을 위주로 재조명하였다. 하지만 만일 빨치산이나 동학혁명이 성공하였더라면, 지금의 자유주의 대한민국은 존재하지 않았을지도 모른다는 점을 간과한 측면이 있다. 패배자를 역사 무대의 중앙에 내세우는 것이 과연 역사적 사회적 정서적 정의에 합당할까 하는 문제가 제기되는 이유다.

한편, 한강의 수상 소식을 두고 기뻐해야 할 한국에서 그녀의 이념 편향성 이슈가 제기되는 사회적 배경을 살펴볼 필요가 있다.

헌법에 '사상의 자유'는 인간의 기본권으로 보장되므로, 작가의 이념도 기본권으로서 아무런 제한 없이 보장된다고 해석할 수 있다. 하지만 작가가 자신의 이념을 외부에 글로 표현할 경우, 자유가 무한정으로 보장된다고는 할 수 없다. 글은 표현에 속하고, '표현의 자유'는 어느 국가나 그 국가 체제의 유지를 위해 내재적 한계를 지닌다고 해석하는 것이 법학자들의 통설이다.

또한, 현재 우리나라는 남북이 첨예하게 대립하고 있어, 이념 문제에 있어서 자유롭지 못하다. 북한이 남한에 대해 핵미사일과 같은 대량 살상 무기의 공격을 공공연히 언급하고 있는 상황에서, 유명 작가로서 그녀의 이념적 순수성에 의혹의 눈길을 보내는 이가 적지 않다. 그녀가 남북 간에 얽힌 복잡한 이념대립

문제를, 동정적 시각으로만 접근하는 것은, 전후 세대로서 전쟁의 고통과 비참함을 직접 겪어보지 못한 순진한 여성작가가 세상을 너무 안일하게 바라보는 것이 아닌가 하는 의구심을 갖게 하는 측면이 있다. 남북이 첨예하게 대립하고 있는 작금에는, 섣부른 동정주의가 오히려 역으로 이용당하는 일이 심심찮게 벌어지고 있다. 근년의 금강산 관광이나 개성 공업단지 사업이 그러하지 아니한가.

생각건대, 유명 작가의 작품은 대중에게 미치는 영향력이 크다. 그래서 작가는 작품 속 역사적 진실에 대한 도덕적 책임이 없다고 할 수 없다. 그래서 작가가 비록 약자의 편에서 사건을 전개하더라도, 작가의 시각이 역사적 사실에 기반을 두거나 가능한 중립적이어야 할 것이다. 왜냐하면, 유명 작가의 시각이 사회적 여론 형성을 촉발하는 구심점 역할을 하는 점을 부인할 수 없고, 작가의 균형을 잃은 시각이, 자칫하면 사회를 위기 상황으로 몰고 갈 우려가 없지 않기 때문이다.

물론, 제일 바람직한 것은 독자가 작가의 의도와 역사적 사실을 명확하게 구별하고, 문학 작품을 통해 얻는 통찰과 감정의 가치를 이념과 구분할 정도로 깨어있는 것일 것이다.

나는, 이 같은 제반 우려를 고려하더라도, 문학의 최종 지향점은 좌우 이념을 넘어선다고 생각한다. 문학은 승자를 찬양한다기보다는, 패자를 위한, 약자를 위한, 고통받는 사람들을 위한 위로의 수단으로 많은 역할을 하기 때문이다. 그래서 문학적 표현은 은밀하고 어두운 측면이 많다. 슬픔을 추구하기를 좋아한다. 어찌 보면, 슬픔은 인간의 원초적 감정으로 너무나 순수하고 때 묻지 않으며, 남을 속이지 않는 미덕을 가지고 있다. 또한 인간의 내면 깊숙한 곳에는 누구나 원인 모를 슬픔이 똬리를 틀고 있어 쉽게 공감대를 형성할 수 있다.

문학이 지향하는 바는 이념적 논쟁이 아니라, 인간의 진정한 삶의 의미를 조명하는 성찰의 장이 되어야 하지 않을까. 그런 의미에서, 문학은 이념 철학이 아니라 감성에 호소하는 보편적 인류애의 표현으로서 인간학으로 여겨진다.

진정한 문학은 이념을 넘어선 곳에서 꽃필 수 있다는 생각을 해 본다.

식 탐

루아 조인순
swordriver@hanmail.net

어느 날 후배가 하소연을 하며 남편과 이혼을 생각하고 있다고 했다. 항상 열심히 살면서 낙천적인 그녀가 이혼을 결심하고 힘들게 나에게 속내를 꺼내니 뭐라고 답을 해야 할지 난감했다. 어찌 된 일인지 조심스럽게 연유를 묻지 않을 수 없었다. 그녀는 힘들게 말을 꺼냈다. 이유는 남편의 지나친 식탐 때문이라고. 아니, 남편이 바람을 피운 것도 아니고, 돈을 안 벌어다 주는 것도 아니고, 도박도 아닌, 겨우 그깟 식탐 때문이라고? 나는 뭔 말인가 싶어 그녀의 얼굴을 쳐다봤다. 그녀가 말하는 남편의 식탐은 대충 이랬다.

예를 들어 밥을 먹기 위해 가족들이 식탁에 앉으면 제일 먼저 남편 밥을 퍼주고, 아이들 밥을 퍼주고, 자신의 밥을 퍼서 식탁에 앉으려고 하면 남편은 금방 밥 한 그릇을 뚝딱 먹어치우고, 다시 밥 한 그릇을 더 달라고 한다는 것이다. 또다시 밥을 한 그릇 퍼주고 자리에 앉아 밥을 먹으려고 하면 식탁이 깨끗하다는 것. 하나도 남김없이 모두 먹어치워 식탁에는 그녀가 먹을 반찬이 하나도 없다고 한다.

그녀는 남편의 그런 행동이 도저히 이해가 안 간다고. 가족이라면 아무리 배가 고파도 기다렸다가 모두가 둘러앉은 식탁에서 함께 음식을 먹는 것이 맞는데, 그녀의 남편은 자신의 입만 중요하고 다른 사람은 안중에도 없다고. 처음엔 배가 고파서 그러나 했는데 시간이 지나면서 보니 식탐이었다고. 식탐이 심해도 너무 심해서 어지간하면 참겠는데 도저히 참을 수가 없다고 한다. 아내인 자신을 무시하는 것 같고, 집에서 새는 바가지 밖에서도 샌다고, 걸신들린 사람처럼 부부 모임이 있어 밖에 나가서도 그러니 창피해서 살 수가 없다고 한다.

저녁밥을 먹고 바로 자리에 누워 코를 드렁드렁 골다가도 밤 12시가 되면 일어나 과일을 깎아 달라고 한다는 것. 직접 깎아 먹으라고 해도 안 깎아 먹고 자려고 누운 그녀에게 깎아 달라고 한다는 것이다. 과일을 깎아주면 그것을 먹고 바로 누워서 잠을 자다가 배가 고프다고 일어나 냉장고를 뒤져 아침에 먹을 반찬까지 모두 먹어 치운다는 것이다. 그게 사람이냐고 나에게 물었다. 이젠 남편이 밥 먹는 소리만 들어도 구역질이 난다고. 얼마나 미우면 그럴까 싶었다. 남편이 음식을 먹는 것만 봐도 토할 것 같다고. 음식을 흘리며 게걸스럽게 쩝쩝대고 소리까지 내며 먹는 것을 보면 사람이 먹는 게 아니고, 짐승이 먹는 것 같아 역겹다고 한다.

우리나라가 농업사회일 때 동네엔 배고픈 거지들이 많았다. 밥 때만 되면 집집마다 거지들이 왔다. 어머니는 항상 밥 한 그릇을 남겨 놓았다 거지들이 오면 주었다. 남겨놓은 밥이 떨어지면 할아버지는 자신의 밥그릇의 밥 한 술을 덜어 줬다. 우리 가족들도 할아버지를 그대로 따라 했다. 나는 그렇게 할아버지께 말이 아닌, 몸으로 식시오관을 배웠다. 아무리 배가 고파도 어른이 먼저 수저를 들지 않으면 먹지 않았고, 자신이 먹을 밥그릇의 밥을 십시일반으로 한 숟가락씩 덜어서 거지에게 주었던 것이다.

또한 불가에서도 식탐은 금물이다. 밥 먹을 때 소리를 내지 않으며 밥풀 하나도 버리지 않는다. 식사 시간도 하나의 수행으로 보기 때문이다. 쌀이 주식인 우리나라는 사람들이 절에 갈 때 곡물인 쌀을 가져가 부처님께 바치며 소원을 빈다. 절에서 스님들이 먹는 밥엔 많은 사람들의 염원이 담겨 있기 때문에 밥 한 술의 무게는 태산과도 같아 더욱 엄격했다.

예전에 절의 김치가 짠 이유가 조금만 먹게 하기 위함이라고 한다. 김치가 싱거우면 많이 집어 먹는다고 짜게 담는다는 것이다. 식탐이 있어 음식을 많이 먹어치우면 그만큼 자신의 복이 없어진다고 한다. 음식은 항상 절제하고 감사하며 소식을 했다. 많이 먹으면 몸도 비대해지고, 배가 부르면 게을러지고 나태해진다는 것이 그 이유였다. 그래서 깊은 산속 암자에서 도를 닦는 수도승들은 하루에 한 끼만 먹는다고 한다.

그녀의 남편은 어린 시절 부모님께 밥상머리 교육을 제대로 배우지 않아서 그런 것 같았다. 나도 그런 사람을 알고 있기에 그녀의 말에 공감이 갔다. 다만 남이면 안 보면 그만인데 남편이 그러니 그녀의 고충이 이해가 갔다. 생각 같아선 너도 사람이냐고 남편을 두들겨 패버리라고 말하고 싶었는데 그러지 못했다. 나는 그녀에게 아무런 말도 해주지 못하고, 그냥 그녀의 하소연을 들어주는 것이 다였다. 다만 앞으로는 음식을 가족 수에 맞게 분배해서 각자의 그릇에 담아 먹는 것이 어떠냐고 했다. 그래도 안 되면 남편을 갖다 버리라고.

어쨌거나 이혼까지 생각하는 무서운 식탐을 어찌할 것인지. 음식이란 아무리 배가 고파도 서로 양보하며 조금씩 먹어야 한다. 그리고 가족이든 누구든 함께 먹는 사람의 몫은 남겨 놓아야 한다. 다른 사람의 몫까지 모두 먹어 치우는 것은 배려심이 없는 것이다. 음식을 흘리며 게걸스럽게 쩝쩝대고 허겁지겁 먹는 것도 복스러운 게 아니고, 식사예절을 제대로 배우지 못함이니 부끄러운 일이다. 지나친 식탐 또한 보는 이로 하여금 결코 유쾌하지 않다.

하루를 살아낸 당신에게

하루를

살아낸

당신에게

●
김　란
김문희
김미자(매강)
김영분
김호은
남현희
박란정
박상만
백경희
이문숙
이상국
이은영
한미경

하루를 살아낸 당신에게

김 란
ngkim2008@daum.net

 노둣길이 모습을 드러낸다. 해초가 붙은 미끄러운 바위를 피해 조심조심 걸음을 옮긴다. 콩게와 밤게가 물이 고인 곳을 찾아 부지런히 집게발을 움직이고, 삿갓조개와 따개비같이 바위에 붙은 갑각류는 오후의 햇살에 젖은 등을 말리는 중이다. 무인도의 갯바위를 돌다가 바라본, 본섬의 드넓은 해안이 나를 부르는 것 같다. 가던 길 돌아서 나온다.

 백사장 한쪽에 배낭을 내려놓고 신발을 벗었다.
 햇살 품은 모래의 온기를 느끼며 물가로 걸었다. 천천히 밀려나는 썰물이 만든 나선형의 얇은 막이 추상화가 된 해변, 능숙한 화가의 붓질처럼 물로 이룬 농담濃淡이 뚜렷했다. 발을 디딜 때마다 미세한 물결 자국이 번졌다가 사라졌다. 반쯤 드러난 발등 위로 찰박찰박 파도가 끊임없이 물 안마를 해댔다.

울창한 송림으로 둘러싸인 해변은 단단한 모래와 깨끗한 수질로 경관 좋은 해수욕장 목록에 이름을 올린 곳이었다. 800m 길이의 해변 중간에 하얀 그물이 바다를 향해 2중대로 늘어서 있었다.

새하얀 그물 중간에 시커먼 물체가 보였다. 가까이 가보니 굵은 농어였다. 아가미 주위의 비늘이 살짝 들뜬 물고기를 보며 불쑥 내뱉었다.

"죽었네."

그 소리에 저항하듯 헤벌어져 있던 입이 가녀리게 움직였다. 남의 생을 함부로 판단하지 말라는 듯, 아가미가 파르르 떨렸다.

"살았네?"

그물 양옆에 있던 나와 그녀의 눈이 마주쳤다. 그물을 들추기 시작했다. 엉성해 보이는 그물은 생각보다 쫀쫀해서 물고기를 빼내는데, 약간의 시간이 걸렸다. 두 손으로도 묵직한 물고기를 조심스레 바닥에 놓았다. 물이 닿자, 진저리치듯 몸을 흔들며 뻐끔뻐끔 물을 삼켰으나 이내 뒤로 나자빠지며 허연 배를 드러내다가 다시 뒤집길 여러 차례. 애타는 우리의 마음은 알 바 아니라는 듯 물고기는 제 몸을 제어하지 못했다.

그때 검은 장화를 신고 하얀 양동이를 든 남자가 해변으로 들어서는 것을 보았다. 그는 우리 쪽을 흘끔흘끔 쳐다보면서 건너편 그물로 갔다. 그의 목적을 짐작한 우리는 물고기를 들어 바다 안쪽으로 던졌다. 멀리 도망가라고 주문을 외우며. 충격을 받은 물고기는 제 몸을 부르르 떨면서 기운을 차리는가 싶더니 다시 떠밀려 나왔다. 세 번째 던졌을 때, 전기 자극을 받은 듯 세차게 몸을 흔들던 물고기는 마침내 깊은 물 속으로 서서히, 이내 빠르게 숨어들었다. 물고기가 시야에서 완전히 사라진 뒤 우리는 손뼉을 마주쳤다.

넓은 바닷가에 검은 장화를 신은 남자와 맨발의 두 여자. 좀 전의 팽팽하던 공기는 부드럽게 풀어지고 햇살만 가득한 백사장에 갈매기가 날았다.

상주인구 40여 명의 섬에 단 하나뿐인 민박집의 저녁 밥상은 화려했다. 농어, 민어, 갑오징어 등 선장이 낚싯배로 잡은 싱싱한 회와 반건조 생선구이가 침샘을 자극했다. 나는 회를 좋아한다. 다만 그날은 횟감에 손을 대지 않았다. 그것이 남의 일용할 양식을 가로채 바다로 돌려보낸 나의 행위에 대한 예의라고 생각했기 때문이다.

어둠이 내리는 바다 위로 해안의 가로등 불빛이 조용히 번진다. 저 바다 어딘가, 긴 하루를 돌아보며 안도의 숨을 내쉬고 있을 한 마리 물고기를 떠올린다.

빌빌대며 사경을 헤매던 그를 살린 것은, 바다로 던졌을 때 가해진 충격, 일종의 스트레스가 아니었을까. 스트레스 연구의 선구자인 한스 셀리에는 이를 '유스트레스(eustress)'라 불렀다.

'좋은(eu)'이라는 뜻을 담은 그 말처럼, 적절한 자극이 삶을 일으키는 힘이 되기도 한다. 고요한 물에 인 작은 파동이 생동감을 주듯, 가볍게 던져진 충격이 생명에 불을 붙이기도 한다.

크고 작은 스트레스를 견디며 하루를 살아낸 당신에게 이 바다의 평온을 전한다.

밀려났던 물이 다시 돌아오듯, 오늘의 고단함이 언젠가 달콤하게 돌아올 것이라 믿으며.

김金 양은 지금 어디 있을까

김문희
smallprince1974@naver.com

  아사추, 아망추, 할메가….
  카페 아르바이트를 시작한 딸아이가 메뉴를 외우는 소리다.
  딸은 아이스티에 얼음 대신 망고를 추가하면 아망추, '우리 할머니께서 즐겨 드시던 달달한 믹스커피 스타일'은 할메가라며, 갸웃하는 엄마를 위해 친절하게 알려준다.

  나는 매일 식전 믹스커피 한잔을 마신다.
  프림과 설탕, 화학첨가물이 많아 칼로리가 높고 건강에 좋지 않다고 만류하지만, 달콤한 맛과 시간에 익숙해져 밤새 스러진 몸과 정신을 깨우며 하루를 시작하는 일상이 되었다.
  초등학교 시절 나에게는, '애들은 먹는 거 아니다. 먹으면 머리 나빠진다'며 부모님만 나눠 마시던 커피를 찬장 맨 꼭대기 칸에서 발견하던 날이면 들킬까 조마조마하며 찬물에 급히 커피와 프리마를 타서, 그리고 설탕은 녹지도 섞이지도 않아 뭉텅이 채로 들이켜던 기억이 있다.

손이 탈까 숨겨진 맥심커피 한 병과 프리마 한 병, 그리고 설탕을 생각하면 그 시절, 시골 다방이 떠오른다.

어른들은 맛있는 커피가 2:2:3이거나 1:2:3의 비율이라고 주장했지만, 사실 입맛에 따라 자신만의 비율로 마시는 맛이 최고이기 때문에 정답은 없다. 차를 마시는 공간을 넘어 이웃 간의 소식 전달이나 주민들의 쉼터, 문화 공간, 데이트 장소, 정보 교환 등 서민들의 삶의 이야기로 다양한 역할을 했던 다방은 많은 사람에게 추억을 간직하게 한 공간이다. 농한기에 그곳은 동네 남자들의 방앗간이다. 당시 아버지들은 앳되거나 얼굴 고운 종업원이 내오는 냉커피 한잔과 노른자 띄운 쌍화차 한 잔으로 가장으로서의 팍팍한 삶을 잠시 잊고 싶었던 건 아닐까.

그러나 다방에 대한 인식은 좋지 않았다.

다방 마담이나 다방종업원이 동네에 나타나면 누군가의 집에서 싸우는 소리가 대문을 넘었고, 다음 날에는 종업원을 대신한 마담과의 싸움으로 다방이 소란스러웠다. 싸움의 발단은 외상이나 소문 빠른 로맨스 때문이다.

급속히 농촌에 퍼진 커피는 모내기 또는 추수철 새참에도 일꾼들 성화로 커피 주문 전화를 넣게 되면, 오토바이 소리와 함께 화장 진한 다방 여 종업원이 보자기에 보온병과 커피잔을 싸 들고 나타났다.

어린 눈에 분내 나던 예쁜 여자가 일일이 사람들의 기호대로 타 주던 맞춤형 커피와 원하는 장소로 배달하던 서비스는 오늘날의 카페 소비 성향과 딜리버리의 원조가 된 것은 아닐까?

나는 아직도 동네 어른들 틈에서 맡던 여 종업원의 향기 좋은 냄새와 찬장 커피 병의 뚜껑을 열면 풍겨나오는 나팔꽃씨 모양의 갈색 커피 향을 잊을 수가 없다.

최근에는 자고 일어나면 카페들이 한 집 건너 개업과 폐업을 반복하고 있다. 그러나 정미소나 오래된 방직공장을 재활용한 특별한 콘셉트나 역사적인 건물을 활용한 카페, 북카페나 자연 속 카페 등의 이색카페, 대형 프랜차이즈 카페까지 취향을 고려하여 세분화된 맛과 독특한 분위기로 새로운 공간을 창조해 가고 있다. 크기와 분위기를 바꾸며 다양한 모습으로 달라졌지만 소통하며 여유롭게 커피나 차를 마시고, 공부도 하고, 모임을 갖는 특징은 다방과 별 차이가 없다.

도시화에 따라 이제는 시골 단위의 소도시에서도 다방을 찾기 힘들지만, 레트로 열풍으로 젊은 세대들이 오랜 역사를 간직한 다방을 찾고 있다. 옛것이 주는 정겨움과 향수 그리고 감성의 맥을 유지한 다방은 과거와 현재가 공존하는 매력적인 공간으로 다시 숨을 쉬게 된 것이다.

　시대변화에 따라 그 수가 줄어들었지만 그곳은 소중한 이야기이고 情이다.

　디지털이 가속화되고 있는 이 순간에도 레트로나 아날로그가 낡고 오래된 것이 아닌 - 가치 있는 추억과 시간으로 간직되길 바란다.

　젊은 나이의 아버지는 술을 마시면 농으로, 때로는 진심으로 ○○다방 종업원 김 양을 입에 올려 어머니와 싸움이 나서 종종 시끄러웠다.

　김 양은 지금 어디 있을까?

긴 하루

김미자(매강)
k-mija@hanmail.net

 가을이다. 대체 공휴일로 3일간의 연휴, 교통체증을 피하고자 새벽부터 서둘렀다.
 상습 정체 구간이 뻥 뚫렸지만, 고속도로에 감시하는 눈들이 무서워 제한속도로 달린다.
 파란 하늘 아래 펼쳐진 황금 들판과 짙어가는 가을 색이 스산하다. 우주의 섭리는 불변의 법칙, 어김없이 오가는 계절의 변화에 순응하며 나이를 먹어가고, 체감하는 감상도 비례하여 달라지는 요즘이다.
 어느덧 양가의 어머니는 8, 90 중반이 넘었고, 그 아들, 딸, 며느리도 늙어가고 있다. 그래도 찾아봬야 하는 게 자식의 도리, 평소보다 일찍 도착한 고향, 양가 어머니에게 필요한 물품과 식자재를 사고, 좋아하는 음식도 산다.

고향집에 도착하여 어머니와 함께 점심을 먹고, 남편은 마당가에 우거진 풀더미와 호박 덩굴, 거칠게 자란 나무들을 잘라 걷어치우고, 난 냉장고 속의 오래된 반찬, 썩어서 물이 흐르는 과일 등을 모아 텃밭에 묻고 손때가 절은 냉장고와 가스레인지 등 집안 구석구석 청소하고 정리하느라 앉을 새가 없다.

어머니와 토방에 쪼그리고 앉아 팥과 동부를 까고, 열무와 파를 뽑아 다듬어 절이고 씻어 김치 담그느라 한참이나 일했는데도 시간이 고무줄처럼 늘어나 아직도 해가 중천에 있다.

노모의 심부름을 하기 위해 줄포로 향했다. 종묘사에 가서 쪽파 씨를 찾으니 쪽파는 씨가 없다며 채소 파는 가게로 가보란다. 의아했지만 시키는 대로 채소 파는 곳에 가서 비로소 알았다. 쪽파는 씨가 아닌 뿌리로 심는 거라 쪽파 종자를 찾아야 한다는 것을.

판매 시기가 지나 종자 찾기가 쉽지 않다. 마지막 찾아간 집에서 조금 남은 종자를 떨이로 사고, 비료와 생필품, 과일과 사골을 사서 돌아오는 한적한 시골길, 양길에 늘어선 코스모스가 추억을 불러온다. 남편과 흑백의 유년 시절 얘기를 주고받으며 돌아와 장 봐온 물건은 어머니가 찾아 쓰기 편리한 장소에 갖다 놓는다.

석양 노을이 황금빛으로 물들고 있지만, 시골은 저녁 먹을 시간이다. 두레상에 셋이 둘러앉아 새로 담근 열무김치와 압력솥에 푹푹 끓인 사골탕으로 저녁을 달게 먹고 설거지까지 말끔히 마쳤다.

남편이 노모의 귀지를 파고 손톱을 깎아드리는 동안, 난 멈춰버린 시계마다 새 건전지로 갈아 끼우고 시간을 맞춘다. 누구에게나 공평하게 주어진 24시간이지만 참으로 긴 하루다.

시어머니의 코 고는 소리를 듣고서야 옥상으로 올라갔다. 가로등이 훤한 옥상, 감나무 그림자 아래에 돗자리 펴놓고 남편과 커피 한잔하며 별들이 총총한 밤하늘을 본다. 유독 크고 빛나는 북극성이 우주의 중심에서 은하계를 사열하고 주변에 자리한 오리온자리, 전갈자리, 북두칠성이 또렷하다. 별들이 움직이는 것처럼 보여 손가락으로 허블망원경을 만들어 살핀다. 신기하리만치 은하계의 별들이 한층 가깝게 보이고 더 반짝인다. 유성이 빗금을 치며 떨어진다.

늦은 시간인데도 연이어 날아가고 있는 비행기는 어디로 가는 걸까. 최첨단을 달리고 있는 디지털 시대, 비행기, 우주정거장, 화성 탐사, 달나라 얘기는 그저 공상 영화나 만화 속의 얘기였는데 반세기가 지나는 동안 현실이 되었다. 과학 문명은 앞으로 얼마나 더 많이 발전하며 진화할까.

모기향이 소슬바람을 타고 퍼져나간다. 감나무 가지가 가로등 불빛을 살짝 가려줘 돗자리에 편안하게 누워 밤하늘의 은하계를 본다. 옥상의 복사열이 노곤한 몸에 전달된다.

새벽부터 움직였더니 시간이 한없이 늘어난 긴 하루, 여치와 방울벌레 소리가 자장가처럼 들린다. 눈이 사르르 감긴다.

아픔을 딛고 일어서는 철원

김영분
kybhkh@naver.com

　철원은 태봉국의 도읍지였다.

　고려 성립 후 철원은 동주로 개편되었고, 조선 초에는 철원도호부戶部*가 되었다. 조선 후기에는 철원 부사가 강원도 병마 방어사防禦使를 겸임하게 되면서 인근 3개 도호부都護府와 6개 현을 진관鎭管하였다.

　철원은 일제 강점기에는 근대 도시로 번성하였고, 경원선이 개통되면서 중부 지방의 중심지로 부상되었다. 금강산으로 소풍 가기 위해서 경원선을 이용하기도 했다. 봉래호 저수지 건설을 계기로 철원평야는 강원도를 대표하는 곡창지대로 개발되었고, 또 금강산 전기 철도가 놓인 후부터 도시화는 가속화되었다. 일본은 강원도청이 있던 춘천 대신, 강원도 도청소재지를 철원으로 정해서 4개의 은행과 소방서, 우체국과 학교, 극장과 백화점 등,

대도시가 형성되었다. 철원은 지정학적으로 위치가 좋다.

　김일성은 일본에서 해방이 되자, 슬금슬금 철원에 군작전 지역을 만들기 시작했다.

　해방과 동시에 남한으로 쳐들어올 준비를 하며 철원지역에 군사 장비를 가져다 놓기 시작했다.

　1950년 북한 김일성이 전쟁을 일으킨 후 38도선이 맺어졌고(미국과 소련의 점령, 선택 편의상 경계선) 맞서 싸우던 전선은 휴전선이 되었다. 6·25 전쟁으로 인해 철원의 도청은 인민위원회로 지명되었다. 그 전쟁으로 약 15만 명의 희생자가 생겼으며, 피의 도시로 변해 버렸다. 그곳의 백마고지에는 하룻저녁에 24번의 주인이 바뀌는 전쟁의 격투가 벌어졌다. 비가 오면 핏물이 흘러 한탄강으로 흘러 들어갔으며, 해방 후에는 강원도청이 있던 철원이 38선 안 북한에 속하게 되었다.

　38선과 휴전선이 같다고 생각하지만, 둘은 생겨난 시기도 다를 뿐만 아니라 하나는 우리 민족이 아닌, 소련과 중국 등 다른 국가의 개입에 생긴 것이다.

　다른 하나는 유엔에 의해, 1953년 7월 27일 휴전협정이 6·25 전쟁의 종식을 알리는 선이라는 점에서, 38선과 휴전선의 의미는 다르다.

　휴전협정 이후 철원은 대한민국 땅이 되었다. 김일성이 한탄강을 건너기 위해 놓던 다리가 미완성으로 끝나고 퇴각하게 되자, 우리는 나머지 반쪽의 다리를 1954년 이어서 놓게 되었다. 그 다리를 '승리교'로 불렀는데, 철원 전투에서 우리 국군 대령의 이름을 따서 지었다고 했다.

 아프고 치열했던 철원에는 절경이 아름다운 '삼부연 폭포'가 있는데, 그곳에는 화가 겸재(조선 후기의 화가)의 창작 명소가 있었고, 임꺽정의 유적지 고석정, 그리고 유네스코 지정의 한탄강의 지질공원, 주상절리 전도와 은하수 교, 6·25로 폐허 된 역사 현장 3백만 평의 넓은 평야, 제주도와 같은 현무암, '철마는 달리고 싶다'고 외치며 누워있는 월정리역의 기차가 있었다.
 'DMZ 평화의 길'은 한반도의 마지막 청정지구, 자연을 자랑하는 DMZ 일대를 따라 구축하여, 민간인 통제선 인근에 자리한 최전방 마을, 전적지, 평야와 강, 산악 지형을 지나며 한반도 중부의 아름다운 풍경을 감상하고, 평화와 통일의 의미를 되새길 수 있는 전쟁 폐허의 교훈의 장이 있었다.
 경원선의 간이역이었던 월정리역에는 현재는 객차 잔해 일부만 남아 있는데, 경원선은 산업 철도로서 철원에서 생산되는 농산물과 원산의 해산물 등을 수송하는 간선 철도이다.
 제2땅굴은 북한군이 남한 침략을 위해 파놓은 땅굴로 1975년 3월 19일 발견되어, 한국군 지역에서는 두 번째로 발굴된 땅굴이다.

  철원 평화전망대는 2007년 8월에 준공되어 휴전선 비무장지대를 비롯하여 북한 지역인 평강고원과 선전마을을 전망할 수 있었으며, 모노레일 시설을 갖추고 있어 편리한 이동과 주변의 비경을 감상할 수 있었다.

  천연기념물 제202호인 두루미의 생태지가 있었으며, 겨울 철새들의 서식지로 매우 중요한 것은 샘통(용천수)이 있어 사계절 일정한 온도의 지하수가 솟아나고 있었다. 그것은 마르거나 얼지 않는 깨끗한 물과 곡창지대의 풍부한 먹잇감이 있기 때문이라 했다. 그로 인해 수백 마리의 두루미가 나무 위에 앉아 있는 것을 볼 수 있었다.

  김일성은 6·25로 폐허 된 역사 현장, 3백만 평의 넓은 평야, 휴전협정으로 빼앗긴 철원평야의 곡창지대가 아까워 3일간이나 울었다고 전해지지만, 국가의 비극을 안겨준 민족의 배반자라는 생각에 분하고 억울한 생각이 들었다.

  우리 후손에게는 이런 비극을 주어서는 안 된다고 다짐하며 철원을 떠났다.

  지금은 다양한 문화 체험과 안보 공간으로 바뀌어서, 역사와 문화가 공존하는 철원이 되어가고 있다.

* 호부- 중국의 6부 중 하나로 호구, 공납, 부사, 조세 및 국가 재정과 관련된 부분을 담당하던 부서이다.

(고려시대 한반도에서도 호부가 존재하였으며, 조선시대에는 호조로 개칭되었다).

구름카페

김호은
jinsuk6884@daum.net

 두 개의 통로 양쪽으로 의자가 줄지어 꽉 차 있다. 상기된 듯한 사람들이 제 자리를 찾느라 소란스럽다. 정해진 자리가 있어 실내는 이내 안정을 찾는다. 내가 들뜬 마음이라 이 공간 안에 있는 사람들도 모두 행복해 보인다. 목적지를 정해놓고 떠나는 이들의 설레임과 기대감으로 실내 공기는 프리지어향이 떠도는 듯하다.
 11시간 30분이 허락된 이곳, 방해받지 않는 은혜로운 시간 안에 내가 있다. 자리 정면에 부착된 모니터를 통해 쇼팽과 바흐도 듣고 이찬원의 트로트메들리도 듣는다. 아직 보지 못했던 영화 〈살인자의 기억법〉도 보고 2023년 칸 영화제 개막작이라는 프랑스 영화 〈잔 뒤 바리〉도 찜해 놓는다. 선택의 폭은 크지 않다.
 평소에도 혼자 영화관에 자주 가는데 지금은 영화를 몇 편 봐도 널널한 시간이 나에게 주어졌다. 잠깐 지루하다 생각이 들 때쯤 저녁밥이 배달된다. 앉아 있는 내 자리 탁자 위로 직원이 친절하게 가져다준다. 상냥한 인사와 세련된 매너가 풀로 장착된 서비스다. 식사가 끝날 때쯤엔 비어있는 잔에 커피가 채워진다.

35년차 주부는 지금 행복하다. 장을 봐서 음식을 만들고 그 음식으로 가족들 세끼 식사를 꼬박꼬박 챙겨야 하는 일은 은유 작가도 말했듯 '밥에 묶인 삶'이다. 날마다 반복되는 이 일이 지겹지 않은 주부가 있을까.

나는 지금 뉴질랜드행 비행기 안에 있다. 서비스가 좋은 공중 카페에 왔다. 내가 발을 딛고 의무감에 충실하느라 동동거리던 지상의 세계를 탈출하여 아무도 방해하지 않는 공중에 떠 있다. 다시 지루해지면 가방에 넣어 온 제임스 힐턴의 소설 《잃어버린 지평선》을 읽을 것이다. 허리가 뻐근해질 때쯤엔 화장실 앞에서 스트레칭으로 노화의 길로 들어선 육신을 다독여 주면 된다.

가끔 내가 사는 동네에서도 카페에 들러 책을 읽을 때가 있다. 어떤 사람들처럼 노트북을 들고 가서 글을 쓴다거나 영화를 보거나 하지는 않기에 잘해봐야 두 시간 정도 머문다. 지금 나에게 주어진 11시간 30분은 옆자리의 남편에게서도 건너편에 앉은 딸에게서도 해방된 시간이다. 소나기가 퍼붓는 것 같은 시간들을 통과하면 무지개가 뜰 때도 있는 법이리라. 무주공산 같은 시간 안에서 얼치기철학자가 된다.

2024년은 몸과 마음이 많이 부대꼈다. 피붙이와 영영 이별한다는 일은 참으로 쓸쓸한 일이다. 큰언니와 함께 한 시간들이 앨범을 뒤지듯 떠오를 때마다 미안하고 안타깝다. '밥'에서 해방되었다고 좋아하는 이 시간을 큰언니와는 한 번도 같이 해보지 못했다. 소아마비였던 언니는 자신이 짐이 되기 싫어서 먼 여행은 한사코 거절했다. 아직 고향의 물가에는 68년을 살다 간 그녀의 유골이 애처로이 떠다니고 있을 것이다.

　단단한 소뿔조차도 녹아서 꼬부라진다는 삼복염천에 남은 우리 세 자매는 언니의 뼛가루를 고향 바닷가에 뿌렸다. 부실한 한쪽 다리를 다독이며 거칠었던 세상을 살아내느라 무던히도 자신을 다잡아서인지 응어리진 마음이 사리처럼 굳어 뼈에도 심지가 있는 것처럼 서걱거렸다. 한 달 후 영정사진과 언니가 세상을 살아낸 무기였던 각종 자격증, 젊은 시절 찍은 스냅 사진들을 태우러 갔을 때도 날씨는 무더웠다. 처서가 지났는데도 더위는 꺾이지 않았다. 세상에 미련을 버리지 못하고 파닥거리는 불나방처럼.
　이별을 하는 과정은 밀물처럼, 지난날의 추억을 몰고 와 질식시킬 것 같기도 하고 썰물처럼, 내 안의 모든 것을 황량하게 쓸어가기도 한다. 우리 셋은 서로의 어깨에 기대어 독신으로 살다간 그녀의 영혼이 덜 외롭기를, 하루라도 빨리 편안해지기를 빌며 뜨거운 햇빛을 온몸으로 받아냈다.

시간은 흐른다. 변하지 않는 것은 없으니 안쓰러운 마음도 흐르고 흘러 투명해지리라 믿는다. 이 비행기는 어디쯤 가고 있는지, 유리창 너머엔 솜뭉치 같은 하얀 구름이 깔려 있다. 수필에 입문하여 만난 스승 윤재천 선생님의 호 운정雲亭이 갑자기 떠오른다. 구름 운 정자 정. 아~하 이곳이 바로 구름카페? 유레카! 나는 오늘 그 이름을 빌려 쓰기로 한다.

 이 거대한 기계가 어딘가로 불시착하거나 다른 사고가 나지 않는 한 나는 구름 위에 떠 있는 이 카페에서 해방의 자유를 만끽한다. 이어폰을 꽂고 줄곧 눈을 감고 있는 옆자리의 남편은 어서 빨리 이곳에서 탈출하기를 바라나 보다. 취향은 사람마다 다른 법, 나는 실실 웃음이 난다.

 드디어 오클랜드공항에 도착했다. 다시 땅 위에서 발걸음을 뗀다. 여기는 한국이 아닌 뉴질랜드. '구름카페'는 아니지만 '밥에 묶인 삶'에서 자유로운 시간은 아직 끝나지 않았다. 발바닥 감촉이 말랑말랑하다.

피아노

남현희
namhh58@naver.com

 소공녀 세라가 TV에서 나오고 있었다. 아버지의 사망을 듣는 장면에 어떤 조짐도 없이 느닷없이 눈물이 터졌다. 마음은 담담한데 멈춰 지질 않아 당황했다. 때로는 가슴이 머리보다 나를 더 잘 안다. 난 20대 후반의 아기 엄마였다.
 아버지는 3년간 병석에 있었다. 조용한 집에 갑자기 많은 손님이 오자 5살 아이는 한옥 대문에 올라타 삐그덕 대며 구경을 했다. 이상한 예식을 치른 후 아버지를 볼 수 없게 되었다. 엄마는 나를 예술학교라는 고아원에 맡겼다. 피아노는 나에게 고통스러운 희망이었고 엄마에겐 가난한 사치였다. 원장은 고아들에게 클래식 음악을 가르쳤다. 그곳은 민가 없는 산속에 있었다. 따라간다고 주저앉아 울 때 어서 들어가라고 소리치던 엄마의 뒷모습… 침대에서 굴러 떨어져 새벽에 깨어 울었다. 몇달 후 엄마는 아예 그곳과 가까운 집으로 이사를 했다.

기형도 문학관에서 잊었던 고아원의 아이를 만났다. 동생을 업어 키웠다는 큰누이는 혼자 남아 "빈집"을 낭송했다. 낮고 처연한 목소리가 묵은 상처를 찾아 내자 가슴이 떨리기 시작했다. 눈물은 상처를 덮은 거즈의 피처럼 꾹 눌러도 다시 배어 나왔다. 아마 그의 단편소설 '영하의 바람'에 작은누이(내 이름과 같다)와 함께 입 하나 덜자고 고아원에 보내지는 모습과 겹쳐서 일 것이다. 그의 성품을 보여주는 반듯한 필체와 유품을 보니 그의 청춘과 재능이 아까워 가슴이 뻐근하게 아팠다.

양조장을 하던 외할아버지는 엄마가 조선총독부 상을 받자 "집안이 망하려고 여자가 공부를 잘한다"고 책보자기를 던졌다. 그래도 엄마는 여고를 졸업했다. 일본 유학을 다녀온 아버지는 미군정 보사부에서 고아, 과부, 상이용사들을 관리했다. 이승만 정부의 부정부패를 혐오한 아버지가 남긴 건 5형제와 친 조카였다. 피아노를 처음 들이자 동네사람들은 수군댔다. 어린아이 얼굴은 가난이 스며들지 않아 구호물자인 구두와 프린세스 라인의 모직 코트와 화려한 원피스를 입고 다녀 부잣집 딸로 오해 받았다. 피아노 선생이 바뀌면 잘못 배웠다며 손 모양을 바꾸고 자로 손등을 때렸다. 엄마가 레슨비 내러 올 때마다 선생은 유독 색연필로 주~욱 그어가며 악보를 어지럽혔다. 감정표현이 부족해 꿰다 놓은 보릿자루 같다고 하자 엄마는 몹시 화를 냈는데 나는 무서워

얼어붙었다는 말을 삼켰다. 밖에서 마음껏 신나게 노는 아이들 목소리를 들으며 왜 재미없는 피아노를 쳐야 하는지 몰랐다. 병이 나야 과일 통조림을 먹고 마음 편히 쉴 수 있었다. 나는 몰래 만화책을 읽고 종이인형에 공주 드레스를 그리고 입히며 놀았다.

예고 면접에서 "아버지가 무슨 일 하시냐"고 물었을 때 처음으로 우리 집이 남과 다르다는 것을 알았다. 나에게 아버지는 기억이 없어 상실감도 없었다. 나를 가엾게 보는 사람들이 이상했다. 유복한 애들은 대체로 발랄하고 거침이 없었다. 그들 사이에서 기죽지 않는 방법은 티를 안 내는 것 외에 없었다. 재벌 집 친구를 집에 데려와 서민 체험을 시킨 것도 애써 당당하려는 마음이었다. 쉬는 시간은 오페라 아리아, 대중가요가 뒤섞여 엄청나게 시끄러웠고 매점이 있었지만 교문 밖에는 목판을 목에 건 미제간식 장수가 왔다. 4학급의 작은 학교는 운동장 대신 등나무 그늘이 깃든 녹색의 정원이 아름다웠다. 사진사가 점심시간에 와 사진을 찍고 축제때는 포크 댄스를 했다.

힘든 건 실기시험과 동급생 앞에서 독주하는 향상 음악회였다. 지정할 아는 교수가 없어 배정 받은 강사는 하이 톤의 신경질적인 목소리를 가진 노 처녀였다. 일요일마다 가는 학교 레슨실은 특유의 답답한 나무 냄새가 났다. 문을 열기 전부터 긴장되어 늘 배가 심하게 아팠다. 짜증난 얼굴로 Tone color가 맘에 안 든다며 악보를 획 던져 주섬주섬 집어 들고 다시 칠 때의 기분을 잊지 못한다. 나보다 성적이 낮은 제자에게 "어머니께 감사하다고 전해라" 하며 웃는 걸 보고 내가 못 쳐서 짜증난 게 아니란 걸 알았다.

대학입학 후 새로운 걸 배우는 건 즐거웠다. 도제식 공부는 배신과 연결되어 스승을 바꾸기 어렵다. 재학 중 학교 밖에서 갓 귀국한 분께 터치로 원하는 소리와 음악적 언어를 배웠다. 배우는 기쁨은 컸으나 진로 고민으로 방황만 했지 현실을 이겨낼 용기가 부족했다. 중년 이후에도 악보를 다 못 외워 걱정하는 꿈을 꾸었다. 피아노를 안 쳐도 연습 안 한 죄책감은 아직도 남아있다. 특출한 재능을 가진 연주자는 귀해서 아껴주고 싶다. 콘서트장에서 여러 번 앵콜이 나오면 더 듣고 싶은 마음보다 그의 체력 걱정이 앞선다. 연주가는 규칙적인 연습으로 악보를 머리와 손가락에 넣고 공연에서는 순간 몰입으로 자연스럽게 흘러나와야 한다.

플라멩코의 발 구르기는 질서 있는 리듬을, 상체는 우아한 곡선을 표현한다. 한국무용 외에 다른 춤도 반대요소가 공존한다. 차가움과 뜨거움. 직선과 곡선. 음과 양. 감정과 이성. 생각해보면 살아가는 모든 것이 균형을 맞추려는 과정이다. 감정을 무시하고 머리로 살면 몸이 아프다고 말한다. 이제 부족한 나를 받아들이고 느리고 깊은 호흡으로 살고 싶다. 돌보지 않는 풀밭에 손톱만 한 꽃도 대견하지 않은가! 조성진도 연주 전에 긴장한다는데 좋은 연주가 덕에 음악을 즐길 수 있으니 나의 평범한 삶도 나쁘지 않다.

이메일을 정리하다가

박란정

rjp456@naver.com

묵혀둔 이메일을 정리하기 위해 컴퓨터 메일함에 로그인하여 들어갔다. 굳이 내용을 확인하지 않더라도, 제목만으로 휴지통에 넣을 수 있는 안내·홍보 메일이 쌓여 있었다. 그러다가 예상 밖의 제목과 만나면서 마우스를 클릭하던 손을 잠시 멈췄다.

보낸 이는 '조*', 제목은 '월간 〈한국산문〉입니다.'

잘 모르는 사람으로부터 온, 낯선 제목의 메일이다. 광고인지, 스팸인지 그것도 아니면 피싱인지 즉시 판단이 되지 않아서 마우스를 다시 누르기까지 시간이 걸렸다. 주변에 보이스피싱 문자나 전화로 피해 받은 사람들의 얘기를 심심찮게 듣다 보니, 나도 모르게 높아진 경계심 때문이다. 일단 보낸 사람과 월간지 이름을 인터넷 포털에서 검색해 보았더니, 실존 인물에 실존 잡지사였다. 내용을 확인해 볼 필요가 있었다.

저는 월간 《한국산문》의 '이달의 수필 읽기' 담당자 조*입니다.
《계간 현대수필》 2025 봄호에 실린 선생님의 수필 〈사진을 정리하다가〉가 《한국산문》 '이달의 수필 읽기' 코너에 선정되었습니다. 좋은 수필을 쓰신 선생님께 기쁘고 감사한 마음을 전하며, 수록된 책을 보내드리려 하오니 아래의 사항을 보내주시기 바랍니다.

메일의 서두에 단도직입적으로 적혀있는 자기소개와 목적을 읽고 나니, 답신은커녕 보름 동안 읽지 않고 내버려뒀던 이유라도 상대방에게 설명해야 할 것 같았다. '일반적인 메일은 간간이 제목만 본다, 내용 확인은 날 잡아서 하는 편이다' 등의 변명은 그의 친절함에 의해 부드럽게 지나갔다. 대신 내 글에 대해 추가한 그의 소감이 여운으로 남았다.
전화를 끊고 인터넷으로 수필가 조*을 다시 검색해 보았다. 현대수필에 실린 두 편의 글을 선정하여 소개하는 코너 담당자인 그는, 20년간 수필가로서 활동하면서 수필집도 여러 권 발간했고, 수상 경력도 갖춘 베테랑 작가였다. 상대방에 대한 구체적인 정보는 이미 읽은 메일의 내용을 정독하게 만들었다.
내 글이 다른 잡지에서 언급됨으로써 더 많은 사람들에게 알려지다니, 내겐 최고의 선물이다. 사실 그 글을 투고하게 된 동기가 계간 현대수필을 통해 옛 제자들에게 닿길 바라는 마음에서 비롯된 것인데, 읽는 대상이 한국산문의 독자층까지 포함된다면 그녀들에게 읽힐 확률도 높아지리라.

노바디(Nobody)에게 받는 칭찬은, 사기에 걸려드는 것은 아닌가 하여, 전혀 귀에 들어오지 않는다. 에브리바디(Everybody)에게 듣는 칭찬 역시 예의 내지 대화의 워밍업 정도로 받아들여지고, 썸바디(Somebody)의 칭찬이라야 드디어 그 말에 진정성이 실리기 시작한다. '문향이 널리 퍼져가길 기원한다'는 그의 말이 진심으로 들렸다. '글에 향기가 있다'는 말이 '소문에 발이 달렸다'는 말처럼 마음에 들어왔다. 누군가의 마음에 닿는 글을 쓰기도 쉽지 않은데, 맹난자의 '홍시'나 손광성의 '달팽이' 같은 글을 써보리라는 욕심까지 앞섰으니….

사실 투고된 글의 초고는 일 년 전에 수월하게 써 내려갔던 것 같다. 단순한 목적을 가지고 과거의 경험을 쓴 글에서 문향이 났다니, 지난 일 년간 글 한 편 제대로 완성하지 못했던 주 원인을 알 것도 같았다. 결국 글은 쥐어짜서 쓰는 것이 아니라 감흥에 겨워 절로 나와야 하나 보다. 그의 칭찬의 진수는 통화 내용 중에 있었다. 자신이 선정한 두 편의 글 중에서 내 것이 차선이라 지면의 1/3쯤만 차지한다는 것이다. 메일 내용만 읽었더라면 칭찬에 취할 뻔했다. 충분한 설명을 통해 구체적인 정황까지 이해하게 되면서 칭찬이 제 기능을 발휘했다.

이메일을 정리하다가 글 쓰는 자로서의 내 위치를 재확인하고 재정향할 수 있었으니 얼마나 감사한 일인가. 내 비록 황새의 글에 넋을 놓을지언정, 뱁새의 기개는 잃지 아니하리라. 내 글의 향기가 백리향인지 천리향인지 일단 용기에 담아보련다.

눈탱이 밤탱이

박상만
parksman@hanmail.net

　위례신도시로 이사 온 뒤 처음으로 친구와 남한산성을 산행했다.
　이사 오기 전에는 버스와 지하철을 여러 번 갈아타야 갈 수 있는 산이었는데, 지금은 동네 뒷산이 되어서 쉽게 접근할 수 있다. 같은 직장 입사 동기인 친구는 산성 반대편에 살고 있어서 정상인 수어장대에서 합류했다.
　신도시 쪽으로 하산하여 늦은 점심을 먹기로 했다. 둘이 소주 한 병을 반주 삼아 식사하고, 커피숍으로 옮겨 오랜만에 회포를 풀며 시간 가는 줄 몰랐다.

　"어이쿠!"
　화장실에 가려고 문을 나서다 비명을 지르고 말았다. 투명한 유리문에 왼쪽 눈언저리를 부딪쳤다. 눈앞에 별이 번쩍였다. 바깥이 훤히 보이기에 문이 열려 있는 줄 알고 그냥 나가다가 투명한 유리문에 머리를 찧고 말았다.

"괜찮아? 부딪치는 소리가 크게 들렸는데, 어디 봐."

저만치 있던 친구가 황급히 다가와 움켜쥔 내 손을 들추며 놀란 표정으로 요리조리 눈두덩 주위를 살폈다. 겉으로 보기엔 별 것 아닌 것 같았는지 대수롭지 않다는 표정을 지으며 나를 안심시켰다. 부딪친 부위를 만져보니 피는 나지 않았으나 몹시 아렸다. 주위의 시선이 따가워 아프다는 소리도 못 하고 속으로 고통을 삼키고 얼른 화장실로 갔다.

거울 속에 비춰본 얼굴엔 아무렇지 않아 보이는데 통증은 더욱 심해졌다. 자리로 돌아와 담소를 나누던 중에 친구가 내 상처 부위를 보고 놀라서 말했다.

"야, 눈 언저리가 많이 부어 눈탱이 밤탱이 됐어."

손으로 만져보니 불룩하게 솟은 부분이 손가락에 잡혔다. 얼른 스마트폰으로 얼굴을 비춰보니 밤톨만 한 혹이 피멍이 든 채 솟아 있었다. 아까는 흔적 없이 얼얼하게 아프기만 했는데 이젠 알밤처럼 진한 갈색의 혹이 봉긋 솟아 통증이 더 크게 느껴졌다.

사고를 직접 당하고도 그 사실이 도저히 믿기지 않았다. 사고 현장에 다시 가서 출입문을 살펴보았다. 두꺼운 유리문엔 색상 필름이나 어떠한 무늬도 없었다. 바깥과 경계를 이룬 유리 벽은 메뉴와 영업시간 안내 글귀로 인쇄되어 있었으며 꽃 그림을 붙여 놓기도 했다. 정작 출입문은 어떠한 장식이나 그림도 붙어 있지 않았다.

맑은 날씨에 밖이 훤히 보여 얼른 보기에 문이 열려 있는 것으로 느껴졌다. 출입문을 제외한 유리 벽은 각종 무늬로 장식되어 있었으니 더욱 그렇게 느껴졌다.

출입문에서 문을 여닫기를 반복하며 살피고 있을 때 젊은 여직원이 다가오기에 친구가 조용히 말을 건넸다.

"사장한테 건의해서, 유리문에 무늬를 넣든지 그림을 그려서 표시하면 오늘 같은 사고는 방지할 수 있을 것 같습니다."

"제가 사장인데요, 출입문에 왜 그림을 넣으라 말라 해요? 손님이 부주의해서 부딪친 거잖아요."

황당한 반응이었다. 그녀가 기선을 제압하려는 듯 앙칼진 목소리로 소리를 질렀다. 우리가 사고를 빌미로 행패를 부리며 돈을 뜯어내려는 진상 고객으로 짐작되었나 보다. 말이 통하지 않았다. 더 이상 실랑이를 하지 않고 커피숍을 나왔다. 그녀는 '초장에 강력하게 대응해서 진상 고객을 물리쳤다'라고 회심의 미소를 지을지도 모르겠다.

커피숍을 나와 걸으면서 즐비하게 늘어선 가게들의 출입문을 유심히 보았는데 유리문은 대부분 그림이나 무늬로 장식되어 있었다.

40여 년 전 회사에 다닐 때의 일이 떠올랐다. 당시 신축 건물에는 현관문을 둥그런 손잡이나 테두리도 없는 통 유리문을 설치하는 것이 새로운 흐름이었다. 당시로선 나름 깔끔하고 고급스러운 느낌이 났다.

어느 날 한 직원이 급히 밖으로 뛰어나가다가 현관 유리문에 부딪쳐 응급실에 실려 간 일이 있었다. 문이 열려 있는 것으로 착각하고 달려 나가다가 사고가 났다. 그 후 유리문엔 기하학적 무늬를 새겨 넣어, 사람들이 쉽게 유리를 알아채게 했다.

사고는 순간이었지만 상처는 오래갔다. 열흘쯤 지나자, 부기와 통증은 가라앉았지만, 진한 보라색으로 멍든 눈꺼풀은 커다란 반점으로 남았다. 마치 짙은 눈 화장을 지우다 만 것처럼 짝짝이 눈이 되었다. 가족들은 내 몰골을 볼 때마다 근심 어린 눈빛으로 웃음을 참느라 애쓰는 모습이 역력했다.

외출도 못 하고 은행이나 문화센터도 못 갔다. 평소에 안부 전화도 잘 안 하고 지내는 사람들이 이럴 땐 밥 먹자는 전화가 왜 이리 자주 오는지. 당분간 지방에 와 있다고 적당히 둘러댔다. 지루한 '자가격리'를 하게 되었다.

피멍이 사라질 때까지 집에서 약 3주 동안 근신하면서 많은 생각을 하게 되었다. 누구를 원망할 일이 아니다. 나이 들어 사물 인식 능력이나 반응 속도가 떨어진 것은 아닐까? 앞으로 행동거지를 더 조신하게 하고 말수도 줄이고 생각을 많이 하고 살아야 겠다. 어디 가서 나이 먹었다고 으스대기보다는 심신이 쇠약해지고 있다는 사실을 인식하여 점잖게 행동해야겠다. 갑작스럽게 닥친 사고가 나를 돌아보게 하는 계기가 되었다.

 부기浮氣가 빠지고 통증은 가셨지만, 눈두덩을 보랏빛으로 물들인 피멍은 선명하게 남아 있다. 통증이 사라지고 사고 현장이 궁금했다. 선글라스에 모자를 눌러쓴 차림으로 조심스럽게 현장에 접근했다. 범인이 사건 현장에 다시 찾아가는 것처럼. 먼발치에서 그 커피숍 출입문을 보니 옅은 황금색 필름에 꽃 그림이 그려져 있었다. 그 유리문은 철문처럼 견고해 보였고 꽃 그림이 예뻤다. 사람의 안전을 위한 장치가 예쁜 장식으로 바뀌었다. 다시는 나처럼 다치는 사람은 없겠지.
 그리고 혼자 중얼거렸다.
 "그만한 게 다행이야."

아버지와 가을바람

백경희
ariybkh@hanmail.net

　시원한 바람이 부는 기분 좋은 가을날.
　아버지는 옷을 고르시느라 고심 중이다. 위아래 정장 슈트를 쳐다보다 밝은 브라운 콤비를 선택하셨다. 오늘은 중앙대학교 가을 축제 날, 특히 학과 축제가 있는 날이다. 원피스로 곱게 차려 입은 딸의 파트너로 축제에 가는 만큼 젊어 보이고 싶다.
　애교가 없고 살갑지 못한 딸이지만 성향은 아버지와 비슷하다. 아버지는 군대에 가면서 좌절된 문학의 꿈을 잊고 살았다. 딸은 그 사실을 모르면서도 아버지에게 자주 책을 사달라고 졸랐다. 얼마 전 읽었던 고미카와 준페이의 《인간의 조건》에서 주인공 '가지'에 대해 질문을 하고, 새로 사준 책을 어떤 생각으로 읽어야 하는지 묻기도 했다. 딸은 책 읽기를 좋아하지만 그렇다고 문학을 꿈꾸지 않아 전공을 정할 때는 아버지의 조언에 선뜻 따랐다.

나는 공과대학에 다녔고, 여학생이 혼자인 학과라 파트너가 관심거리가 될 거 같았다. 물론 사귀는 친구가 있다면 같이 가겠지만 그것도 아니고, 친구에게 소개받은 상대는 내키지 않았다. 결국 아버지를 축제 파트너로 초대했다.

적당히 차려입은 부녀는 조금 불편하다. 중재자와 감초격이었던 엄마가 늘 우리 곁에 있었지만, 오늘 딸에게는 아버지만이 필요했다. 띄엄띄엄 어색하던 대화가 축제 얘기로 차츰 활기를 찾는다.

친구들의 "와우!" 하는 놀람의 인사를 받고 자리에 앉았다. 얼마 지나지 않아 아버지와 나는 무대로 불려 나갔다. 의외의 파트너에게 힘찬 박수와 환호성이 이어졌다. 아버지의 소박한 인사말이 끝나고 사회자가 노래를 청한다. 아버지의 노래 실력을 보여줄 때라고 믿는 딸은 떠들썩한 박수에 한몫 거둔다. 평소 잘 부르던 '검은 장갑 낀 손'을 부르신다. 긴장한 탓인지 잘 넘어가던 높은음에 걸렸지만 학생들이 떼창으로 반음을 내려주어 무사히 마쳤다.

어둑한 교정, 중앙대의 상징인 여의주를 입에 문 청룡을 바라보며 연못가를 내려온다.

교정을 걸어가는 딸과 아버지의 환한 얼굴 위로 청량한 가을바람이 분다.

여섯 딸을 가진 아버지는, 딸의 마음속에 각기 다른 인물로 조명되었다.

큰딸은 마흔 살이 된 지 얼마 지나지 않아 세상을 떠났다. 사랑을 가장 많이 준 첫딸이라 아버지에게는 못다 한 애틋함이 있다.

둘째인 나는 아버지가 보여주신 몇 장면을 기억한다. 아버지는 여섯 자매를 불러 줄 세우는 걸 좋아하셨다. 가끔 친구분들과 술을 드시고 함께 집에 오신다. 우리를 잠 깨워 일렬로 줄을 세우시고 친구들을 둘러보신다.

"우리 딸들에게 인사해."

인사를 하려던 우리는 어리둥절 민망해하며,

"아버지~~"를 외친다.

누군가 유치를 뺄 때 우리는 또 줄을 선다, 아버지는 이를 흔드는 척하며 시선을 다른 데로 돌리고 이마를 탁 민다. 한 번에 빠질 때가 있지만 두세 번 이마를 밀어야 할 때 미안한 표정을 지으며 껄껄 웃으셨다. 이를 빼고 나면 마당에서 지붕을 바라보며 제비를 부른다. 셋째와 넷째가 키가 커서 두 살 터울임에도 고만고만하다. 네 쌍둥이처럼 보이는 딸들은 아버지가 지붕 위로 이를 던지면 '새 이 달라'고 합창을 했다.

각자 할 일로 분주한 어느 일요일, 또 앞마당에 불려 나갔다. 우리는 '왜 또? 무슨 일이야' 하는 표정으로 서로의 얼굴을 쳐다본다. 대문부터 마루 앞까지 좁은 마당 한가운데 석필로 그어진 흰 줄이 보인다.

"지금부터 걸음걸이 연습을 하는데, 팔은 가볍게 흔들고 발은

11자로 가지런히 걷는다."

아버지는 천천히 걸으시며 시범을 보여주셨다. 일렬로 선 우리는 한 명씩 걷기를 몇 번 하다가 한바탕 놀이가 되었다. 줄 위를 걷듯이 양발이 일자로 엇갈려 선 위에 서 있는 딸, 냅다 달리기 한판으로 선 위를 뛰는 딸, 보란 듯이 시위를 하며 평소처럼 팔자걸음을 걷는 딸. 마침내 선 가운데서 정체가 생기자 앞사람의 어깨를 잡고 "동동 동대문을 열어라"를 소리치면서 끝이 났다.

가끔 술을 드시고 들어오신 아버지가 현관 마루 끝에서 쓰러지신다. 딸들이 모여 아버지를 흔들지만 요지부동이다. 할 수 없이 엄마와 여섯 자매는 머리와 양팔, 다리를 각각 잡고 힘겹게 안방까지 아버지를 옮긴다. 안방에 눕혀지자 곧 아버지는 벌떡 일어나시며 재미있게 웃으셨고, 아버지에게 속은 우리는 또 "아버지~~"를 합창했다.

나는 아버지가 드시는 술을 시대의 아픔으로 이해했다. 꿈과 야망을 이룰 수 없던 시대 현실과 많은 가족을 부양해야 하는 짐의 무게는 저절로 술을 부르지 않았을까. 그 시대 사람들을 생각하면 지금도 마음이 아프다.

딸 중 누군가 혼나야 할 때 우리는 다 같이 아버지 앞에 불려간다.

비교적 일찍 결혼한 셋째딸은 아버지를 무서워했다. 아버지는 주변에서 착하고 성실하다고 칭찬만 듣는 딸이 자신을 무서워한다는 사실을 모르신다. 딸은 결혼 후에도 아버지가 정색하며 쳐다보시면 쥐구멍이라도 있으면 들어가고 싶었다.

  반골인 넷째는 술을 좋아하는 아버지가 싫다. 다른 아버지에게는 용납될지언정 내 아버지는 아니다. 내 글의 주제가 가족 이야기인 경우가 별로 없지만 어쩌다가 객관적인 사실로 아버지를 짧게 언급할 때가 있다. 그 글을 보면서 넷째 동생은,

  "언니는 가끔 아버지를 미화해."

  "별 얘기 없었는데…."

  동생들이 아버지를 오해할 때도 있다. 사건의 전말을 아는 나는 이미 이 세상에 계시지 않아 설명할 기회를 잃은 억울한 아버지를 위해 중재자가 된다. 그러나 오래전 이야기는 기억의 오류가 생겨 자신이 옳다고 믿거나 똑같은 상황을 달리 보는 동생이 있어 답답하다.

  40여 년 전 축제의 밤. 아버지와 나에게 불었던 맑은 가을바람이 그립다.

  그 선선한 바람이라면 아버지와 동생을 시원하게 소통시켜 줄 텐데.

일기에도 거짓말을 쓰는 사람

이문숙
mslee5753@hanmail.net

　나는 아버지를 붙잡고 떼를 썼다. 이제 개학날까지는 겨우 삼일 남았다. 방학하던 날 매일매일 일기를 쓰겠다고 했던 다짐은 작심삼일로 흐지부지 되어버렸다. 방학 기간 동안 해야 할 숙제도 제대로 끝난 것이 없다. 외가에 가서 사촌들과 놀다보니 숙제는 저만치 밀려있었다.
　아버지는 어린 딸의 가슴에 달라붙어 있는 근심 가득한 부담감을 모른 척할 수 없었다. 방학 책에 들어있는 여러 과목의 문제풀이야 후딱 해치우면 되겠지만 방학 책 겉장을 넘기면 바로 나오는 방학 일기가 제일 큰 문제였다. 처음 며칠만 채워지고, 30일 남짓 되는 텅 비어 있는 일기 칸들은 눈을 깜빡이며 나를 올려다보고 있었다. 아버지는 그동안 모아 두었던 신문에서 방학동안의 날씨를 찾아내었다. 나는 아버지가 알려주는 날씨를 빈 칸에 적어 넣었다. 하지만 날씨만 문제일까? 나는 내가 매일매일 무엇을 했느냐고 거의 생떼 수준으로 안달을 해댔다.

8월 1일 오늘은 동생들과 재미있게 놀았다.
8월 2일 오늘은 할머니를 도와드렸다.
8월 3일 오늘은 토끼풀을 뜯어다 토끼에게 주었다.
8월 4일 오늘은 큰집에 가서 고야를 따 먹었다. 등등.

아버지는 방학 기간 동안 내가 했을 일들을 생각해 불러주었다. 그제야 그렁그렁했던 눈망울이 가벼워진 나는 방학 일기를 받아 적었다. 매일매일 써야 하는 방학책의 한 줄 일기는 그렇게 아버지와 나의 거짓말로 채워졌다. 나의 떼에 못 이겨 일기 내용을 조작했던 아버지는 우리 학교 교무부장 선생님이었다.

차도하 작가는 《일기에도 거짓말을 쓰는 사람》이라는 책을 내었다. 제목을 보는 순간 아버지와 공모해 방학일기를 쓰던 내 어린 모습이 떠올랐다. 내가 학교 다니던 때는 일기를 선생님께 제출해서 검사를 받는 일이 당연했다. 그렇다보니 일기에 부끄러운 이야기는 쓸 수가 없었다. 물론 솔직하게 쓴다는 것도 마땅하지 않았다. 내가 쓴 일기로 무안해지는 일은 피해야 했다. 게다가 나는 모범생이어야 하는 선생님의 딸이었다. 나의 일기는 담임선생님은 물론 함께 근무하시는 아버지도 보게 될 것이다. 내 뒤통수가 근질거리는 느낌을 견디기에 나는 너무 소심했다.

초등학교 때 그림일기로 시작된 일기 쓰기는 비밀스러운 개인적인 일기와는 거리가 멀었다. 우선은 담임선생님의 '참 잘했어요' 도장을 받아야 했다. 일기를 친구들 앞에서 '어제는 어쩌고저 쩌고 놀았습니다' 하고 읽어야 하는 난감함도 내가 일기를 거짓말로 쓰는 이유가 되었다. 일기라는 명찰을 단 거짓말 쓰기였다.

당시 일기 쓰기는 글쓰기를 가르치려 했던 선생님들의 빛나는 교육 방법이었을 것이다. 그래서일까? 그 후에도 나는 일기에 솔직한 내 마음을 쓰지 못했다. '누가 볼까', '누가 보면 창피한 일은 피해야지' 하는 마음이 앞을 가려 내 속의 덜컹거리는 비포장도로를 말끔하게 포장도로로 만들었다. 아무도 몰라야 한다는 마음포장에 급급하다보니 어느새 나 스스로도 내 마음속을 파헤쳐 보기 힘든 지경이 되어 버렸다.

차도하 작가는 자기가 아무도 안 보는 일기에 거짓말을 쓴다고 고백했다. 아무도 안 보는 일기에 정말 솔직해져야 하지만 일상과 생각을 가감 없이 말하는 게 힘들단다. 받고 싶지 않은 고백을 받는 사람처럼 조마조마해지고 결국 거짓말을 하게 된다고 썼다. 그런 그녀가 남들이 다 보는 책 《일기에도 거짓말을 쓰는 사람》에 일기보다 더 솔직하고 적나라하게 자신의 이야기를 썼다. 그녀의 정직한 용기가 부럽지만 나는 솔직하고 정직한 일기를 쓰는 것이 발가벗고 남들 앞에 서는 것처럼 두렵고 불편하다.

얼마 전부터 매일 일기앱에 일기를 쓰기 시작했다. 정직하고 솔직하기보다 그저 그날그날을 기록한다는 심정이었다. 그런데 지문으로 열고 들어가는 일기앱의 안전장치에 조금씩 속마음을 꺼내 보기도 하고 부끄러운 성찰을 해보기도 한다. 시어머니와 남편, 딸과 아들에게 화가 났거나 섭섭했던 일, 내가 저지른 얼굴 붉어지는 실수들을 풀어 놓고 나를 질책하고 위로도 하면서 나 자신에게 씌웠던 가면을 벗어 버리려 노력한다.

게다가 이젠 기록을 하지 않으면 기억이 안 되는 나이다. 현대인이 가장 두려워하는 질병이 치매라고 한다. 조카며느리인 내게 누구냐고 물으시던 시이모님의 생전 모습이 떠오른다. 어느새 나도 깜빡거리는 기억력을 근근이 부여잡고 있는 것 같다. 꼭 알아야 하는 전화번호는 전화기가 기억해 주니 다행이다. 하지만 인터넷의 사이트마다 걸려 있는 각종 비밀 번호는 잠깐 사이에 잊어 버리고 새로 만들기 일쑤다. 하루하루를 기록하지 않으면 어제의 일, 아니 몇 시간 전의 일도 억지로 떠올려도 생각이 날듯 말듯 한다. 굳이 일기가 아니어도 기록을 해야 실수를 덜하게 된다.

아버지까지 거짓말을 하게 했던 내 거짓말 일기는 이제 끝내야 하는 시간이다.

"아버지, 잘 계시지요? 감사합니다."

라디오 게임

이상국
xyz111k@naver.com

그날은 아름다운 봄날이었다.
중고등학교 학생 600여 명이 긴장하는 날이었다.
고등학교 2학년과 3학년이 학습 능력으로 대결하는 날이다.
공개 방송으로 실력을 테스트하는 날이다.
그즈음 라디오 게임이라는 게 있었다. 서울 유명 고등학교에서 대등한 실력으로 가늠되는 2개의 학교 학생 중에서 우수 학생으로 선발된 학생 5명씩을 차출해서 그 당시 아나운서로 제일 유명했던 아나운서가 박종세 아나운서였던가(?) 그 아나운서가 문제를 제시하면 답을 먼저 맞힌 학교가 승리하는 것이다. 하나하나 맞추어 나가다 일정량에서 그치면 그때까지의 점수 차로 승패를 가르는 게임이다. 이 게임이 아주 유명했다. 게임을 하는 날, 게임이 시작되는 시간이면 어느 집이건 귀 기울이고 그 방송을 들었다. 대개 서울이나 대도시의 중고등학교에서 학교 대항의 학습 게임을 했다.

우리 학교는 시골의 작은 중고등학교였고 주위의 어느 학교와 게임을 해볼 만한 주변 환경이 되지 못한 곳이고 방송시설도 없는 학교였다. 이 게임을 내 고등학교 2학년 담임선생님이 고안하고 추진해 낸 것이다.

그래서 고등학교 2학년에서 다섯 명, 3학년에서 다섯 명이 나서고 방송빨 잘 타는 목청 좋은 학생 2명이 아나운서 몫을 맡았다. 나는 2학년 다섯 명 중의 한 명으로 나섰다.

그날 유독 문학 분야에서 문제가 많이 나왔다. 그때만 해도 문학 분야는 자신 있었다. 중고등 분야의 모든 국어책에서 나오는 것들은 막히는 게 거의 없다고 자부할 만했다. 그리고 수학이나 과학 분야도 그렇고 그럴 정도로 만만했다.

이 게임을 주관하신 분이 국어 선생님이라 그랬었는지, 국어 분야, 문학 문제가 단연 많았다. 내겐 운이 좋은 편이다. 더구나 기회가 좋았던 것은 선생님께서 거처하시던 방에 우연히 들어갔던 일이 있었는데, 그 방에서 라디오 게임 책이 눈에 띄었다.

'어어 선생님이 이런 책을 보시다니?'

집에 돌아와 무작정 '라디오 게임' 책을 사서 읽었다. 그런데 책이 재미있었다. 어렵지도 않고, 술술술 잘 읽히고 새로운 세상을 여행하는 것만 같았다. 모르는 것도 읽으면 아주 쉽게 머릿속에

착착 저장이 잘됐다. 읽고 또 읽었다. 쉬지 않고 두 번 세 번 읽었다. 암기까지 했다.

그런데 음악은 아는 게 없었다. 음악의 곡을 방송하고 맞추는 문제가 많았는데 곡으로 흐르는 음악의 곡은 책에 적어 넣을 수 없으니 그 책에 기술되지 못한 게 당연한 일이다.

하여튼 나는 음악엔 젬병이다. 음치인 주제에 음악 분야엔 거의 들어본 적도 없는 명곡이고 유행가고 나는 거의 봉창에 가까우니 음악 문제는 완전히 제쳐 놓았다.

그래서 음악 문제는 모두 3학년 차지였고 문학은 2학년 몫이었다. 2학년이라 해도 거의 내가 독차지해서 맞추었다.

"요즘 한명숙 씨가 부른 '노랑 셔츠의 사나이'가 유행입니다. 이 '노랑 셔츠의 사나이'가 100여 년 전 프랑스 파리에서도 유행했다고 합니다. 파리의 모든 청년이 노랑 셔츠를 즐겨 입어 파리 시가지는 온통 노랑 물결로 출렁였다고 합니다. 이 '노랑 셔츠의 사나이'는 유명한 소설의 주인공 이름입니다. 이 소설의 제목과 작가는?"

따르릉, 따르릉, 따르릉…. 내가 누른 벨이 요란하게 울린다.

답 "책의 제목은 '젊은 베르테르의 슬픔', 작가는 '괴테!'"

"맞았습니다."

"와!" 전교생이 아우성을 친다.

"이번 문제는 2학년 이상국 학생이 맞혀서 32대 31이 되었습니다. 다음은 음악 문제…"

2학년에는 맞힐 사람이 없다. 멍하니 앉아서 3학년 학생들이 주워 먹는 걸 우두커니 보아야 한다. 그리하여

"…점수는 32대 32. 동점입니다. 그러면 이번 문제 하나로 자웅을 겨루겠습니다. 이번 문제는 문학입니다. 러시아의 문호 톨스토이의 소설에 삽화를 그려주던 화가의 아들이 크면서 톨스토이를 숭배하고 톨스토이를 배우고자 부단히 노력하며 컸다고 합니다. 그 소년은 커서 단 한 편의 소설을 써서 노벨문학상을 받았습니다. 그는 누구일까요?"

당연히 나는 벨을 울린다.

"'닥터 지바고'의 파스테르나크."

"맞았습니다."

아나운서의 멘트와 함께 전교생의 고함이 강당을 쩌렁쩌렁 울린다.

'됐다. 이겼다.'

나는 강당에서 나왔다. 혼자 있고 싶었던가. 휘청거리면서 교정을 걷는다. 어쩜 강당 밖에는 인적 없는 적막만이 감돌고 있을까. 봄날의 파란 하늘, 배추흰나비가 날고, 장다리꽃 하늘하늘 바람에 날리는데 운동장 뽀얀 모래 위에 아지랑이 피어오른다. 나의 하염없이 부푼 가슴은 지금 막 터져버릴 것만 같은데, 같은데. 이날을 나는 영원히 잊지 못한다.

공무원 300명이 모여 한 달 동안 수업을 받고 시험을 본 결과 수석이 되던 날, 교육생 전원과 교수단 전원이 모여 빛나는 표창장을 받던 날.

수필 공부를 하면서 지도 교수에게 번번이
"네 글은 왜 이토록 변변치 못할까?"
질타를 받다가 월출산 야간산행을 하면서 하염없이 늘어지는 독백으로 점철된 글을 썼는데 이것도 수필 반열에 들까? 하며 똥배짱으로 냈는데 의외로
"야 대단하구나! 기성 작가 뺨치겠는데."
생전 들어보지 못한 칭찬을 들었다. 그리고 이 글로 그해 공무원 문예 대전에서 우수상을 받았을 뿐 아니라, 서정범 교수의 심사평이 오로지 나만을 위한 심사평인 양 심사평 전문의 1/3을 차지하는 과분한 평을 받았던 날.

이날들이 내 생애 최고의 날들이었을 것이다.
어찌 나의 이 특별한 날들을 잊을 수 있으랴.

기차에서 만난 아이

이은영
eunlee57@naver.com

　기차간을 배경으로 한 훈훈한 얘기가 심심치 않게 들리던 시절이다.
　귀국 후 몇 군데 시간강사 자리를 간신히 얻었다. 벌이는 신통치 않았지만, 경력을 쌓을 수 있어 감지덕지 받아들였다. 매일 이 대학 저 대학으로 돌아다니는 생활이 고달팠다. 귀국의 기쁨은 점차 엷어지고, 몇 달 지나자 다시 마음에 공허함이 쌓였다. 대학은 어디나 학생들로 넘쳐났지만, 직장에서 만나는 사람들은 마음에 깊은 울림을 주지 않았다. 잠시 어깨를 스치며 지나가는 사람일 뿐. 나는 버스나 기차에 앉아 거리를 오가는 사람들을 구경하며, 노처녀의 외로움을 달랬다.

　월요일 수업이 끝나고 교실을 나오려는데 문밖에 조교가 기다리고 있었다. 학장이 휴게실에서 기다린다는 전갈이었다. 순간, 강의가 빈약하지 않았는지 사상적으로 문제 있는 발언은 없었는지 등을 되씹어 보았다. 학교로부터 감시받는 것 같아 두려운 기분이 들었다.

학장은 어색한 웃음을 지으며 조심스레 말을 꺼냈다.

"소개해 주고 싶은 사람이 있어요. 그 사람도 방금 강의를 마친 터라 휴게실로 불렀어요. 서로 좋은 인연이 될 것 같아서요."

강의에 대해 질책하는 말이 아니어서, 안도의 한숨을 쉬었다.

학장은 옆 소파에 앉은 남자에게 우리 쪽으로 다가오라는 손짓을 했다. 남자가 꾸벅 인사를 하며 자기소개를 했다. 아는 남자인데 누구였더라. 그의 얼굴을 뚫어지게 바라보며 생각해 내려고 애썼다. 독서동아리에 가입하라고 권유하던 남자였다. 하지만 애써 얻은 강사 자리를 연애질로 망치고 싶진 않았다. 옛일이 기억나지 않은 척, 담담하게 인사하고 자리에서 일어났다.

남자와 시간적 간격을 두고 휴게실을 나와, 교문을 향해 걸었다. 나뭇가지 사이로 오후의 햇살이 눈부시게 쏟아져 내려, 긴장감을 누그러뜨렸다. 저만치 앞서 걸어가는 남자의 뒷모습이 보였다. 책가방을 들고 총총걸음을 하는 학생들 사이에서, 키 큰 남자의 기울어진 어깨가 쓸쓸해 보였다. 남자는 속상한 일이 있는 듯, 작은 돌을 툭툭 걷어차며 걸어갔다. 튕겨 나간 돌이 운동장 이곳저곳으로 흩어졌다.

금요일 오전 나는 서울역에서 대전행 기차에 올랐다. 다행히 창가 자리에 앉게 되었다. 이른 오후에 강의할 내용을 점검하고, 기차가 서울을 벗어나면 자연 경치를 즐겨야지 생각했다. 바쁘게 노트를 훑어보는 중, 옆자리에 어떤 남자가 앉는 기척을 느꼈다. 나는 몸을 창가 쪽으로 바짝 당겨 앉았다. 귀찮게도, 옆의 남자가 말을 걸었다.

"○○대학 휴게실에서 만난 분이군요. 여기서 다시 만날 줄이야!"

나는 그를 알아봤지만 강의하러 가는 길에 잡담으로 정신을 산만하게 만들고 싶지 않았다. 눈으로만 인사하고, 노트를 뒤적였다. 남자도 같은 처지였는지, 자기 노트를 펼쳤다. 남자가 내리면서 툭 던지듯 말했다.

"귀성 기차에서 다시 만나길 바랍니다."

늦은 오후, 남자는 역사에서 서성이고 있었다. 나는 남자의 옆자리 표를 샀다. 귀성하는 기차 칸은 오전보다 훨씬 혼잡했다. 강의를 무사히 마쳤다는 안도감이 몸을 노곤하게 만들었다. 졸음이 염치없이 쏟아졌다. 머리가 그의 어깨 쪽에 가 닿으려는 찰나, 정신을 차리고 고개를 꼿꼿이 추스렸다.

기차가 천안에 도착하자 승객이 우르르 올라탔다. 좌석을 지정받지 못한 승객들이 통로에 빼곡히 들어섰다. 예닐곱 살쯤 되어 보이는 여자아이가 우리 좌석 옆에 멈추어 섰다. 두 사람에게 넉넉한 길이의 좌석은, 우리가 서로 몸이 닿을세라 바깥쪽으로 바짝 땅겨 앉아, 가운데에 틈이 벌어져 있었다. 그 여자애의 작은 몸집은 충분히 들어가고도 남을 넓이였다. 나는 아이를 우리 좌석에 앉히자는 말이 목까지 나왔지만, 그 얘기를 먼저 꺼내지는 않았다. 그 아이를 어디에 앉히자고 할지 망설였기 때문이었다. 가운데에 앉히자고 하려니, 그와 의도적으로 거리를 두려는 듯 오해받을까 걱정되었다. 그렇다고 내가 앉은 창 쪽으로 아이를 앉히려니, 그와 몸을 밀착시키려고 짜낸 묘책으로 오해받을까 두려웠다.

아이는 다리가 아픈 듯 동동거리며 곧 울 기세였다. 출입구 쪽에 서 있던 엄마가 아이에게 그 좌석에 빨리 끼어 앉으라는 손짓을 보냈다. 아이가 멈칫거리더니, 중간 틈을 비집고 앉으려고 했다. 남자는 엉덩이에 힘을 주고 옆으로 밀려나지 않으려고 했다. 행동이 유치하기 짝이 없었다.

아이는 다시 엉거주춤 일어선 채로 엄마의 지시를 기다렸다. 난처한 나머지, 나는 얼른 창 쪽으로 틈을 벌리고 아이를 그곳에 앉혔다. 그 바람에 내 엉덩이를 남자의 좌석 쪽으로 밀 수밖에 없었다. 그제야 남자는 몸을 옆으로 밀어내 약간의 여유를 주었다.

홍익회 판매원이 통로에 빼곡히 서 있는 입석 승객들을 요리조리 비집고 다가왔다. 수레에는 과자, 계란, 음료, 도시락 등이 가득 실려 있었다. 남자가 안 산다고 손사래 쳤지만, 판매원은 우리를 가족으로 생각했는지 옆에서 떠나지 않고 소리쳤다.

"따끈따끈한 도시락 있어요! 새콤달콤한 귤 있어요!"

아이가 냉큼 남자를 빤히 쳐다보며 말했다.

"나 배고파요."

남자는 "정말 어이 없다"는 몸짓을 하며 손사래 쳤다. 남자는 두리번거리며 아이 엄마를 찾았지만, 어디로 옮겼는지 출입구 쪽에 없었다. 그 사이 아이는 판매원이 권하는 도시락과 귤을 얼른 받아 무릎에 놓고 남자를 계속 바라보았다. 그러자 판매원이 남자에게 빨리 돈을 내라고 독촉했다. 남자는 여자 앞에서 체면을 세우려는 듯, 지갑에서 만 원짜리 지폐를 꺼내었다. 판매원이 거스름돈을 준비하는 동안, 아이가 번개같이 수레에서 도시락 두 개를 더 꺼냈다. 판매원은 거슬러 줄 필요가 없어졌다면서 그 지폐를 잡아채어 떠나버렸다.

세 시간 강의를 끝낸 저녁이라 공짜로 먹는 도시락이 꿀맛이었다. 기차간에서 아이를 데리고 오순도순 도시락을 먹는 우리 모습은 누가 봐도 진짜 부부로 보였다.

서울역에 도착하자 나는 남자에게 커피를 사겠다고 말했다.

"이왕이면 막걸리를 사주십시오. 제가 잘 가는 곳이 있습니다."

남자는 낙지볶음집으로 나를 안내했다. 나는 속으로 중얼거렸다.

"도시락에 대한 답례로 간단히 커피 한 잔 마시자는 뜻이었는데."

금요일마다 우리는 같은 기차를 타고 왕복했다. 까칠하던 그는, 세상 돌아가는 얘기도 나누고 속얘기를 털어놓을 수 있는 '편한 후배'로 변했다.
"중매쟁이 말이, 박사 노처녀는 결혼 시장에서 헐값이래요. 판사나 의사를 소개받으려면, 아파트와 지참금이 준비되어 있어야 한대요. 한국에서는 나 같은 여자의 결혼이 쉽지 않을 거래요. 난 꼭 아이를 갖고 싶은데…."

학기가 끝나는 날, 우리는 기차에서 내려 찻집으로 갔다. 평소와 달리 진지한 표정의 그가 떨리는 목소리로 말했다. "내가 노처녀를 구제하겠습니다."
그 순간 기차에서 만난 아이가 눈앞에 아른거렸다. 그 아이는 우리를 맺어주려는 '큐피트'였다. 그런 아이가 다시 우리 곁에 찾아올까? 나는 기차에서 만난 인연을 소중히 간직해야겠다고 마음먹었다.

상복은 여기까지
- 박하신 《여기까지 한 시절이라 부르자》를 읽고

한미경
hanmkys@hanmail.net

  소설가는 인간들 중에 가장 비참한 사람들을 찾아낸다. 그들의 상처를 후벼 판 후 독자들에게 이것 좀 보라고 들이민다. 내가 역사의식이 결여되었기 때문인지 모르지만, 소설은 패자의 문학이고 절망의 문학이라는 생각에 소설을 점점 멀리하게 되었다. 단편 소설, 특히 젊은 작가가 쓴 요즘 소설은 더 꺼렸다. 이유는 간단하다. 무슨 말을 하는지 모르게 난해하고 과장된 내용이 많기 때문이다. 그럼에도 불구하고 《여기까지 한 시절이라 부르자》라는 단편집을 선택한 것은 제목에 끌려서였다.

  작가 박하신은 2023년 제1회 문학수첩 신인 작가상을 수상했고, 다원예술활동을 한다고 한다. 나이나 학력, 경력은 어디에도 찾아볼 수 없었다. 사진을 보니 아주 앳된 훈남이다. 문단에 반짝 등장한 신예 작가인 모양이다.

여덟 편의 단편이 실려 있는데 '여기까지 한 시절이라 부르자'라는 제목의 작품은 없었다. 글 속에 나오는 문장인가 싶어 주의 깊게 읽어보았으나 찾지 못했다. 우려와는 달리 그렇게 어렵거나 난해하지는 않았다. 그러나 이 소설도 역시 상복을 입고 있었다. 삶의 의욕과 열정이 사라진 눈빛 흐린 사람들의 이야기는 읽는 내내 마음을 불편하게 했다. 그러나 마지막 작품까지 다 끝냈을 때 나는 이 작가가 대책 없이 암울한 이야기만 쏟아낸 것은 아니라는 걸 느낄 수 있었다. 나는 다시 첫 작품으로 돌아갔다.

〈포물선〉은 이 단편집의 대표작이다. 이야기는 중동에서 온 외국인 노동자 레미가 던진 볼이 날아와 '나'의 머리에 부딪힌 사건에서 시작된다. 두 사람은 캐치볼을 하며 만남을 이어가는데 왜 '나'와 캐치볼을 하냐는 질문에 레미는 "제 포물선이 당신에게 닿았기 때문입니다"라고 답한다. 그리고 "오늘 제가 던진 공이 포물선을 그리며 당신에게 가 닿은 것은 단순한 사건이 아니라 사람과 사람 사이에서만 일어날 수 있는 인간적이고 아름다운 무엇. 그러니까, 인연"이라고 말한다.

'나'가 레미에게 포물선에 집착하게 된 계기를 묻자, 어린 시절 고향에서 아버지와 야구장에 갔을 때를 회상한다. 타자가 때린 파울볼이 허공에 긴 포물선을 그리며 사라지던 순간의 쾌청한 하늘과 햇살을 머금은 지중해의 바람을 그리워한다.

작가는 레미의 입을 빌려 '서로가 서로를 향해 쏘아 올리는 포물선의 역사가 어쩌다 이렇게 변모하게 되었는지 모르겠다'고 토로한다. '패권국들이 퍼뜨린 갈등의 씨앗 때문인지, 탐욕스러운 이들의 이기심 때문인지, 혹 그것도 아니라면 선택받은 민족과 땅 같은 게 정말로 존재해서인지 모르겠다'고 한탄한다.

우주센터에 고용된 일개 잡부인 레미의 꿈은 황당하게도 우주선을 타는 것이다. 그는 자재 창고에서 꺼내온 드럼통 속에 들어가 언덕에서 굴러 떨어지는 등 우주인이 되기 위한 나름의 준비를 철저히 해 나간다. 그러면서 '나'에게 큰 꿈을 가지라고 말한다. 사랑도 직장도 잃게 된 '나'는 우리가 고작 조그마한 존재라는 것을 받아들이라고 반박한다. 그러나 레미는 자신이 상상할 수 있는 가장 큰 둘레의 포물선, 끝에서 반환점을 돌아 되돌아오는 하트 모양의 포물선을 그리겠다고 말한다. 그것이 인간성의 모양이라고.

이 작품의 주인공 '나'는 자신의 존재 가치를 찾지 못하고 앞날이 불투명하게 살아가는 비정규직 노동자다. 나머지 작품에 나오는 인물들도 하나같이 꿈을 잃어버린 사람들이다. 그러나 작가는 그 불행한 사람들의 고통에 함몰되지 않고 화해와 긍정을 이야기하고 있다. 점점 황폐해가는 인간성 회복을 갈구하는 레미의 꿈을 아름답게 그렸다. 비현실적이고 이루기 힘들지라도 꿈은 인간이 살아가는 희망이고 이유가 된다.

  제목의 의미는 작가의 말에서 찾을 수 있었다. 소설은 허구지만 돌이켜보면 지지부진하고 남루했던 자신의 삶이 비쳐진 거라고 했다. 지금의 그가 지난 날의 그를 마주한 것 같다고 한다. 이쯤에서 지금을 앞질러 계속하기 위한 매듭을 맺고 싶단다. 그 마음이 '여기까지 한 시절이라 부르자'라는 문장에 스며들어 있는 것 같다.

  출간 후 어떤 반응이었는지 기자가 묻자 그는 독자의 반응이 놀라우리만치 없다고 대답했다. 어떤 사람이 자기 책을 사는지 궁금해서 교보문고에 가서 서성거렸는데 아무도 보지 못했단다. 무명 작가의 현실이고 출판업계의 비애다.

  작가는 아직 자신이 가진 것의 백분의 일도 꺼내놓지 않았다고 했다. 그 말이 세상 물정 모르는 철부지 초보 작가의 허세나 자만심일지라도 나는 그를 격려한다. 그가 아무 대안 없는 넋두리와 단순하고 편협한 비판으로 글을 쓰지 않았다는 것만으로도 그는 촉망 받을 자격이 충분하지 않을까? 내 아들을 응원하는 마음으로 그의 두 번째 소설을 기대해본다.